KB119980

상사 때문에 퇴사하고 싶은 너에게

MANAGING UP
: How to Move Up, Win at Work, and Succeed with Any Type of Boss
Copyright © 2018 by Careerstone Group, LLC.
All rights reserved.

This translation published under license with the original publisher John Wiley & Sons, Inc. through Danny Hong Agency, Korea.
Korean translation copyright ⓒ 2023 by Wisdom House, Inc.

이 책의 한국어판 저작권은 대니홍 에이전시를 통한 저작권사와의 독점 계약으로
(주)위즈덤하우스에 있습니다.
저작권법에 의해 한국 내에서 보호를 받는 저작물이므로 무단전재와 복제를 금합니다.

상사 ________ 때문에 퇴사하고 싶은 너에게

누구와 일해도
나의 커리어를 지키는
매니징 업 기술

메리 아바제이 지음
정지현 옮김

위즈덤하우스

MANAGING UP

진정으로 사람들과 함께 일하는 방법을 알았고

그들 모두에게 사랑받았던

나의 아버지 두에인 아바제이에게

이 책을 바칩니다.

시작하며

언제까지 상사 때문에 퇴사해야 할까?

세상에는 유능한 리더와 관리자가 되는 방법을 다루는 책이 셀 수 없을 정도로 많다. 하지만 그 책들이 그렇게 효과적이지 않은 것은 분명하다. 여전히 사람들이 직장을 그만두는 가장 큰 이유는 '상사 때문'이니까. 매년 나오는 연구들에 따르면 사람들이 고용주를 떠나는 가장 흔한 이유는 상사가 나쁘거나 상사와의 관계가 나쁘기 때문이다.

정말로 나쁜 상사가 그렇게 많은 걸까? 아니면 그런 책들이 해독할 수 없는 비밀 암호로 쓰인 걸까? 아니면 우리가 어려운 상사를 다루는 방법을 제대로 모르는 걸까? 그것도 아니면 훨씬 더 중요한 전략을 강조하고 가르치는 데 실패한 게 문제는 아닐까? **나를 관리하는 사람들을 관리하는 방법** 말이다.

정말 그런지도 모른다. 아랫사람을 이끌고 관리하는 방법을 다루는 책은 수없이 많지만(책뿐만 아니라 TED 강연, 콘퍼런스, 유튜브 등) 훨씬 더 중요한 기술, 즉 **윗사람을 관리하는(매니징 업) 방법**을 다루는 경우는 매우 드물다. 다시 말해서 성공적인 팔로워가 되는 방법 말이다.

드디어 이 말을 입 밖으로 내었다. '팔로워.' 스스로 팔로워라고 생각하는 것을 좋아하는 사람은 없다. 이해는 간다. 솔직히 지금 이 말을 쓰면서조차 속이 약간 거북해진다. 미국은 리더를 너무너무 사랑한다. 끊임없이 리더십에 대해 이야기하고 설교하고 가르치고 강조한다. 리더십에 대한 집착이 너무 심하다. 하지만 우리가 살아가고 일하는 현실 세계에서는 리더를 따르는 법도 알아야 한다. 나를 관리하는 사람을 관리하는 방법을 알아야 한다(그 자체가 리더십의 한 형태다).

누군가를 따라야 한다는 개념 자체에 거부감이 들 수도 있지만, 솔직히 직장에서는 대부분 이끄는 것보다 따르는 시간이 훨씬 더 많다. CEO도 팔로워여야 한다. **누구에게나 상사는 있다.** 직장은 민주주의가 아니며(당신이 자포스Zappos에서 일하는 게 아니라면) 홀라크라시Holacracy도 아니다(무슨 뜻인지 한번 찾아보길). 현실의 직장 세계는 리더와 팔로워의 긴밀한 통합이 필요하다. 여러 계층에 걸친 협력과 협업이 필요하다. 주도적인 팔로워가 되어 우리의 경력과 우리 자신, 우리의 일, 우리의 상사, 우리의 경험을 적극적으로 관리하는 방법을 배워야 할 때다.

매니징 업은 성격과 행동 유형에 따라 당신의 상사를 관리하는 '효과가 입증된 전략'을 제공한다. 정치적 설득이나 마키아벨리식

계략이 아니라 당신의 상사가 어떤 사람인지, 어떤 식으로 세상과 상호작용하는지 이해하는 것이 중요하다.

이 책은 특정한 성격과 행동 경향을 탐구하는 전략과 아이디어를 제공한다. 당신의 상사를 바꾸려는 것이 아니라 상사의 스타일을 이해하고 거기에 맞게 적응하는 방법을 찾아준다. 상사에게 아부하거나 무조건 참는 것이 아니다. 당신이 꿈꾸는 이상적인 상사가 아니라 **현실의 상사와 일하면서 살아남고 성공할 수 있는 능력**을 키우도록 당신의 행동과 선택, 태도를 미묘하게 바꾸는 방법을 알려준다.

이 책은 20년 동안 조직과 개인이 긍정적이고 생산적인 작업 공간을 만들도록 도와준 결과 탄생할 수 있었다. 직장을 이해하고 업무 몰입도를 높이고 상사와 더 나은 관계를 발전시키도록 우리 팀은 수천 명을 지도하고 상담하고 교육했다. 이게 내 전문 분야다. 이 책에서 제시하는 전략은 현실의 사람들에게 실제로 적용해서 나온 결과물이다. 무고한 쪽이나 잘못이 있는 쪽을 모두 보호하기 위해 가명을 사용했다.

나를 관리하는 사람을 효과적으로 관리하는 방법을 배우면 내가 직접 주도권을 쥐고 커리어를 통제할 수 있다. 매니징 업은 당신이 주도권을 쥐고 성공하도록 도와주는 실용적이고 현실적인 해결책과 전략을 제공한다. 리더가 되어 내 커리어를 관리하라.

매니징 업을 배워라!

차례

3부 한 번쯤 만나게 될 최악의 상사를 다루는 기술

4부 상사 때문에 퇴사하고 싶은 당신에게

1부

일 잘하는 사람은 상사를 관리합니다

1

내 커리어를 지키고 싶다면 매니징 업을 배워야 한다

"악당 사냥을 포기했을 때 의지는 부족했지만 내 선택에 책임을 지는 수밖에 없었다… 당연히 악당을 잡는 것보다는 만족도가 훨씬 떨어졌지만 결국엔 더 큰 위안을 느꼈다."

– 바바라 브라운 테일러 Barbara Brown Taylor

확실히 해두자. 매니징 업은 상사에게 아부를 떠는 것도, 무조건 꾹 참는 것도, 아침꾼이 되어야 한다는 뜻도 아니다. 매니징 업은 상사와 감독관 등 조직에서 당신보다 위에 있는 사람과 의식적으로 신중하게, 효과적인 관계를 맺고 유지한다는 뜻이다. 서로 관점도 힘의 수준도 다른 사람들과의 관계에서 협업과 협동을 늘리는 의도적인 노력이다. 상사와 의식적으로 일함으로써 자신과 상사, 조직을 위해 최고의 결과를 얻는 것이다. 매니징 업은 내가 **내 직장 경험을 스스로 책임지는** 것이다.

매니징 업이 성공의 열쇠인 이유는 다음과 같다.

상사는 중요하다

직장의 세계가 능력만 있으면 성공할 수 있는 능력주의로 돌아간다고 믿고 싶겠지만 현실은 엄연히 다르다. 받아들이기 불편한 사실이지만 상사가 당신의 성공과 경력에 엄청난 영향을 미친다는 것은 진리다. 상사와 당신의 관계, 당신에 대한 상사의 경험이 조직 내에서 당신이 잡는 기회를 좌우한다. 어떤 조직이든 성공을 가속하는 단일 방법으로 가장 효과적인 것은 강력하고 생산적인 업무 관계 구축이다. 상사의 신뢰를 얻으면 좋은 일이 생기고 상사의 노여움을 사면 승진과 기회의 경쟁에서 밀려난다. 간단히 말해서, 상사와의 관계는 당신에게 도움을 줄 수도 있고 해를 끼칠 수도 있다. 어느 쪽이 될지는 당신에게 달려 있다.

상사는 변하지 않는다

상사는 그런 사람이다. 당신이 원한다고 그가 다른 사람으로 변한다거나 사고방식을 바꿀 일은 절대로 없다. 그 성격이 그를 오늘날의 위치에 있게 했다. 그의 방식은 이미 더 높은 자리에 있는 사람들에게 인정받았고 자신도 그런 방식이 통한다고 믿는다. 그 방식에 회사가 보상해주니까 말이다. 아니면 조직이 문제점을 알아차리지 못하거나 문제를 해결할 배짱이 없을 수도 있다. 그가 당신을 대하는 방식을 바꿀 수는 없지만, **상사를 대하는 자신의 방**

식은 바꿀 수 있다. 상사의 행동 동기에 대한 이해를 바탕으로 전략을 조율해서 보다 강력한 관계를 만들 수 있다.

리더와 관리자가 직원들에게 맞추고 최고의 결과를 내기 위해 유연한 관계 기반 방식을 활용한다면 얼마나 좋을까. 하지만 현실적으로 부하 직원의 성향에 따라 다른 관리 스타일을 사용하는 관리자는 전체의 30퍼센트밖에 안 된다. 나머지는 신경 쓰지 않는다. 당신의 상사가 이 70퍼센트에 속한다면 상사와의 관계가 당신의 뜻대로 될 때까지 한참 기다려야 할 것이다. 하지만 굳이 기다릴 필요가 있을까? 짐작하겠지만 더 효율적인 전략이 있다. 직접 유연한 전략을 실행하면 된다. 다시 말해서 매니징 업을 하면 된다.

당신의 커리어는 중요하다

상사와 효과적인 관계를 구축하는 것은 상사뿐만 아니라 당신의 책임이기도 하다. '그런 건 상사가 할 일'이라고 생각하는 함정에 빠지지 마라. 상사가 나쁘거나 까다롭다는 것도 변명거리가 되지 않는다. 상사와의 관계가 나쁘면 결국 타격을 받는 건 당신의 커리어니까. 상사와의 관계에서 당신의 역할은 결과와 성과를 제공하는 것이다. 당신은 좋은 '팔로워십followership'의 본질을 배워야 한다. 이 책은 상사와 효과적인 관계를 구축해 내 커리어를 내가 직접 책임지는 방법을 가르쳐줄 것이다. 가만히 앉아서 상사가 변하기를 기다리든지, 직접 나서서 매니징 업을 함으로써 커리어를 꽃 피우든지, 선택은 당신에게 달려 있다.

매니징 업은 누구에게나 필요하므로 할 줄 알아야 한다

대부분의 사람은 누군가에게 보고받는 것보다 자신보다 **높은** 이들에게 보고하는 시간이 더 많다. 그래서 매니징 업은 커리어 성공에 필수적이다. 당신의 보고 대상이 상사이든 중간 관리자든, 최고 경영자든, 이사회든 매니징 업 기술은 강력한 관계를 발전시켜서 협업과 협동은 물론이고 힘의 수준과 관점이 다른 사람들 간의 이해를 증진하도록 도와줄 것이다. 매니징 업은 상사에게 아부하거나 수다를 떨거나 무조건 참는 것을 뜻하지 않는다. 당신의 경력에 막대한 영향을 미치는 사람들과 강력한 관계를 만드는 것이다. 효과적인 매니징 업은 당신에게도 상사에게도 조직에도 이롭다.

선택에는 힘이 들어 있다

매니징 업은 맹목적인 충성심이 아니다. 당신과 상사와 조직을 위한 최선의 결과를 얻기 위해 전략적인 선택을 하는 것이다. 한마디로 윈-윈-윈 전략이다. 하지만 매니징 업을 하려면 희생자가 아닌 선택의 마음가짐을 가져야 한다. 어떤 어려운 상황에 직면하든지 가능한 선택이 세 가지 있다.

- 상황을 바꾸기. (알다시피 거의 불가능하다. 왜냐하면 우리는 타인을 바꿀 수 없으며 상사가 해고되기까지 마냥 기다리는 것은 너무 오랜 시간이 걸리니까.)
- 상황을 떠나기. (때로는 가장 좋은 방법이다. 하지만 과연 그런지는 오직 당신만이 결정할 수 있다.)
- 상황을 받아들이고 적응하기. (매니징 업 배우기!)

매니징 업에서 희생자의 사고방식은 선택지가 아니다. 희생자의 사고방식은 힘을 주는 임파워먼트empowerment와 정반대다. 커리어를 죽이고 영혼을 죽인다. 당신의 영혼을 죽이지 마라. 되살리기 힘들다.

유니콘 상사를 기다리지 말고 지금 상사와 잘해보라

나도 상사들이 좋은 사람이기를 간절히 바란다. 그들이 리더십을 다루는 무수히 많은 책을 읽고 교훈을 마음에 새겼으면 좋겠다. 조직들이 사람 관리가 적성에 맞는지를 고려하지 않고 전문성만 보고 관리자로 승진시키지 않았으면 좋겠다. 나쁜 관리자들이 잘렸으면 좋겠다. 나는 당신이 매일 직장에 출근해 활기차게 일하고 가치를 인정받고 의욕과 성취감을 느끼기를 바란다. 내가 어디로든 순간 이동할 수도 있었으면 좋겠다. 하지만 그런 일은 일어나지 않겠지.

당신이 마법의 약을 가지고 있지 않다면, 어느 날 갑자기 유니콘 상사가 나타나기만을 기다리지 말고 지금 상사와의 문제를 해결하려고 생각해라.

매니징 업은 당신을 리더로 만들어준다

자, 한 바퀴 빙 돌아 원점으로 돌아왔다. 상사를 관리하는 매니징 업에 사용되는 기술들은 부하 직원의 관리에 사용하는 기술들과 다수 겹친다. 매니징 업을 통해 다른 사람들의 필요와 욕구에 적응하고 강력한 업무 관계를 발전시키고 윈-윈-윈 결과를 내면 당신이 관리자가 되었을 때 해야 할 일을 미리 준비할 수 있다. 적어도 어떤 관리자가 되고 싶은지, 어떤 관리자가 되고 싶지 않은지 알게 될 것이다. 까다로운 상사로부터 배울 기회를 그냥 날려버리지 마라.

예상되는 반대의 목소리

"재판장님, 이의 있습니다!"

– 미국의 모든 변호사

나도 안다. 매니징 업에 반대하는 의견이 있을 수 있다. 매니징 업에 반감을 느끼는 사람들은 이의를 제기한다. 지금까지 많이 들어봤다.

이의 1: 공평하지 않다

상사가 문제인데 왜 내가 상사에게 맞춰야 하는가? 상사가 나에게 맞춰야지. 그렇다. 공평하지 않다. 정말이지 너무나 불공평하다. 하지만 인생은 공평하지 않다. 살면서 힘든 일이 닥쳤을 때 아무것도 하지 않고 서글픈 운명만 탓할 수도 있고 뭐든 해보려고 나설 수도 있다. 불공평함의 함정에 빠지는 건 실수다. 세상은 능력주의가 아니고 직장 역시 마찬가지다. 그 사실을 받아들이고 대처하는 법을 배워라.

이의 2: 내가 아니라 상사가 바뀌어야 한다

나 역시 같은 생각이다. 당신의 상사는 더 나은 상사가 되는 법을 배울 수 있으며 배워야만 한다. 상사로서의 할 일을 진지하게 받아들여 자기 사람들을 아끼고 그들이 성장하도록 도와주는 상사가 되기 위해 할 수 있는 모든 것을 해야만 한다. 당신의 상사는 자기가 맡은 역할이 얼마나 막중한지 알아야 한다. 당신의 상사는 좋은 상사가 되는 법을 알려주는 책을 읽고 좋은 상사가 되어 있어야 한다. 하지만 이 사실을 알고 있는가? 당신은 상사를 바꿀 수 없다. 당신이 할 수 있는 일은 상사에 대한 **자신의 반응**을 바꾸는 것뿐이다. 상사가 사람을 관리하는 법을 잘 모른다면 당신이 그를 관리하는 법을 배워야 한다.

이의 3: 물러서서 맞춰주면 상사의 잘못된 방식만 악화시킬 뿐이다

그럴지도 모른다. 당신이 상사의 방식에 맞춰주면 그는 좋은 상사가 되는 방법을 끝까지 깨우치지 못할 수도 있다. 하지만 적개심과 저항심을 품는 것도 도움이 안 되기는 마찬가지다. 조직과 기업이 앞으로도 계속 사람 관리 기술이 아닌 전문 기술을 승진의 기준으로 삼는 한, 우리는 비효율적인 관리 스타일과 마주할 확률이 매우 높다. 조직이 계속 적절한 교육과 관심을 제공하지 않은 채 관리자를 승진시킨다면 나쁜 상사들이 끊임없이 나올 수밖에 없다.

영혼을 짓누르고 업무에 몰입하지 못하게 만들고 인재 육성의 중요성을 무시하는 관리자들을 조직이 계속 외면한다면 나쁜 상사는 사라지지 않을 것이다. 조직이 효과적인 관리 스타일을 중요시하고 관리자가 직원들의 업무 몰입도와 행복, 이직률에 책임을 다하게 만들지 않는다면 비효율적인 관리 방식은 계속될 것이다. 관리자에게 그런 책임을 요구하지 않는 조직 또는 중요성 자체를 '이해하지' 못하는 조직에서 일하는 사람이라면 반드시 이 사실을 알아야 한다. 당신은 조직문화를 바꿀 수 없다. 당신이 바꿀 수 있는 것은 조직의 방식에 스스로 어떻게 반응해 헤쳐 나갈 것인지뿐이다.

이의 4: 참는 것은 호구들이나 하는 짓이다

나는 매니징 업이 무조건 참는다는 뜻이라는 주장을 거부한다. 참는 것은 호구나 하는 짓이라는 말도 거부한다. 그런 생각은 삐뚤어진 자존심에서 나온다. 완고함에서, 실패에서 나온다. 매니징 업은 적응과 관계 형성에 관한 것이다. 상사가 중요시하는 것을 알고 확실히 충족해주는 것이다. 상사가 중요시하는 것이 아무리 터무니없다고 생각되어도 말이다(분명히 그럴 수 있다). 매니징 업을 포기하거나 무조건 참는 것이라고 생각하지 말고 성공을 위한 적응 전략으로 보아라. 줏대 없는 아첨꾼이 되라는 것과 전략적인 생존자 또는 성장하는 인재가 되라는 것은 하늘과 땅 차이니까. 이 책은 탁월함과 적응, 성공에 도움이 되는 전략적인 선택을 하는 법을 알려준다. 상사의 호구가 되라는 것이 아니다. 매니징 업 능력이 탁월하면 에고(ego, 자신이 가장 중요한 존재라고 믿는 지나친 자의식-옮긴이)를 버리고 전략적 선택과 호기심, 실험 정신, 열린 태도로 움직일 수 있다.

이의 5: 상사를 따르는 건 기본 원칙이다

사람들이 원칙이라는 이유를 내세워 매니징 업에 대한 반감을 방어할 때마다 의아하다. '원칙이라서 안 된다'라는 주장은 당신이 에고에 갇혀 있다는 것을 의미한다. 만약 상사가 차별적인 사기꾼이거나 학대하는 사람이라면 직장을 그만두어야 한다. '원칙'이라는 이유로 휘둘리는 것은 말도 안 되는 일이다. 사람들의 목숨을 구하는 것과 관련된 원칙이 아닌 한, 자신을 위한 일이 아님을 알아야 한다. 새로운 직장을 알아보는 동안 무사히 버티는 방법으로 이 책을 활용하기를 바란다.

이의 6: 진실하지 못한 일이야!

왜 내가 나를 바꿔야 하지? 진짜가 아닌 가짜 같잖아! 이런 이유로 매니징 업에 반대하는 목소리를 들을 때마다 한숨이 나온다. 보통 진정성 하면 자신에게 진실하거나 말뿐만이 아닌 행동으로 보여주는 것처럼 혼자서 하는 행동이라고 생각하지만, 사실 진정성은 관계적 행동이다. 진정으로 진실한 사람이 되려면 **자신을** 있는 그대로 받아들여야 할 뿐만 아니라, 그 상태에서 **타인과** 편안하게 **연결**될 수 있어야 한다.

뱃사람이 되고 싶은 트럭 운전사처럼 걸걸한 입버릇이 내 진짜 모습이다. 그렇다면 강연할 때 거친 욕설을 쓰지 않는다고 진정성이 없는 것일까? 그렇지 않다. 진짜 나는 인내심이 너무 부족하다. 그렇다면 시간이 낭비되더라도 일행이 스타벅스에서 무엇을 주문할지 결정할 때까지 천천히 매너 있게 기다려준다면 그것도 진실하지 않은 행동인가? 그렇지 않다. 나의 진정한 자아는 큰소리로 빠르게 말한다. 볼륨을 조절하고 말을 느리게 하면 진실하지 않은가? 물론 아니다. 진정성은 정신, 에너지 그리고 성격에 관한 것이다. 어디 가든지 진짜 나를 데려가는 것. 여기서 중요한 것은 어디에 있든 최선의 나를 보여주는 것이다. 진정한 자아가 타인과 성공적으로 교류하기 위해 필요한 행동을 선택한다는 뜻이다.

그래서 나의 거친 입담은 그 모습의 진가를 알아주는 친구들을 위해 아껴둔다. 청중 앞에서는 짜증과 조바심을 억제하기 위해 최선을 다한다. 내 빠른 말을 알아듣지 못하는 청중을 위해 천천히 말하려고 노력한다. 진정성 있는 모습을 보인다는 것은 모든 충동에 따르거나 모든 생각을 다 표현한다는 뜻이 아니다. 전적으로 행동을 스스로 선택하는 것이다. 미국 상원 원내대표 미치 매코널Mitch McConnell의 유명한 말에서 힌트를 얻어보자.

"나는 생각을 밖으로 표현하지 않기의 달인이다."

이의 7: 자발적인 호구가 되라니!

분명히 말하지만 이 책은 호구가 되라고 말하지 않는다. 이 책의 목적은 직장에서 성공하는 선택을 알려주는 것이다. 불법적이거나 부도덕하거나 비윤리적인 일만 아니면 된다. 무엇을 하든 선택에 따른 것이어야만 한다.

이렇게 생각하는 사람도 분명 있을 것이다. '이 작가 헛소리만 하고 있잖아. 그냥 참고 나쁜 상사 밑에서 계속 일하라니 정말 멍청한 인간이군.' 아니, 이 책의 내용은 정반대다. 이 책은 커리어와 직장 생활을 위해 주도적으로 선택하라고 이야기한다. 희생자가 되지 않는 것을 강조한다. 성공을 위해 상사와의 관계에서 기꺼이 하거나 혹은 기꺼이 하지 않는 일을 결정해야 한다는 내용이다. 선택, **전략적** 선택에 따라 행동하는 것. 그리고 주인의식을 갖고 선택을 책임지는 것 말이다.

나쁜 상사 밑에서 더 이상 일할 수 없다고 결정했다면 그만둬야 한다. 할 수 있는 한 빨리. 나는 당신의 선택을 100퍼센트 지지한다. 하지만 지금 다니는 직장을 그만둘 여유가 없다면, 그냥 버티기만 하는 것이 아니라 성공까지 할 수 있는 방법을 함께 이 책에서 찾아보자.

스스로 피해자라고 생각하며 피해자의 사고방식에 빠지는 것만큼은 피해야 한다. 그런 태도는 매일 당신의 정서를 황폐하게 만든다. 감정적으로나 심리적으로나 완전히 고갈된다. 선택의 여지가 없고, 희망도 기쁨도 없는 상태다. 자신이 가진 모든 힘을 포기하게 된다. 그만큼 나쁜 상태다. 몸과 마음이 병들고 나쁜 일이 일어난다. 결국 몸과 마음, 정신에 무척 해롭다. 이 책은 다시 주도권을 손에 쥐고 당신이 성공하게 도와줄 것이다. 선택은 당신에게 달렸다.

본격적으로 매니징 업을 시작하자

"당신이 있는 곳에서 시작하라.
가지고 있는 것을 사용하라. 할 수 있는 것을 하라."

- 아서 애시 Arthur Ashe

우리 팀원들끼리는 매니징 업을 줄여서 '맨 업'이라고 부른다. 맨 업은 자신의 선택, 행동, 태도에 책임을 진다는 뜻이다. 진실성과 가치를 지키면서도 해야 할 일을 하는 것이다. 자신의 경험을 스스로 책임지는 것이다. 남 탓하지 않고 자신을 위해서 할 수 있는 일을 찾는 것이다. 매니징 업이 성공하려면 우선 자신과 타인을 엄격하고 정직하게 분석해볼 필요가 있다. 다음의 간단한 3단계를 거쳐서 가능하다.

1. 상사를 평가하라

매니징 업을 시작하기 전에 매니징 업의 대상을 제대로 알아야 한다. 상사라는 퍼즐을 맞춰보는 시간을 갖자. 탐정이 되어 상사를 조사해라. 그가 남기는 단서들에 주의를 기울여라. 상사와 효율적으로 일하는 사람이 누구이고 그들이 상사와 어떻게 상호작용하는지 눈여겨보자. 패턴을 찾아라. 다음 질문에 답해보자.

- 상사의 업무 스타일은 어떤가? 다른 사람들과 어떤 식으로 상호작용하는가?
- 상사는 어떤 정보를 선호하는가? 어떤 식의 의사소통을 선호하는가?
- 그의 우선순위는 무엇인가?
- 그의 목표는 무엇인가?
- 그의 걱정과 어려움, 압박은 무엇인가?
- 그의 경험은 어떤가? 어떻게 지금 이 자리에 올라왔는가?
- **상사의 상사**는 어떤가? 조직이 상사에게 무엇을 기대하는가?
- 그는 일을 좋아하는가?
- 그는 당신에게 무엇을 기대하는가? 팀에는 무엇을 기대하는가?
- 위임을 얼마나 하는가? 언제, 누구에게, 어떻게 위임하는가?
- 그가 정말 싫어하는 것은 무엇인가?
- 그에게 정말로 중요한 것은 무엇인가?

이 질문 가운데 몇 가지나 답할 수 있는지 확인해보자. 비판하지 말고 최대한 객관적으로 임해야 한다. 상사를 재단하는 것이 아니라 단서를 모으고 현실을 평가하는 것이 목표니까. 답을 모르겠으면 물어보자! 상사와 미팅을 잡아서 알아보아라. 그것이 힘들면 다른 사람들에게 물어보자. 약간의 노력은 필요하지만 그다지 어렵지 않게 답을 얻을 수 있다.

2. 자신을 평가하라

두 번째 단계는 좀 더 힘들 수 있다. 솔직한 시선으로 자신을 바라보아야 하기 때문이다. 매니징 업을 하려면 자신이 어떤 사람이고 무엇을 원하는지, 무엇이 필요한지를 가차 없이 정직하게 바라봐야만 한다. 상사와의 관계에서 자신이 어떤 영향을 끼치는지를 이해하는 것도 필요하다. 자신에게 다음의 질문을 해보자.

- 나의 업무 스타일은 어떤가? 다른 사람들과 어떤 식으로 상호작용하는 것을 좋아하는가?
- 어떤 의사소통 방식을 선호하는가?
- 나의 우선순위와 목표는 무엇인가?
- 내가 최고의 역량을 발휘하려면 무엇이 꼭 필요한가? 절대로 타협할 수 없는 것은 무엇인가?
- 나는 어떤 면에서 상사와 양립하는가? 어떤 면에서 양립하지 않는가?
- 상사는 정말 까다로운 사람인가, 아니면 나에게만 그런가? 상사와의 관계에서 고전하는 사람은 나뿐인가?
- 나의 강점은 무엇인가?

- 나의 약점은 무엇인가?
- 나는 직무설명서에 나온 일을 하고 있는가?
- 일이 나에게 잘 맞는가?
- 나에게는 성공에 필요한 올바른 태도와 에너지, 동기가 있는가?
- 내가 사장이라면 나 같은 직원이 마음에 들까?
- 동료들도 나만큼 내 능력을 인정할까?
- 나는 어떤 식으로 (좋든 나쁘든) 상황에 기여하고 있는가?
- 나는 무엇에 저항심이 드는가?

이 질문들에는 정답도 오답도 없다. 오직 솔직한 답만이 있을 뿐이다.

3. 매니징 업에 대한 당신의 의지를 평가하라

매니징 업은 적응형 전략을 활용하므로 적응에 대한 의지가 있어야만 성공할 수 있다. 기억하자. 남을 바꾸는 것은 불가능하며 타인에 대한 접근 및 상호작용 방식만 바꿀 수 있다. 상사가 당신에게 맞추기를 원한다면 당신도 그에게 맞출 준비가 되어 있어야 한다. 적응할 마음이 있는가? 준비되었는가, 할 수 있는가? 다음의 질문을 해보자.

- 나는 이 일 자체를 좋아하는가? 이 조직을 좋아하는가?

- 나는 이 직장이 (재정적인 이유에서) 꼭 필요한가?
- (경험/커리어 개발을 위해) 이 직장이 필요한가?
- 내 행복/스트레스는 어느 정도인가?
- 상사의 어려움을 등급으로 표현한다면?
- 우리 회사의 정치/조직문화는 어떤가? 내 상사는 유니콘인가, 아니면 상사의 관리 방식에서 조직의 문화가 잘 드러나는가?
- 나는 행동/태도를 바꿀 의향이 있는가?
- 상사를 이해하려고 노력해볼 마음이 있는가?
- 성공하거나 확실하게 자리 잡거나 살아남고 싶은가?
- 나는 피해자인가?
- 나는 매니징 업을 할 수 있는가? 시도해볼 가치가 있는가? 시도하고 싶은 마음이 있는가?

매니징 업은 퍼즐을 맞추는 것과 비슷하다는 사실을 기억하라. 그 퍼즐의 일부는 상사이고 또 일부는 당신이고, 나머지 조각들은 당신이 시도할 의향이 있거나 없는 전략들이다. 맞는 조각도 있고 맞지 않는 조각도 있을 것이다. 직장 생활이라는 커다란 퍼즐을 맞추는 방법을 알아낼 수 있는 사람은 오직 당신뿐이다.

상사와 일하다 보면 내가 '고난의 연속체'라고 부르는 것에 마주칠 때가 많다. 이 연속체의 한쪽 극단에는 꿈의 상사dream boss가 있다. 그는 당신을 완전히 이해하고, 존중하고, 신뢰해주는 사람이다. 당신은 동기부여가 되고 인정받는 기분을 느끼고 힘을 얻는다. 이런 상사와 일하는 것은 즐겁다. 아침에 출근하는 것이 즐겁고 이 상사를 위해서라면 뭐든지 할 수 있을 것이다. 상사와의 관계가 자연스럽고 쉽게 느껴지므로 매니징 업은 거의 생각하지도 않을 정도다.

이 연속체의 나머지 극단에는 악몽의 상사nightmare boss, 지옥에서 온 상사가 있다. 이 사람 밑에서 일하는 것은 그야말로 우울하기 짝이 없다. 출근할 생각만 해도 두렵고 상사가 옆에 있을 때마다 눈치 보느라 바쁘다. 상사에 대해 생각하기만 해도 화가 치밀고 속이 울렁거린다. 스트레스가 심해 폭식을 해대고 자신감, 동기부여, 자존감이 바닥난다. 매일 기진맥진하고 사기가 떨어진 상태로 퇴근한다. 일요일 저녁마다 내일 아침 출근할 생각을 하면 꼭 도살장에 끌려가는 기분이다. 끝이 보이지 않는 터널 속에 있는 것 같다.

꿈의 상사와 악몽의 상사 사이에는 수많은 유형의 관리자가 존재한다. 아주 약간만 어려운 상사도 있고(살짝 짜증 나는 정도) 좀 더 까다로울 수도 있다(참기가 쉽지 않을 정도). 이 연속체의 어느 지점에 있는지 알아야 앞으로의 행동 방침을 결정하는 데 도움이 된다. 악몽의 상사에 대처하는 전략을 3부 **'한 번쯤 만나게 될 최악의 상사를 다루는 기술'**편에서 살펴보겠지만, 이 책의 대부분은 중간쯤에 놓인 사람들, 아직 저기 터널의 끝에서 빛이 들어오는 사람들을 도와주기 위한 내용이다. 경험을 바꾸고 관계를 개선하고 직장 생활의 만족도를 높이기 위해 행동을 취할 용의가 있는 사람들 말이다.

어떤 사람들에게는 이 책이 상사와 함께 **성공하도록** 도와줄 것이다. 현재 그럭저럭 괜찮거나 보통인 상사와의 관계를 훌륭한 업무 관계로 변화시킬 것이다. 또 어떤 사람들에게는 직장을 옮기거나 상사가 바뀔 때까지 **살아남도록** 도와주는 역할을 할 것이다. 바라건대 현재 상황을 벗어날 때까지 온전한 정신과 영혼을 붙들고 있게 해주는 전략을 얻을 수 있을 것이다. 마법 같은 해결책은 존재하지 않는다. 일단 직장 환경과 상사의 태도 및 행동, 고난의 연속체에서 자신이 놓인 지점, 자신의 의지를 솔직하고 정확하게 분석한 후에 스스로 매니징 업을 시작할 수 있다.

준비됐는가? 자, 그럼 가장 기본부터 시작해보자. 당신의 상사는 내향인인가, 외향인인가?

2

당신의 상사는 내향인인가 외향인인가?

"기억해야 할 원칙은 모든 이중성과 정반대가 서로 분리된 것이 아니라 양극을 이룬다는 것이다. 이것들은 따로 떨어져서 대치하는 것이 아니라 공통의 중심에서 나온다."

- 마이클 미칼코 Michael Michalko

매니징 업을 위해 가장 먼저 할 수 있는 최선의 방법은 상사가 내향적인 사람(내향인)인지, 외향적인 사람(외향인)인지 파악해서 의사소통과 상호작용을 그에 맞게 조정하는 것이다. 이것이 왜 중요한가? 외향성과 내향성은 직장 생활에서 매우 중요한 두 가지에 영향을 미치는 핵심적인 성격 선호이기 때문이다. 바로 에너지의 원천과 커뮤니케이션 스타일의 원천이다. 상사와의 성공적인 업무 관계를 구축하고 유지하는 데에는 효과적인 의사소통이 필요하며 상사의 에너지원을 **거스르는** 것이 아니라 거기에 **맞출** 필요가 있다.

다시 말하자면 이렇다. 당신은 상사의 에너지를 끌어올리는가,

아니면 고갈시키는가?

내향인과 외향인 유형 이해하기

내향성과 외향성은 성격적 특성이며 다음과 같은 특징이 있다.

에너지원

당신은 안(자신의 생각)에서 힘을 얻는가 아니면 외부(타인 등)에서 힘을 얻는가? 내향적인 사람은 내부의 자극으로부터 에너지를 받고 외향적인 사람은 외부의 자극으로부터 에너지를 얻는다.

에너지의 방향

당신은 생각과 이미지로 이루어진 내부 세계에 더 집중하는가 아니면 사람과 사물로 이루어진 외부 세계에 더 집중하는가? 내향인은 안쪽으로 집중하고 외향인은 바깥쪽으로 집중한다.

외부 자극에 대한 반응

당신에게 가장 효과적인 외부 자극의 수준은 어느 정도인가? 외향적인 사람은 높은 수준의 외부 자극에 잘 반응하는 반면 내향적인 사람은 외부 자극이 적은 것을 선호한다. 내향성과 외향성의 선호는 일반적으로 이것 아니면 저것 또는 둘 중 하나가 아니라 스펙트럼이다. 내향성과 외향성을 연속체로 생각하면 이해하기가 쉽다. 한쪽이 100퍼센트인 사람은 없으며 누구나 둘 다 조금씩 가지고 있다. 어떤 사람들은 매우 내향적이거나 매우 외향적이고 또 어떤 사람들은 약간만 내향적이거나 외향적이다. 그런가 하면 딱 가운데에 해당하는 사람도 있다. (이런 사람들을 '양향인'이라고 한다.) 어쨌든 상사의 성향이 무엇인지 알고 내 성향과 비교해보는 것이 가장 중요하다.

예를 들어, 상사가 외향성으로 기울고 당신은 내향성으로 기운다면, 두 사람의 상호작용과 의사소통 선호가 일치하지 않을 것이다. 물론 상사가 부하 직원의 선호에 따라 행동을 조정한다면 얼마나 좋을까만은, 연구에 따르면 대부분의 상사가 오직 한 가지 관리 방식만 사용한다. 상사는 당신이 외향인이든 내향인이든 **당신의** 선호가 아닌 **그의** 선호에 따른 방식으로 소통한다. 그래서 당신이 상사의 커뮤니케이션 스타일과 에너지원을 알고 적응하는 것이 필수적이다.

내향인 상사와 외향인 상사의 선호

개인의 내향적인 성격 유형 또는 외향적인 성격 유형은 그 자체만으로는 행동이 아니지만 행동의 **원인**이 된다. 일반적으로 내향성과 외향성에는 저마다 특정한 행동 특징이 따른다. 다음 목록

내향인 상사: 내향성으로 기울다

- 정보를 최소한만 공유한다.
- 정보를 필요보다 적게 공유할 때가 많다.
- 팀 회의가 자주 이루어지지 않는다.
- 회의에서 말하기보다 듣는 편이다.
- 지나치게 짧고 간결하게 느껴질 때가 많다.
- 방문을 닫고 혼자 일할 때가 많다.
- 담소를 별로 나누지 않는 편이다.
- 관계 구축을 별로 하지 않는다.
- 약간 폐쇄적이고 냉담한 느낌이다.
- 통보만 하는 편이고 물어봐야만 이유를 말해준다.
- 인사를 건네지 않는다.
- 사무실 안을 돌아다니며 사람들과 소통하는 일이 거의 없다.
- 체크인(부하 직원과 일대일로 업무에 대한 대화를 나누는 것-옮긴이)을 자주 하지 않는다.
- 대화나 전화 통화보다 이메일을 선호한다.
- 바로 행동하기보다 생각에 잠기는 일이 많다.
- 네트워킹에 많은 시간을 쏟지 않는다.
- 사람들과의 만남을 별로 좋아하지 않는다.
- 다른 사람들의 의견을 구하는 편이 아니다.
- 브레인스토밍을 별로 좋아하지 않는다.
- 생각하면서 말하지 않는다.
- 응답 속도가 느리다.
- 방으로 찾아가는 것을 반기지 않는 편이다.
- 에너지가 안으로 향하고 억제된 느낌이다.
- 무슨 생각을 하는지 알기 어렵다.
- 혼자 일할 때가 많다.

외향인 상사: 외향성으로 기울다

- 정보를 쉽게 공유한다.
- 정보를 과도하게 공유할 때도 있다.
- 정기적으로 팀 회의를 연다.
- 팀 회의에서 말을 많이 한다.
- 약간 장광설을 늘어놓는 경향도 있다.
- '내 방문은 언제든 열려 있다'고 강조하고 실제로 실천한다.
- 직원들과 함께하는 것을 좋아한다.
- 당신에 대해 알려고 노력한다.
- 따뜻하고 친근하게 느껴진다.
- 통보만 하지 않고 이유도 설명해준다.
- 항상 인사를 건넨다.
- 사무실을 돌아다니면서 사람들과 소통하기를 좋아한다.
- 체크인을 자주 한다.
- 얼굴을 직접 보거나 전화로 대화하는 것을 좋아한다.
- 신속하게 행동으로 옮기는 것을 좋아한다.
- 네트워크가 넓다.
- 사람들과의 만남을 즐긴다.
- 남들의 의견을 구한다.
- 팀원들과의 브레인스토밍을 즐긴다.
- 생각하면서 말하는 경향이 있다.
- 자주, 신속하게 반응한다.
- 방으로 찾아가도 개의치 않는다.
- 에너지가 밖으로 퍼져나가는 게 느껴진다.
- 보통 무슨 생각을 하는지 알 수 있다.
- 다른 사람과 자주 함께 일한다.

을 살펴보자. 당신의 상사에게 해당하는 것은 무엇인가? 거의 다인가?

일단 상사의 유형이 어느 쪽으로 기우는지 파악하고 난 뒤에는 자신의 유형을 이해하고 상사와 얼마나 일치하는지 평가하는 시간을 가져라.

- 당신은 내향적인 편인가, 외향적인 편인가?
- 당신은 상사와 어떤 면에서 같거나 다른가?
- 상사의 어떤 점이 마음에 들거나 들지 않는가?
- 당신의 내향성 또는 외향성 선호가 당신의 니즈를 제대로 충족해주는가?
- 당신의 내향성 또는 외향성 선호가 상사의 니즈를 제대로 충족해주는가?
- 당신의 성공을 위하여 바꾸거나 늘리거나 줄이고 싶은 것은 무엇인가?
- **상사의** 성공을 위하여 바꾸거나 늘리거나 줄일 수 있는 것은 무엇인가?

(자신의 유형을 잘 모르겠다면 41~43쪽에 수록된 간단 퀴즈를 풀어보자.)

성격 선호가 어떻게 나타나는지를 보여주는 예시

나는 상사와 일하는 것이 정말 즐겁다. 그는 정기적으로 부하 직원들과 체크인을 하며 내가 찾아가는 것도 개의치 않는다. 대화가 유익하다. 그는 항상 정보를 공유할 준비가 되어 있으며 부하 직원들은 그가 무슨 생각을 하는지, 무엇을 원하는지 알 수 있다. 우리 팀은 회의를 자주 하고 모두가 회의에서 아이디어를 공유하도록 격려받는다. 상사와 함께 일하는 것은 매우 활기차고 흥미롭다. (외향적인 부하 직원이 평가한 외향적인 상사)

나의 상사는 좀 답답할 때가 많다. 팀원들을 아낀다는 것은 알지만 항상 개방적이고 친절하게 느껴지는 것은 아니다. 체크인하거나 인사하러 오는 일이 전혀 없다. 짜증스러워하는 것 같아서 근무 시간에 찾아가기가 주저된다. 정보를 제대로 공유해주지 않는 편이라서 질문을 많이 하게 만든다. 정말이지 힘들고 답답할 때가 많다. 팀 회의가 더 많았으면 좋겠다. 나는 상사에게 별로 유대감을 느끼지 못한다. (외향적인 부하 직원이 평가한 내향적인 상사)

나의 상사는 에너지가 넘치고 말하는 것을 정말 좋아한다. 좋은 일이지만 가끔 기운이 쏙 빠지기도 한다. 회의가 너무 오랫동안 이어져서 시간 낭비처럼 느껴질 때가 많다. 본론으로 들어갈 때까지 기다리느라 조바심이 난다. 본론을 확실하게 정해놓은 다음에 말했으면 좋겠다. 최근 일주일에 하루는 재택근무를 하게 되었는데 업무 효율성이 커져서 좋다. 상사에게 일주일에 두 번으로 요청해볼 생각이다. (내향적인 부하 직원이 평가한 외향적인 상사)

나는 상사와 일하는 것이 좋다. 우리는 여러 면에서 잘 맞는다. 우리

사무실은 차분하고 조용하고 평화로운 분위기다. 상사는 나를 부담스럽게 하지 않으며 사교나 잡담을 많이 요구하지 않는다. 원하는 것을 매우 직접적으로 표현하고 회의는 짧게 집중적으로 이루어진다. 신중하게 결정을 내리며 경솔하게 행동하지 않는다. 가장 좋은 점은 우리 둘 다 이메일과 문자 메시지를 선호한다는 것이다. 나는 상사가 영상통화를 자주 요구하지 않아서 좋다. (내향적인 부하 직원이 평가한 내향적인 상사)

어느 쪽이든 성격 선호 자체는 본질적으로 좋지도 나쁘지도 않다는 사실을 기억하라. 내향성과 외향성 모두 인간의 본질을 보여주는 측면이며 둘 다 가치 있다. 둘 다 성공적인 직장 생활에 필수적이다. **경쟁**하거나 **충돌**하는 게 아니라 각각의 선호를 **보완**하고 **조화**롭게 하는 것이 핵심이다. 만약 당신이 내향인이고 상사는 외향인이라면 상사의 성격적 선호를 이해하고 적응하는 법을 배워야 한다. 당신이 외향인이고 상사가 내향인이라도 마찬가지다. 앞으로 두 개의 장에서 내향인 상사 또는 외향인 상사를 매니징 업하는 많은 아이디어와 전략을 제공할 것이다.

내향성-외향성 간단 퀴즈

각 목록을 읽어보고 **'매우 그렇다'라고 말할 수 있는** 부분에 동그라미를 쳐라. 깊이 고민하지 말고 답하라.

목록 A

1. 혼자 있는 시간을 통해 힘을 얻는다.
2. 적은 숫자의 활동에 집중하는 것을 선호하는 편이다.
3. 혼자 집중하면서 일하는 것을 선호한다.
4. 많은 사람과 함께 있으면 에너지가 고갈된다.
5. 오랫동안 생각만 하고 신속하게 행동으로 옮기지 않을 때가 있다.
6. 새로운 상황에 놓이면 어색하거나 확신이 없어진다.
7. 사람들과 토론하는 것보다 속으로 혼자 생각을 정리하는 것이 가장 효과적이다.
8. '성찰적' 또는 '내성적'이라는 말을 듣는 편이다.
9. 사람들과 함께 있는 것보다 혼자가 더 편하다.
10. 소수의 친구들과 시간을 보내는 것이 더 좋다.
11. 가끔은 실재보다 아이디어 상태가 더 좋다.
12. 사람들의 관심이 쏠리는 것을 좋아하지 않는다.
13. 너무 많은 사람과 함께 있으면 지친다.
14. 혼자 있어도 좀처럼 지루함을 느끼지 않는다.
15. 사람들과 어울리기 전에 마음의 준비를 단단히 해야 한다.
16. 나서지 않고 뒤에 있는 것이 편안하다.
17. 사람들에게 관심받는 것을 별로 좋아하지 않는다.

18. 자기주장을 잘 하지 않는 편이다. 내 의견을 잘 표현하지 않을 때가 많다.

19. 말하는 것보다 듣는 것을 잘한다.

20. 잘 모르는 사람들과 있으면 조용한 편이다.

21. 말을 많이 하지 않는다.

22. 업무에 방해물이 생기면 신경에 거슬린다. 집중이 깨지는 게 싫다.

23. 처음 만나는 사람들과 있으면 어색하다.

24. 이메일이 편하고 전화는 피할 때도 있다.

목록 B

1. 행사에 적극적으로 참여하면 기운이 솟는다.
2. 많은 활동에 참여하는 것을 즐긴다.
3. 집단 작업과 팀 프로젝트를 즐긴다.
4. 사람들과 함께 있으면 힘이 난다.
5. 빨리 행동으로 들어가 일을 성사시키는 것을 좋아한다.
6. 내가 놓인 상황에 편안함을 느낀다.
7. 다른 사람들과 토론하면서 배움을 얻는다.
8. 사람들은 나를 '외향적' 또는 '사교적'이라고 생각한다.
9. 집단 속에 있을 때 편안함을 느낀다.
10. 다양한 친구들이 있다.
11. 외적인 자극을 즐긴다.

12. 사람들의 관심이 나에게 쏠려도 불편하지 않다.

13. 사람들이 모여 있을 때 화기애애하게 분위기를 주도한다.

14. 혼자 있으면 심심하다.

15. 사람들과 함께 있는 것이 늘 편안하다.

16. 뒤에서만 있지 않으려고 노력하는 편이다.

17. 사람들이 나에게 관심을 가져주기를 바라는 경향이 있다.

18. 의견을 표현하는 것이 편하고 사람들은 내가 무슨 생각을 하는지 알고 있다.

19. 의사소통을 잘한다.

20. 새로운 사람들과의 만남에 능숙하다.

21. 말하는 것을 좋아한다.

22. 직장에서의 방해물이 생겨도 개의치 않는다. 상황의 흐름에 변화가 생기는 것을 좋아한다.

23. 새로운 시도를 좋아한다.

24. 전화 통화와 대화를 좋아한다!

목록 A보다 목록 B에 동그라미를 더 많이 쳤다면 외향성으로 기운다고 할 수 있다. 목록 B보다 목록 A에 동그라미가 더 많다면 내향성에 가깝다. 만약 동그라미의 숫자가 똑같이 나왔다면 양향인일 수 있다. 양쪽으로 모두 이동할 수 있으니 좋은 일이다.

3

"내 에너지를 지켜줘" 내향인 상사

"사람들과의 소통에서 비극은 서로의 말을 오해할 때가 아니라 서로의 침묵을 이해하지 못할 때 시작된다."

– **헨리 데이비드 소로**Henry David Thoreau

상사 캐럴에 대한 로저의 불만은 끝이 없었다.

"캐럴은 팀원들과 소통을 하지 않아요. 문 닫힌 자기 방에 앉아 있기만 합니다. 우리는 그녀가 무슨 생각을 하는지 전혀 모릅니다. 그녀는 우리가 잘하고 있는지 돌아다니며 확인하는 일도 절대 없지요. 정보나 피드백을 받기가 너무 어렵고 답답해요. 그녀는 별로 친절하거나 따뜻하지도 않은 데다 상사 역할을 그다지 좋아하는 것 같지도 않습니다. 가끔 팀원들을 둘러보는 게 그렇게 힘든 것도 아니잖아요? 저는 그녀가 정말로 끔찍한 관리자라고 생각합니다."

로저는 캐럴의 행동이 내향성에 대한 선호 때문이라는 사실을 이해하고 거기에 적응한 것이 아니라, 나쁜 관리자라고 생각하는 오해의 함정에 빠졌다. 나는 로저에게 만약 상사의 행동이 단지 내향성의 표현일 뿐, 무조건 나쁜 관리자라는 뜻이 아니라면 어떨지 물어보았다. 그녀의 내향적인 니즈와 성향을 비난하는 대신 '거기에 맞춰 적응하면' 어떻겠느냐고 말이다.

나는 워크숍에서 로저가 내향적인 캐럴의 니즈가 외향적인 그의 니즈와 다르다는 사실을 이해하도록 도와주었다. 지금은 답답하겠지만 상사와의 관계를 개선하고 상사가 더 좋은 관리자가 될 수 있도록 도와주는 검증된 접근법이 있다는 사실도 알려주었다. 로저는 한번 시도해보겠다고 대단한 의지를 보였다. 머지않아 그는 회의 일정을 잡고 질문을 많이 하는 등 자신에게 필요한 것을 주도적으로 나서서 처리한다면 상사와의 관계는 물론 팀의 유대감도 커진다는 사실을 알게 되었다. 하지만 로저가 활용한 가장 효과적인 전략은 판단과 경멸을 버린 것이었다.

"'이래야 한다' 또는 '이렇게 해야 한다'라고 상사를 재단하면서 답답해하던 것을 멈추니, 공감과 창의력을 더 발휘하게 되고 배려로 상사를 대할 수 있게 되더군요. 이제는 상사가 가진 내향적인 기질의 장점도 알아차릴 수 있을 정도가 되었어요. 애초에 이런 별도의 노력이 필요하지 않았다면 더 좋지 않았겠느냐고요? 그렇죠. 그래도 시도해볼 가치가 있었느냐고요? 물론입니다. 저는 내향적인 사람과 같이 일하는 것에 대해 많은 것을 배웠습니다."

내향적인 상사(내향인)는 훌륭할 수도 있고 답답할 수도 있다! 핵심은 내향성을 **부정하지 않고 받아들여서** 이해하고 해결책을 찾아보는 것이다. 내향적인 상사와 같이 일하려면 두 가지 중요한 요소를 관리해야 한다. 바로 커뮤니케이션 스타일과 에너지 스타일이다. 내향적인 상사에게 효과적인 커뮤니케이션 방식을 선택해서 그의 에너지를 고갈시키는 것이 아니라 최대한으로 끌어올려 주는 상호작용을 해야 한다.

미국은 매우 외향적인 나라라서 내향적인 사람들이 직장에서 오해받는 일이 많다. 그들의 '억제된' 에너지가 오해를 불러일으켜 차갑거나 냉담하거나 과묵하다라는 잘못된 이름표가 붙는다. 이런 이름표는 당신의 상사에 대해 사실이 아닐 수도 있는 이야기를 만들어내므로 별로 도움이 되지 않는다. 내향적인 사람의 에너지원과 의사소통 선호를 이해하는 것이 중요하다. 내향적이라고 더 좋은 것도 아니고 더 나쁜 것도 아니고 그냥 다른 것일 뿐이니까!

내향인 상사의 장점

너무 옭아매지 않는다

그들은 당신을 답답하게 옭아매지 않고 어느 정도 거리를 두고 침범하지 않는 상태에서 일할 수 있게 해준다.

당신의 시간을 낭비하지 않는다

보통 내향적인 상사는 잡담을 던지지 않는다. 그래서 쓸데없는 잡담으로 당신의 시간을 '낭비'하는 일이 없다.

말하기 전에 생각한다

내향인 상사는 성급하게 반응하지 않는 경향이 있어서, 제품이나 프로젝트에 대해 논의할 때 더 완전하고 명확한 생각을 표현한다. 특히 아이디어를 처리하고 생각할 시간이 있다면 더욱더 그렇다.

말에 귀 기울여준다

내향적인 사람들은 말하기보다 듣는 편이다. 그렇다고 꼭 경청 능력이 뛰어나다고는 할 수 없지만(듣는 동안 속으로 무슨 생각을 할지 아무도 모르니까) 적어도 그들이 침묵하는 동안 당신은 더 많이 말할 수 있다!

감정 표현에 적극적인 외향인들은 내향인 상사에게 답답함을 느끼거나 같이 일하기 불편하다고 느낄 수도 있다. 외향적인 사람들은 상사가 잡담을 더 많이 나누고 격려의 말을 더 많이 해주고 감정을 더 많이 표현하고 상호작용도 더 많아지기를 바란다. 이러한 행동이 없거나 부족하면 그들은 상사가 어렵거나 불친절한 사람이라고 판단할 수 있다. 좋은 관계가 아니라고 말이다.

마찬가지로 내향적인 사람들도 내향적인 사람들과 일하면서 좌절감을 느낄 수 있다. 특히 상사와의 관계에서 고립감을 느끼면 더더욱 그렇다. 내향적인 직원들이 혼자가 너무 편하다는 이유로 자신의 성격 유형에만 갇혀 있는다면 이 문제는 더더욱 악화될 수 있다.

내향인 상사의 단점(그리고 좌절감)

정보의 부족

내향적인 상사는 정보 공유에 뛰어나지 않다. 당신의 성공에 필요한 정보를 보유하고 있지 못할 수도 있으며, 정보가 있더라도 그 정보를 얻을 책임이 당신에게 있다는 뜻이다.

'친절함'의 부재

내향적인 상사는 당신에 대해 알려고 노력하지 않을 수도 있다. 내향인과 관계를 구축하려면 많은 시간과 노력이 필요하다!

'문이 닫혀 있는' 것처럼 보임

내향적인 사람들은 혼자 일할 때 업무 효율성이 가장 높아서 부하 직원들을 들여다보지 않을 수도 있다. 시간이 날 때 팀원들을 살펴보는 일이 없고 팀원들은 그의 업무 시간에 '방해'가 될까

봐 찾아가기 불편할 수 있다.

세심한 배려 부족

내향인은 모든 것을 내적으로 처리하는 경향이 있어서 아이디어에 대한 의견을 구하는 일이 적고 '브레인스토밍'을 선호하지 않을 수도 있다. 그래서 상사의 의사 결정과 계획, 전략적 선택이 팀원들에게 갑작스럽게 느껴질 수 있다.

내향인 상사를 매니징 업하는 전략

1. 먼저 미팅을 요청하라

내향적인 상사가 주는 어려움은 그들과 시간을 보내는 것 자체가 쉽지 않다는 것이다. 이 문제에 대해서는 당신이 주도적으로 나서야 한다. 가장 좋은 방법은 일대일 회의를 잡는 것이다. 내향인 상사가 먼저 다가올 때까지 기다리지 마라. 직접 일정을 잡아라.

2. 정보를 처리하고 준비할 시간을 줘라

용건이 무엇인지 미리 전달하라. 내향적인 사람들은 대화가 이루어지기 전에 미리 정보를 처리하는 것을 선호하므로 준비할 시간을 주면 고마워할 것이다.

3. 진행 상황을 계속 보고하라

내향인 상사가 규칙적으로 프로젝트 진행 상태를 확인하지 않는다고 그가 관심 없다고 생각하면 안 된다. 관심이 있다! 내향인 상사에게 당신의 프로젝트와 업무상의 노력에 대한 최신 정보를 계속 제공하라. 간단한 업무 보고 미팅이나 전화 통화를 계획하거나 짧은 이메일로 업데이트한다. 이렇게 하면 상사가 부서의 최신 동향을 파악할 수 있어서 당신에게 고마워하고 당신의 노력을 알아줄 것이다.

4. 즉흥적으로 '찾아가는' 횟수를 제한하라

질문이 있을 때마다 불쑥 찾아가지 말고 하루에 한두 번의 대화에 모든 질문을 '묶어서' 넣어라.

5. 전자 통신을 활용하라

일반적으로 내향적인 사람들은 이메일, 문자, 채팅 등에 잘 반응한다. 그들의 에너지가 고갈되지 않고 생각도 정리해 반응할 수 있어서 일석이조다!

6. 수다쟁이가 되지 마라

내향인 상사와 만날 때는 집중적이고 간결하게 대화가 이루어져야 한다. 수다를 너무 많이 떨면 상사의 에너지가 금방 고갈될 것이다(짜증도 날 것이다). 미팅 전에 몇 분간 시간을 내어 생각을 정리하자. 개인적인 잡담보다는 업무상의 대화로 회의를 시작하는 것도 도움이 된다.

레스토랑 여러 개를 소유한 릴리는 시간을 쪼개어 쓸 필요가 있었다. 한 곳의 관리자 샘은 릴리의 표현에 따르면 '극단적인 외향인'이었다. 릴리는 샘과 함께 일할 때마다 에너지가 고갈되고 좌절감을 느꼈다. "솔직히 말해서 샘과 있으면 너무 피곤했어요. 에너지를 빼앗기는 기분이었죠. 그렇다 보니 간단하게 한두 가지 물어볼 게 있어서 전화를 거는 것마저 주저되더군요. 기나긴 대화로 이어질 게 뻔하니까요. 그는 말하는 것을 좋아해서 별별 얘기를 다 하려고 하거든요. 솔직히 전 관심도 없는 얘기를요. 장황한 이야기를 듣고 있을 시간도 에너지도 없다고요. '어제 매상 어땠어요?' 같은 간단한 질문을 해도 스포츠 실황을 중계하듯 어제 하루 있었던 일을 줄줄이 다 읊어요. 저에게 조언을 구할 때도 제가 생각을 정리할 시간조차 충분히 주지 않고 계속 말하죠. 정말 너무 지쳤어요. 이젠 어떻게든 그에게 전화하는 것을 피하려고 하는 저를 발견했죠. 최대한 연락하지 않게 됐어요. 샘은 좋은 사람이고 일도 정말 잘하지만 저는 외향성과 유대감에 대한 그의 니즈를 감당할 수가 없었어요. 알아요. 저는 최고의 상사가 아니었죠. 저만 힘든 게 아니라 그 또한 의사소통의 부재 때문에 좌절감을 느꼈을 거예요. 그때 우리가 내향성과 외향성에 관한 대화를 나누었다면 둘 모두에게 도움이 되었을 텐데."

7. 다른 외향적인 사람들을 찾아 '생각나는 대로 말하라'

내향적인 사람들도 브레인스토밍과 '생각나는 대로 말하기'를 얼마든지 잘할 수 있지만 일반적으로 선호하지 않는다. 당신이 외향인이라면 내향인 상사에게 이런 방식을 너무 밀어붙이지 마라. 그들의 인내심을 고갈시킬 수 있다. 대신 생각나는 대로 말하기가 편한 다른 동료를 찾아라. 만약 내향인 상사와 생각나는 대로 말하기를 꼭 해야 한다면 확실하게 밝혀야 한다. 이렇게 말하라는 뜻이다. "저는 지금 생각나는 대로 말하고 있습니다…." 지나치게 단순해 보이지만 분명히 효과가 있으니 믿고 해보길. 참고로 나도 내향인이다.

8. 침묵에 익숙해져라

내향적인 상사가 대화 도중에 침묵한다면 그 이유를 멋대로 가정하지 마라. 당신의 말이 마음에 들지 않아서도 아니고 마음에 들어서도 아니다. 그저 들은 정보를 머릿속으로 처리하고 있을 뿐이다. 상사에게 정보를 처리하고 대답할 시간을 주자.

9. 어색해서 아무 말이나 하지 마라

외향인 직원이 내향인 상사를 대할 때의 또 다른 어려움은 침묵을 다루는 것이다. 외향적인 사람들은 침묵이 불편해서 어떻게든 침묵을 깨뜨리려고 말하는 경우가 많다. 하지만 그 유혹을 뿌리쳐야 한다. 내향적인 사람들은 침묵을 좋아하고 또 침묵이 꼭 필요하다. 그들은 대답하기 전에 먼저 정보를 처리하는 걸 좋아한다는 것을 기억하라. 침묵을 깨뜨리려고 나서기 전에 속으로 여덟까지 세보자. 놀라운 결과가 나타날 수도 있다.

10. 질문하라

내향적인 사람들은 생각과 결정도 내적으로 하는 경향이 있어서 과정을 드러내거나 이유를 설명하지 않을 때도 있다. 충분한 정보를 얻지 못하는 것은 내향인 상사와 일할 때의 가장 큰 어려움 가운데 하나다.

내향적인 사람들은 정보를 공유하고 싶지 않은 것이 아니라, 그 정보가 상대방에게 필요할지도 모른다는 생각 자체를 하지 못한다. 따라서 필요한 정보를 얻지 못했을 때는 스스로 책임감을 가지고 질문해야 한다. 그리고 질문할 때는 '무엇을, 어떻게, 왜, ~에 대해 말해주세요' 같은 개방형 질문을 해야 한다. 그래야 내향인 상사가 당신에게 더 많은 정보를 제공해줄 것이다.

11. 관계 구축에 투자하라

내향인 상사가 사교적이지 않고 적극적으로 당신에 대해 알려고 하지 않는다는 이유로 부하 직원과 관계를 구축하고 싶어 하지 않는다고 추측하지 마라. 그들도 관계 구축을 원한다. 단지 방식이 다를 수 있을 뿐이다. 내향인은 관계 구축에 시간이 걸리고 일대일 상황을 선호하는 경향이 있다. 내향인 상사와 관계를 구축하려면 일대일로 시간을 보낼 수 있는 기회를 찾아야 한다.

점심 식사나 커피를 제안해보자. 미팅이 끝날 때쯤 틈새 시간을 공략하라. 내향적인 사람들에게는 그들의 경험에 대해 질문하고 대화를 자신에게로 돌리지 말고 그들의 말에 귀를 기울여야 한다. 자신을 쉽게 드러내지 않고 공유하는 속도가 느려도 인내심을 가져라. 처음에는 너무 힘들고 답답할 수도 있지만, 진심으로 시간과 에너지를 투자하고 결과에 너무 조바심 내지 않는다면 성과가 있을 것이다.

12. 상사의 공간을 존중하라

내향적인 사람들은 내적인 원천에서 에너지를 얻고 외부 자극이 너무 심하면 에너지가 고갈된다는 사실을 기억하자. 이 말은 상사가 배터리를 충전할 혼자만의 시간이 필요하다는 뜻이다. 이러한 니즈를 존중하고 그럴 시간을 제공하라. 상사의 리듬에 주의를 기울이고 보조를 맞추려 노력하라. 상사의 업무 효율성이 가장 큰 '골든 아워'를 알아두고 되도록 그 시간에는 방해하지 말자. 예를 들어, 당신의 내향인 상사가 매일의 시작 또는 끝에 혼자 있는 것을 좋아한다면 그 시간에는 되도록 그의 공간을 침범하지 말아야 한다. 상사가 무척 고마워할 것이다.

13. 내향인-내향인 함정을 조심하라

부하 직원도 내향인이고 상사도 내향인이면 겉으로는 천생연분처럼 보인다. 어떤 면에서는 정말로 그렇기도 하다. 두 사람은 조용하고 침착하고 조화로운 업무 관계를 유지할 수 있을 것이다. 하지만 당신과 상사가 모두 내향인일 때는 잠재적인 위험을 조심해야 한다. 내향적인 두 사람이 함께 일하다 보면 밤중에 두 척의 배가 서로를 그냥 지나치는 꼴이 되기 쉽기 때문이다. 다시 말해 두 사람 모두 내향인이면 중요한 유대 관계가 쌓이지 못할 수 있다. 당신과 상사가 모두 내향인이라면 이 사실을 기억하라. 당신이 커뮤니케이션 및 관계 형성에 먼저 주도적으로 나설수록 성공 가능성이 커진다.

다시 말해 당신은 좀 더 외향적인 사람처럼 행동해야 할 수도 있다. 안전지대에서 벗어나 좀 더 의식적으로 상사와 연결되려고 노력해야 한다는 뜻이다. 결코 쉬운 일은 아닐 것이다. 내향인-내향인의 관계가 너무 편하다 보니! 상사와의 일대일 면담 일정을 잡아라. 오직 이메일로만 소통하지 마라. 함께 커피를 마셔라. 자기 의견을 말해라. 좀 더 외향적으로 행동해 상사와의 관계를 구축하라!

윌라는 그동안 상사들이 전부 외향인이었던 터라 새로운 상사가 자신과 같은 내향인이라는 사실에 기대감에 부풀었다. '드디어 평화와 고요가 찾아왔구나! 잡담으로 불필요하게 에너지를 소비하지 않고 업무에 집중할 시간이 충분해질 거야'라고 그녀는 생각했다. 그러나 얼마 지나지 않아 윌라는 자신도, 상사 에이브도 업무에 관한 것을 주고받는 이상의 의미 있는 유대 관계를 만들려는 노력을 하지 않는다는 사실을 깨달았다. 그들은 주로 문자나 이메일을 통해 소통했고 며칠 동안 말 한마디도 오가지 않을 때가 많았다. 물론 예의 바르고 편안한 관계였지만 윌라는 이내 자신이 그보다 더 많은 관계를 원하고 필요로 한다는 사실을 깨달았다.

그녀는 상사가 무엇을 원하는지 혼자 추측해야 할 때가 많았고 프로젝트 및 전략적 방향을 제대로 파악하지 못하고 있음을 느끼기 시작했다. 에이브가 "수고했어"나 "고마워"라고만 할 뿐 단도직입적인 피드백을 주지 않았기 때문에 윌라는 자신이 업무를 제대로 처리하고 있는지조차 의문이 들었다. 상사에게 더 많은 것을 원한다면 직접 요청하는 수밖에 없다는 결론에 이르렀다.

"솔직히 제 성격에 맞지 않는 방법이라 처음에는 힘들었지만 일단 눈 딱 감고 해보니까 괜찮았어요. 에이브는 일대일 회의를 잘 수용해 주었고 제가 부탁하자 정보와 피드백을 아주 솔직담백하게 주었죠. 전 항상 그에게 미리 용건을 알려주고 그의 시간을 효율적으로 쓰려고 각별히 노력했고요. 지금은 한 달에 한 번씩 커피도 마셔요. 물론 미리 일정을 잡는 게 필수지만 주도적으로 나선 것이 저 자신은 물론 상사와의 업무 관계를 완전히 바꿔주었습니다. 예전보다 천 배는 더 상사와 소통이 잘 됩니다."

내향인 상사를 매니징 업하는 핵심 요약

- 직접 나서서 내향인 상사와의 회의 일정을 잡고 주도적으로 관계를 구축하라.
- 상사에게 의논하고 싶은 주제가 무엇인지 미리 알리자.
- 너무 자주 '불쑥' 찾아가지 마라.
- 개방형 질문을 하라.
- 내향인 상사가 정보를 처리할 시간을 줘라.
- 상사의 침묵을 멋대로 해석하지 마라.
- 이메일, 문자 또는 채팅을 사용하라.
- 수다를 많이 떨지 마라.
- 내향인은 고독과 혼자만의 시간이 필요하다는 것을 이해하라.
- 내향인-내향인 관계의 함정에 빠지지 않도록 자신의 내향성을 극복하라.

4

"일단 회의부터 하자" 외향인 상사

"대화를 진행시키는 것이 불가능했다. 모두가 너무 많은 이야기를 하고 있었다."

– **요기 베라** Yogi Berra

의료 용품 산업에 종사하는 팀은 그의 상사 칼이 정말 미쳤다고 생각했다. 괴짜에다 집중력도 없었다. 말이 많아도 너무 많았다. 엎친 데 덮친 격으로, 칼은 말하는 중간에 앞에서와 전혀 반대되는 이야기를 하기 일쑤였다. 팀은 혼란과 조급함, 좌절감을 느꼈다. 그는 칼이 원하는 것이 무엇인지 이해하기가 어려웠고 매일 쉴 새 없이 지껄이며 시간을 낭비하는 그가 원망스러워지기 시작했다. 하지만 정말 신경이 쓰였던 부분은 자신이 말할 기회가 전혀 없다는 사실이었다. 칼은 팀이 끼어들 수 있을 만큼 말을 멈추는 일이 없었다. 그가 말을 멈추는 순간은 이미 둘의 면담이 끝났을 때뿐이었다. 팀은 상사가 쉴 새 없이 떠들기 시작할 때마다 "아, 좀 닥쳐!"라고 소리치고 싶은 마음을 억누를 수밖에 없었다.

이 이야기가 익숙하게 들리는가? 만약 그렇다면 당신은 아마도 외향인 상사를 위해 일하고 있을 것이다. 또 당신이 극단적인 외향인 상사를 둔 내향인이라면 이 이야기를 읽고 등골이 오싹해졌을 수도 있다. 팀이 마주한 난관은 그가 극단적인 외향인 상사 밑에서 일하는 내향인이라는 것이었다. 그에게는 죽도록 힘들고 고달픈 일이었다.

외향적인(외향인) 상사는 축복이자 저주가 될 수 있다. 그는 말이 많고 정보를 쉽게 공유한다. 팀 회의와 브레인스토밍을 좋아한다. 재빨리 행동으로 옮기는 경향도 있다. 부하 직원에게 주말에 무엇을 했는지 묻고 자신은 어떻게 보냈는지도 이야기한다. 외향인 상사의 방문은 활짝 열려 있고 프로젝트나 아이디어에 대해 토론하는 것을 좋아한다. 외향적인 리더들은 의사소통, 개방성, 집단 작업을 중요시한다. 그들은 사교와 상호작용을 통해 에너지를 얻는다. 하지만 상사의 외향성이 너무 강하거나 당신의 외향성이 너무 약하면 당신의 에너지가 고갈되고 지친다.

하지만 좋은 소식은 외향적인 사람을 위해 일하는 것이 꽤 단순명료하다는 사실이다. 경영은 본질적으로 팀원들과의 의사소통과 상호작용이 필수인데, 외향적인 사람들은 선천적으로 이런 리더십 요소를 성공적으로 활용하기에 적합하다. 실제로 연구에 따르면 미국 인구는 내향인과 외향인으로 균등하게 나뉘지만 대다수의 리더와 관리자는 외향인이다.

외향인 상사의 장점

부하 직원을 끌어들이는 것을 좋아한다

외향적인 사람들은 외부 자극에서 에너지를 얻으므로 사람들과 어울리는 것을 좋아하고 정기적으로 그렇게 한다. 외향인 상사에게는 관계 구축이 중요하다. 그들은 반응을 잘하고, 친절하고, 남들을 기꺼이 참여시킨다.

어떤 생각을 하는지 알기 쉽다

외향적인 사람들은 정보를 쉽게 공유하는 경향이 있다. 그들은 자신의 관점과 사고 과정을 겉으로 드러낸다. 외향인 상사와 프로젝트에 대해 10분 동안 이야기했는데 그의 관점을 잘 모르겠다면 당신이 귀담아듣지 않은 것이다!

활동적인 네트워크를 구축한다

외향적인 사람들은 사람들을 모으는 경향이 있어서 조직 안팎으로 상당히 커다란 네트워크를 구축해놓는다. 이것은 당신과 당신의 팀이 목표를 달성하도록 도와준다.

행동 지향적이다

여러 연구에 따르면 외향적인 사람들은 생각을 행동으로 옮기고 자신과 조직, 팀을 위해 일을 성사시킴으로써 활력을 얻는다. 하지만 외향인 상사의 외향성이 너무 심하거나(극단적 외향인) 내향인 직원이 외향인 상사의 본질을 이해하지 못할 때 어려움이 발생한다.

외향인 상사가 주는 어려움(그리고 좌절)

상사의 생각이 불분명하거나 혼란스러울 수 있다

외향인은 정보를 외부적으로 처리하는 경향이 있어서 생각나는 대로 말하곤 한다. 내적인 처리 방식을 선호하는 사람은 이것을 이해하지 못하거나 혼란을 느끼거나 짜증이 날 수 있다.

너무 길게 말한다

세부 사항, 잡담, 브레인스토밍, 설명이 너무 과하게 느껴질 수 있다. 상사가 상대방의 말을 제대로 듣지 않는 것처럼 느껴지기도 한다.

너무 많고 너무 이른 정보

외향인 상사는 정보를 과도하게 공유하거나 너무 빨리 공유하기도 한다.

너무 성급하게 행동으로 돌입한다

외향인은 행동을 선호해서 생각할 시간을 충분히 갖지 않고 너무 빨리 행동에 뛰어들 위험이 있다.

에너지를 고갈시킨다

상사의 외향성이 너무 강하면 같은 외향인인 사람을 비롯해 팀원들이 신체적으로나 정서적으로 지친다.

외향인 상사를 매니징 업하는 전략

1. 상사의 말을 잘 들어준다

외향인 상사는 공유하는 것을 좋아하고 대개 누군가 자신의 말을 들어주기를 바라는 욕구가 있다. 상사의 말을 잘 들어줘라. 그의 아이디어와 생각에 관심을 보여라. 그가 생각을 정리하는 것을 도와줘라. 열정과 적극적인 경청 기술을 보여주자. 시간을 많이 투자해야 하느냐고? 그렇다. 그럴 가치가 있느냐고? 물론이다.

2. 친근감을 보여라

사교적인 예의범절은 외향인에게 큰 효과를 발휘한다. 웃으며 인사를 건네라. 커피, 점심 식사 등을 제안하라. 팀 행사에 참석하라. 관계 구축에 관심이 있음을 보여줘라. 대화할 때 열린 보디랭귀지를 사용하자. 당신이 내향인이라도 외향인 상사에게 조금은 먼저 다가갈 필요가 있다.

3. 모든 것을 절대적인 진리로 받아들이지 마라

외향적인 사람들은 생각하는 동시에 입 밖으로 소리 내어 말하면서 정보를 처리하는 경향이 있다. 반면 내향적인 사람들은 그렇지 않다. 만약 당신의 상사가 외향인이라면 외향인이 말하는 모든 것이 다 실행 가능하지 않을 수도 있음을 인지하라. 그는 그냥 생각을 입 밖으로 내야 하는 것뿐이다. 그의 사고 과정을 따라가려고 하면 혼란스러울 수 있다. 잘 버티면 폭풍이 지나갈 것이다.

4. 분명하게 확인하고 간단히 요약하라

외향인 상사가 생각나는 대로 말하는 성격이라면 분명하게 하고 요약함으로써 두 사람이 서로 똑같이 이해했는지 확인하면 도움이 된다. 외향적인 사람과의 미팅이 끝나면 대화와 핵심 사항, 행동 사항을 간단하게 요약해서 확인하자. "그럼 다음 단계에 대해 제가 요약해보겠습니다. 이게 맞습니까?"라고 말하면 된다. 당신이 들은 것과 상사의 의도가 다르다는 것을 알고 깜짝 놀랄지도 모른다. 이 과정을 거치면 엄청나게 많은 시간이 절약하고 헛수고도 피할 수 있다.

스스로 외향적이라고 말하는 밥은 톡톡한 대가를 치른 뒤에야 자신의 외향적인 선호가 그의 팀을 혼란에 빠뜨린다는 사실을 깨달았다. "제가 새로운 리더로서 배운 가장 큰 교훈은 우리 팀이 제 말을 무조건 액면 그대로 받아들인다는 것이었습니다. 저는 입 밖으로 소리 내어 말하면서 생각하는 걸 좋아해서 회의할 때 '이렇게 해야 한다', '저걸 고려해봐야 한다', '이 방향으로 가면 어떻겠느냐?' 같은 이야기를 했습니다. 하지만 단순히 논의와 고려를 위한 생각일 뿐이지, 문자 그대로를 뜻하는 건 아니거든요.

그러니 6개월 후, 부하 직원이 와서 저번에 말씀하신 거라며 뭔가를 내밀었을 때 제가 얼마나 놀랐겠습니까. 당연히 저는 제가 그런 말을 했다는 사실조차 까맣게 잊어버리고 있었어요. 몇 달간 혼란과 시작 단계에서의 실패가 계속된 끝에 용감한 직원 하나가 이 상황에 대한 이야기를 꺼냈습니다. 제 사각지대가 밝혀지자 팀원들은 제 외향적인 사고 경향을 관리하는 방법을 터득할 수 있었죠. 일을 진행시키기 전에 의사 결정에 대해 명확하게 확인해야 한다는 것을 말입니다. 매니징 업에 대한 팀원들의 의지 덕분에 저도 더 나은 리더가 될 수 있었죠!"

5. 당당하게 말하라!

외향인 상사에게 우물쭈물하지 말고 자기 의견을 당당히 말하라. 아이디어와 생각을 공유하자. 외향적인 사람들은 당신의 생각이 완벽하리라고 기대하지 않는다. 그저 듣고 싶어 할 뿐이다. 물론 생각을 속으로 먼저 처리하는 것을 선호하는 내향인들에게는 쉽지 않을 수 있다. 하지만 토론 참여에 익숙해져야만 한다. 외향인 상사는 의사소통과 잡담을 환영한다. 자기 의견을 말하지 못하고 기다리기만 한다면 내 능력을 보여줄 기회를 잃을 수도 있다.

6. 얼굴을 보고 이야기하라

외향인 상사와 직접 얼굴을 보고 **말할** 기회를 만들어라. 이메일, 채팅, 문자로만 회신하지 마라. 시간을 내서 상사를 직접 만나거나 전화 통화를 하자. 외향적인 사람들은 외적인 상호작용에서 에너지를 얻으므로 이는 매우 중요하다. 만약 상사가 당신에게 에너지를 얻는다면 관계 구축에 도움이 될 것이다.

7. 당신의 침묵을 설명하라

외향적인 사람들은 침묵을 어려워한다. 많은 이들이 그러하듯 그들은 상대방의 침묵을 제멋대로 해석하려고 할 것이다. 당신이 내적으로 정보를 처리하는 경향이 있어서 대답하기 전에 침묵하며 심사숙고할 필요가 있다면, 외향인 상사에게 생각을 정리할 시간이 필요하다고 알려야 한다. 문자 그대로 "잠깐 정리할 시간을 주세요"라고 말하면 된다.

8. 가능할 때 충전하라

외향적인 상사를 둔 내향적인 사람은 에너지가 고갈되는 경험을 많이 할 것이다. 평일에 재충전을 위한 시간과 방법, 장소를 마련해두어야 한다. 당신의 에너지는 소중하니까!

9. 정기적으로 업무 진행 상황을 업데이트해라

당신이 매우 독립적으로 업무를 시작하고 처리하는 편이라도 반드시 외향적인 상사와 계속 소통해야 한다. 정기적으로 상사에게 업무 진행 상황을 보고하고 확인하면서 당신의 존재감과 헌신, 성취를 알려라. 외향적인 사람들은 외적인 환경에 무척 민감하다. 당신의 존재를 상사가 확실히 인식하게 하라!

10. 브레인스토밍을 환영하라

외향적인 사람은 외적으로 정보를 처리하는 경향이 있다. 그래서 브레인스토밍 시간을 좋아한다. 사실 브레인스토밍의 본질도 외향성에 관한 것이다. 브레인스토밍의 효율성을 믿지 않더라도 브레인스토밍에 익숙해지고 당신이 제대로 참여하도록 노력해야 한다.

11. 외향인-외향인 관계 역학을 관리하라

외향적인 사람들은 역시 외향적인 사람들을 위해 일하는 것을 선호하는 경우가 많다. 외향인과 외향인의 조합은 에너지 넘치고 만족스럽고 행동 지향적인 파트너십으로 이어질 수 있다. 하지만 직원과 상사 모두 외향성이 너무 심하면 과제의 명확성이나 시간 관리에 문제가 생길 수 있다. 외향인 상사를 둔 외향인을 위한 팁을 몇 가지 알려주겠다.

- 사교적인 대화를 관리하라. 외향적인 사람과 외향적인 사람은 사교적인 대화를 많이 나눌 것이다. 물론 좋은 일이지만 상사와 잡담을 너무 많이 하면 덫에 갇힌 것처럼 느껴지고 업무에 방해가 될 수도 있다.
- 옆길로 샐 때마다 제어하라. 필요할 때 대화의 초점을 다시 맞추어야만 한다는 책임감을 느껴라. 자신이나 상사가 또 옆길로 샐 때마다 대화의 고삐를 다시 잡아당겨도 괜찮다. 그냥 이렇게 말하면 된다. "데비, 우리가 본론에서 벗어난 것 같아요. 당신/우리/나는 x에 대해 이야기하고 있었는데, 그 얘기로 돌아가도 괜찮을까요? 몇 가지 질문/의견이 더 있습니다."
- 대화를 가로채지 않도록 조심해라. 가로채기는 한 명이 대화를 통제하고 주제를 바꿀 때 발생한다. 그러면 대화가 또 옆길로 샌다. 가로채기는 누구나 싫어한다.

조시는 대규모 공기업의 공공관계 활동 전문가다. 그녀와 상사 멜라니는 둘 다 외향인이다. 처음에 조시는 천국에 온 기분이었다. 두 사람은 빠르게 친분을 쌓고 생산적인 관계를 구축했다. 조시는 상사에게 많은 지원을 받고 있다고 느꼈고 업무를 빠르게 익히고 멜라니의 신임을 얻었다. 문제는 이제 두 사람의 외향성이 조시의 생산성을 방해하고 있다는 것이다. 처음에는 상사와의 긴 상호작용이 유익했고 활력을 주었지만 이제는 너무 힘들고 시간도 많이 잡아먹어서 부담스럽게 느껴졌다. 하지만 상사의 감정을 상하게 하거나 그들의 관계가 나빠지는 것은 원치 않았다. 조시는 그저 개인적인 공간이 더 많아지고 대화가 줄어들기를 바랄 뿐이었다(꼭 필요한 일이기도 했다).

이 난관을 해결하기 위해 조시는 먼저 자신이 잘못한 부분에 대해 돌아보아야만 했다. 그녀는 멜라니와의 상호작용이 정말로 좋았고 업무와 관련 없는 대화에도 완전히 집중하는 자신을 발견했다. 질문이 있을 때마다 즉흥적으로 멜라니의 사무실을 찾아갔고 외향적인 상사들이 대부분 그러하듯 멜라니는 그런 행동을 격려하는 열린 문 정책을 고수했다. 조시는 자신이 문제해결의 즉시성에 '중독'되었음을 인정했다. 자신도 문제에 일조했음을 깨닫자 해결책에도 이바지할 수 있다는 것을 알 수 있었다. 조시는 질문이 있을 때마다 찾아가는 대신 여러 개를 모아두었다가 미팅에서 한꺼번에 물어보거나 간단한 이메일이나 문자를 보냈다.

또한 조시는 멜라니를 찾아가는 시간을 그녀의 회의 일정에 맞추기 시작했다. 그래서 조시와 멜라니는 대화 시간을 10~15분으로 제한할 수 있었다. 그리고 조시는 멜라니의 행사 일정에도 주의를 기울였다. 상사에게 업계 점심 모임이 있을 때면 자신의 하루 일정도 그에 따라 계획했다. 멜라니가 돌아오기 전에 최대한 업무를 많이 처리하려고 노력했다. 행사가 있는 날이면 그녀가 돌아와서 조시에게 오랫동안 행사에 관한 디브리핑을 하는 것을 좋아하기 때문이다. 그래서 그런 날이면 조시는 책상에서 점심을 먹거나 좀 더 일찍 출근해야 할 때도 있었다.

조시의 마지막 전략은 그들의 정기적인 체크인 미팅을 늦은 오후, 즉 멜라니가 아이들을 데리러 가기 한 시간 정도 전으로 잡는 것이었다.

조시의 전략은 매우 효과적이었다. 상사와 탄탄한 관계를 유지하는 동시에 자신의 일정을 충분히 제어하여 업무 생산성을 회복할 수도 있었다.

모두가 약간의 전략과 조정만으로 가능한 일이었다. 조시는 상사의 외향적인 행동을 막은 것이 아니라 거기에 맞는 계획을 세우고 가능한 효과적으로 관리했다.

외향인 상사를 매니징 업하는 핵심 요약

- 외향인 상사를 대화에 참여시켜라.
- 친근함과 개방성을 보여줘라.
- 자기 의견을 말하라!
- 상사의 아이디어를 들으면서 그가 외적으로 정보를 처리하는 것을 도와줘라.
- 행동하기 전에 행동 항목을 다시 확인하라.
- 직접 얼굴을 보고 상사와 대화하거나 통화하라.
- 브레인스토밍을 환영하고 참여하라.
- 자신의 외향성을 관리해 외향인-외향인의 덫을 피하라.

2부

어떤 상사와 일하든 일의 주도권을 가져오는 법

5

상사가 일하는 방식을 관찰하라

– 일반적인 4가지 유형

"**상대방이** 대접받고자 하는 대로 그를 대접하라."

– 백금률

황금률은 내가 대접받고자 하는 대로 상대방을 대접하라고 한다. 이 방법은 모두가 같은 대접을 받기를 원할 때 잘 작동한다. 모두가 같은 유형의 상호작용을 원하고 소중히 여긴다면 말이다. 하지만 현실 세계, 특히 직장에서 사람들은 저마다 욕구와 필요가 다르고 그것들을 표현하는 방법도 다르다. 어떤 사람들은 빨리 생각하고 빨리 말하고 빨리 행동하는 것을 선호하는 반면, 다른 사람들은 업무와 의사소통에서 더 온건하고 신중하고 조심스러운 접근을 선호한다. 직장에서 사교적이고 친절한 사람들도 있다. 그들은 동료들과 관계를 쌓고 가까워지고 싶어 한다.

하지만 그렇게 친절하지도 않고 인간관계는 업무를 처리하는 수단으로만 생각하는 이들도 있다. 자신의 의견이나 욕구, 필요를 매우 단호하고 직접적으로 표현하는 사람이 있는가 하면, 별로 적극적으로 표현하지 않고 남들의 아이디어나 의견, 필요, 욕구에 귀 기울이고 따르는 사람이 있다. 어떤 사람들은 결과에 조급해하고 또 어떤 사람들은 인내심이 많다. 결정을 내리기 위해 엄청난 양의 자료가 필요한 사람도 있고 자료가 거의 또는 전혀 필요하지 않은 사람도 있다. 감정적이고 표현을 잘하는 사람도 있고 감정을 억제하고 침착한 사람도 있다.

이처럼 사람들의 차이는 끝이 없다. 핵심은 당신과 상사의 유사점과 차이점을 이해하고 그에 따라 행동을 조정해야 한다는 것이다. **내가** 대접받고 싶은 대로가 아니라 **상사가** 대접받고 싶어 하는 대로 상사를 대접해야 한다. 자신이 아니라 상사에게 초점을 맞춰야 한다.

일반적인 워크스타일 성격 네 가지
: 상사를 이해하기 위한 간단한 모델

효과적인 매니징 업을 위해서는 상사의 워크스타일 성격을 고려하는 게 도움이 된다. 워크스타일 성격workstyle personality이란 직장에서 다른 사람들과 상호작용할 때 주로 사용하는 행동 유형을 가리킨다. 한마디로 직장에서 당신의 운영체제라고 할 수 있다. 우리가 외부 세계에 반응하고 상호작용하는 방식이다. 세상에 100퍼센트는 없지만 사람은 대부분 타인을 대할 때 꽤 일관된 특성과 행동을 보이는 경향이 있다. 이러한 특성, 행동, 선호가 워크스타일 성격을 이룬다. 당신과 상사의 워크스타일 성격이 어떻게 비슷하고 어떻게 다른지 아는 것은 매니징 업을 시작하는 실용적이고 효과적인 방법이 된다.

다음의 네 가지는 직장에서 자주 만나는 기본적인 워크스타일 성격이다. 당신과 당신의 상사에게 가장 비슷한 것을(하나 이상이 될 수도 있다) 찾아보자.

어드밴서advancer(전진하는 상사)

어드밴서는 업무, 성과 달성, 실천에 집중한다. 보통 그들은 따뜻하고 사람 냄새 나는 관계 구축에는 별 관심이 없다. 대개는 자신감 넘치고 업무 지향적이고 효율적이고 까다로운 사람으로 비친다. 고압적이고 가혹하며 냉정하게 보일 수도 있다. 그들의 의사소통 방식은 직접적이며 퉁명스럽기도 하다. 목표 지향적이라서 좀처럼 따라오지 못하거나 의사 결정 및 실행이 너무 오래 걸리는 사람들에게 참을성 없는 모습을 보이기도 한다. 의사 결정이 빠르며 실용적인 접근법을 추구한다. 환경을 통제하려고 하고 장애물 극복, 성공, 목표 달성을 통해 에너지를 얻는다.

어드밴서는 최대한 효과적이고 신속하게 일을 진척시켜서 결과를 얻는 것을 가장 중요시한다. 역량, 행동, 결과를 존중한다. 앞으로 나서서 주도하는 것을 좋아한다. 어드밴서의 특징은 다음과 같다.

- 참을성이 없을 정도로 빠른 속도를 선호한다.
- 앞에서 이끈다. 사람보다 일에 집중한다.
- 통제권과 주도권을 얻고자 한다. 권한을 쥐려고 한다.
- 자신만만하고 단호하게 의견을 주장하고 의사 결정을 내린다.
- 의지가 강하고 감정을 잘 통제한다.
- 단호하고 실용주의적이다. 사용 가능하고 연관 있는 데이터를 토대로 신속한 결정을 내린다.
- 행동이 빨라 계획에서 실행으로 빠르게 옮겨간다(너무 많은 생각 때문에 우유부단해지는 '분석 마비'를 혐오함).
- 의사소통이 간단명료하고 요점이 확실하고 직접적이다.
- 위험을 감수하고 도전을 추구한다.
- 아무런 행동도 하지 않는 무대책, 우유부단함, 비효율성을 싫어한다.
- 의사 결정과 행동에 최대한의 자유가 따르는 것을 선호한다.
- 다른 사람의 감정과 조언을 잘 받아주지 않는다.
- 빠르고 독립적으로 일한다.
- 경쟁심이 강하고 이기는 것을 좋아한다.

- 조급하고 배려심이 많지 않다.
- 스트레스를 받을 때 통제적이거나 지나치게 비판적이거나 독단적으로 변할 수 있다.

긍정적인 특성

강함, 결단력 있음, 단호함, 실용주의적, 효율적, 객관적, 업무에 충실함.

잠재적인 부정적 특성

공격적, 독단적, 오만, 배려 없음, 완강함, 지배적, 조급함.

에너자이저energizer(활력이 넘치는 상사)

에너자이저는 에너지, 개성, 낙관주의가 넘친다. 결국 그들은 '사람을 좋아하는' 사람이다. 사교적이고 활기차며 다른 사람들을 참여시키고 동기를 부여하는 데 능숙하다. 그들은 열정적이고 유머러스하며 위험 감수를 두려워하지 않는다. 아이디어를 내고 남들을 설득하려고 한다. 보통 설득력 있고 에너지가 넘치고 창의적이고 즉흥적이라는 이미지가 있다.

에너자이저는 아이디어 지향적이고 정해진 루틴을 견디기 어려워한다. 그들은 미래에 관한 아이디어와 계획에 집중할 때 가장 행복하다. 반응이 빠르며(너무 빠를 때도 있다) 자기 생각과 감정을 표현하는 것을 전혀 불편해하지 않는다. 반응이 워낙 빠르다 보니 개인적인 의견이나 직감에 따라 결정을 내리는 것처럼 보이기도 한다. 새로운 프로젝트를 시작하는 것을 좋아하지만 세부 사항이나 프로젝트의 완수에는 흥미를 잃을 수 있다. 에너자이저의 또 다른 특징은 다음과 같다.

- 신속하고 활기차다.
- 마음에서 나오는 리더십을 보여준다. 사람과 관계에 초점을 맞춘다.
- 외향적이고 열정적이며 보통 직장에서 다른 사람들과 잘 교류한다.
- 자발적으로 행동하고 결정하고 성급하게 다음 일로 넘어가기도 한다.
- 남을 설득하고 동기를 부여하는 데 뛰어나다.
- 무시 또는 거절을 두려워한다.
- 공개적으로 인정받는 것을 좋아해 스포트라이트를 받으려고 노력한다.
- 루틴과 복잡함을 싫어하고 세부 사항이 많으면 짜증을 내기도 한다.
- 일반화하고 과장하는 경향이 있다.
- 자극과 도전, 흥분이 있을 때 목표를 쉽게 달성한다.
- 참여를 좋아하고 혼자를 싫어한다.
- '직감'에 따라 결정 내릴 때가 많다.
- 창의적이고 미래 지향적이며 항상 새로운 방법을 생각한다.
- 실행이 빠르다. 철저한 계획이 없어도 새로운 프로젝트에 착수할 준비

가 되어 있다.

- 프로젝트를 끝내는 것보다 시작하는 것에 더 관심이 있다.
- 다른 사람들이 자신의 아이디어에 관심을 가져주기를 원하고 항상 남들을 '설득'하려고 한다.
- 스트레스를 받으면 빈정거리거나 불친절해질 수 있다.

긍정적인 특성

열정적, 풍부한 상상력, 외향적, 설득력, 자발적, 능동적.

잠재적인 부정적 특성

가벼움, 미성숙, 고압적, 충동적, 조종적, 비현실적, 제멋대로임.

이밸류에이터evaluator(평가하는 상사)

이밸류에이터는 품질과 정밀도, 정확성을 중요시한다. 그들은 체계적이며 행동을 취하거나 의사 결정을 내리기 전에 모든 사실(그리고 과거) 정보를 갖고 있기를 원한다. 그들이 선호하는 접근 방식은 결정을 내리기 전에 모든 선택권을 살펴봄으로써 위험을 최소화하는 것이다. 그들은 전형적인 '두 번 재고 한 번에 자르는' 스타일이다. 그만큼 정확성, 정밀함, 객관성을 중요시한다. 체계적이고 절차 지향적이다. 표준 운영 절차, 조직의 규칙, 기존의 방식(보통은 자신이 만들었다는 이유로)을 따른다.

일반적으로 그들은 다른 유형들보다 반응 시간이 느리고 더 주의 깊게 일을 처리한다. 대개 진지하고 성실하며 끈기 있고 까다로운 사람이라는 이미지가 있다. 그들은 데이터를 존중하고 비판적이거나 까다롭게 보이기도 한다. 완벽주의에 빠지기 쉽다. 이밸류에이터의 특징은 다음과 같다.

- 중간 정도의 속도 및 업무 지향적.
- 머리로 이끄는 리더십을 보인다. 사람보다 일에 더 집중한다.
- 생각이 깊고 신중하며 사실 지향적이고 정확하다.
- 모든 면에서 완벽함과 품질, 정확성을 추구한다. 실행할 가치가 있는 일은 제대로 해내야 한다고 생각한다.
- 신중한 의사 결정자. 최대한의 정보로 최소한의 위험 추구.
- 체계적이고 프로세스 지향적.
- 일을 제대로 처리하는 것을 중요시해서 너무 많은 생각에 빠질 수도 있다.
- 철저한 데이터 수집에 의존한다. 분석 마비에 빠지기 쉽다.
- 확고하고 신중하며 감정적이지 않다.
- 개인적인 개입이나 감정적인 상황을 싫어한다.
- 천천히 정확하게 일한다.
- 적절성, 정확성, 안정성, 예측 가능한 결과를 중요시한다.

- 객관적인 평가와 문제해결에 능하다.
- 그룹 작업을 피하고 혼자 작업하는 것을 선호하다.
- 지나치게 비판적이고 반응이 없는 것처럼 보일 수도 있다.
- 스트레스를 받으면 회피적이거나 고집불통이 될 수 있다.

긍정적인 특성

세심함, 사실적, 논리적, 체계적, 정확함, 질문, 품질 지향적.

잠재적인 부정적 특성

비판적, 부정적, 독단적, 심한 잔소리, 고립, 융통성 없음.

하모나이저harmonizer(화합을 중요하게 여기는 상사)

하모나이저는 사람, 관계, 안정, 조화를 중요시한다. 그들에게는 직장 분위기가 무척 중요하다. 그들은 사람들의 성공과 행복을 도와주고 싶어 한다. 개인적인 관계, 도움을 주는 것, 호감을 받는 것을 중요하게 여긴다. 선호하는 접근법은 서로 다른 의견들을 중재해 합의에 도달하는 것이다. 모두가 '한배를 타는 것'이 최고의 해결책이라고 믿기 때문이다. 연민, 충성심, 타협, 신뢰 구축이 그들의 전문 분야다. 대개 친절하고 사람들과 잘 어울리고 겸손한 사람이라는 이미지가 있다.

하모나이저는 협동심이 대단히 뛰어나고 자신의 시간을 희생해서까지 남들을 도와준다. 팀워크와 팀 구축을 중요시한다. 행동으로 옮기거나 결정을 내리기 전에 다른 사람들의 아이디어와 의견을 구하는 신중한 의사 결정자다. 그들은 업무의 품질에 신경을 쓰고 지속적인 압력이나 '비상사태'에 제대로 대응하지 못한다. 안정성과 조화를 선호하는 모습 때문에 자칫 변화를 주저하는 것처럼 보일 수도 있다. 일반적으로 친절과 지지, 존중심, 적극적인 태도, 믿을 수 있는 모습을 보여주고 역시 그런 특징을 보여주는 사람들을 존중한다. 하모나이저의 또 다른 특징은 다음과 같다.

- 중간 정도의 속도로 일하며 관계 지향적.
- 마음에서 우러나오는 리더십을 보인다. 사람들이 몸과 마음의 건강을 통해 행복을 추구하며 살아가는 일에 초점을 맞춘다.
- 친절하고 다른 사람들과 잘 어울린다.
- 다른 사람의 아이디어와 욕구 및 필요에 개방적이고 수용적이며 이를 지지한다.
- 친밀하고 개인적인 관계를 쌓는 것을 좋아한다.
- 팀워크를 즐기고 촉진한다.
- 개인 간 갈등을 싫어한다.
- 적극적으로 다른 사람의 말을 경청하며 조언해주는 것도 좋아한다.
- 협력적이고 사근사근하며 기꺼이 다른 사람들을 돕는다.

- 다른 사람들의 지지를 얻기 위해 노력한다.
- 새로운 행동을 취하거나 결정을 내리는 데 시간이 걸린다.
- 위험 감수를 싫어하고 변화와 불확실함을 불편해하고 주저한다.
- 조직의 위계질서를 중시하고 존중한다.
- 안정성, 체계, 예측 가능한 루틴을 추구한다.
- 존중과 호감, 인정을 원한다.
- 사람들에게 지시하는 것을 불편해할 수도 있다.
- 스트레스를 받으면 우유부단하고 순종적으로 변할 수 있다.

긍정적인 특성

우호적, 협조적, 충성심, 사교적 수완, 이해심, 도와주려고 함, 타인의 의견을 받아줌.

잠재적인 부정적 특성

너무 무름, 우유부단, 귀가 얇음, 너무 태평함, 비겁함, 약함.

지배적인 워크스타일 찾기

대부분 이 네 가지 스타일에 자신이 하나 이상 해당한다는 사실을 발견하는데 그게 맞다! 사람은 절대로 한 가지 모습이 아니다. 하지만 그래도 대개는 지배적인 유형이 하나 있을 것이다. 게

다가 강력한 이차적 유형이 나타나는 사람도 많다. 예를 들어 어드밴서가 에너자이저나 이밸류에이터의 몇 가지 특징을 함께 보이는 것은 드문 일이 아니다. 당신과 당신의 상사가 가장 많이 사용하는 지배적인 스타일을 파악하고 그 스타일을 완전히 이해하고 보완하는 것이 핵심이다.

기억하기

워크스타일 성격 개념의 가장 중요한 목표는 자신의 스타일을 이해하고 상사의 스타일을 식별하고 이해함으로써 상사가 선호하는 방식에 따라 상호작용을 조정하는 것이다. 상대방이 대접받고 싶어 하는 대로 그를 대접하는 백금률이다. 이제 네 가지 워크스타일 성격을 하나씩 살펴보면서 그들과 성공적으로 함께 일하는 방법을 알아보자.

6

"성과를 내!" 어드밴서 상사

"나는 행동에 대해서는 절대 걱정하지 않는다. 행동하지 않는 것에 대해 걱정할 뿐이다."

- 윈스턴 처칠 Winston Churchill

베로니카는 동물 복지 단체의 최고 운영 책임자(COO)를 맡고 있다. 그녀의 상사 헤더는 똑똑하고 활기차고 적극적이며 단호하고 실행력이 강한 사람이다.

"헤더 밑에서 일하는 것은 복잡하면서도 흥미로운 경험이에요. 이런 상사는 처음이거든요. 한편으로 그녀는 정말 대단한 CEO입니다. 조직을 위한 분명하고 야심 찬 비전이 있고 그 비전을 달성하기 위해 힘차게 나아가죠. 강하고 용기와 결단력이 대단해요. 위험을 감수하고 밀어붙여서 서비스 범위를 크게 확장했습니다. 조직을 성공으로 이끌었어요. 우리는 정말 크게 번창했어요.

다른 한편으로 헤더는 제가 지금까지 만나본 가장 어려운 상사입니다. 그녀는 항상 우리를 힘들게 밀어붙여요. 처음 입사했을 때 그녀가 저에게 말했죠. '나는 당신이 스스로 생각하는 것보다 더 잘할 수 있다고 생각해요. 나는 당신을 강하게 밀어붙일 것이고 때로는 당신이 하고 싶지 않거나 불가능하다고 생각하는 일을 주문하기도 할 겁니다. 하지만 꼭 해내게 할 겁니다.'

저는 지금까지 항상 상사들과 개인적인 친분도 쌓았는데 헤더는 처음부터 우리가 친구가 될 일은 없다는 걸 분명히 보여주었죠. 실제로 '당신과 나는 친구가 아닙니다'라고 말하기도 했고요. 그래요. 뭐, 친구까진 아니어도 괜찮아요. 하지만 그녀가 다른 사람들을 조금만 배려했으면 좋겠어요. 그녀는 너무 자기중심적이고 남을 전혀 배려하지 않는 사람처럼 보이거든요. 모두를 자기 필요한 대로 이용할 뿐이죠. 미팅을 잡을 때도 '그때 시간 되나요?'라고 물어보는 일이 절대 없어요. 무조건 시간을 통보하고 알아서 자기한테 일정을 맞추라는 식이예요. 자기밖에 모르는 여왕벌처럼 행동하죠. 그래서 어떤 때는 그녀가 한없이 존경스럽다가도 또 어떤 때는 한 대 때려주고 싶어진다니까요."

베로니카의 상사는 어드밴서다. 어드밴서들은 빠르게 앞으로 나아가는 것을 좋아한다. 어드밴서 상사는 결과 지향적이고 추진력이 강하며 결단력 있고 야심 차고 자신감이 넘친다. 그들은 오로지 과제, 과제, 과제에 집중한다. 사람에 초점을 맞추는 일이 거의 없으며 직장에서의 인간관계에 거의 관심을 쏟지 않는다. 지배적으로 군림하려는 모습을 보이는 경우가 많다. 대개 단도직입적으로 소통하며 진전에 조급함을 보이는 경향이 있다. 선천적으로 경쟁심이 강해서 도전을 좋아하고 위험 감수에도 열려 있다. 어떤 사람들은 이런 상사를 좋아하지만 참고 받아들이기 힘들어하는 사람들도 있다. 내가 잘 아는 이유는 나도 어드밴서 상사이기 때문이다.

어드밴서 상사의 원동력 찾기

관계보다 성과

어드밴서는 속도가 빠르고 결과에 집중한다. 그들은 당신의 생산성과 기여도를 중요시하는 데 반하여 당신이 어떤 사람인지 또는 직장에서 당신의 정서적 욕구가 무엇인지에는 별로 관심을 기울이지 않는다. 당신의 감정에 대해 알 필요도 없고 알고 싶어 하지도 않으며 당신의 의도에 크게 신경 쓰지도 않는다. 어드밴서는 성과를 원한다. 그것도 최대한 빠르게. 변명이나 문제 상황은 그들에게 통하지 않는다. 끊임없이 전진하는 것이 그들의 업무 스타일이고 일을 진행시켜야만 그들에게 인정받을 수 있다. 어드밴서 상사는 느리고 너무 꼼꼼하고 질문 많은 직원에게 답답함을 느낀다.

속도에 대한 욕구

당신의 상사가 어드밴서라면 눈치챘겠지만 그들은 거의 항상 움직이고 있다. 빠르게 말하고 여기에서 저기로 신속히 옮겨간다. 사무실에 가만히 앉아 있는 일도 드물다. 어드밴서는 행동 지향적이고 시간을 허투루 쓰지 않고 일을 완료한다. 적어도 시작한다. 어드밴서는 의욕적으로 움직이면서 새롭고 흥미진진한 일을 시작하고 세부적인 사항은 다른 사람들에게 위임하는 것을 좋아한다. 그들은 프로젝트가 끝까지 잘 마무리되기를 바라지만 보통 다음 건으로 옮겨가느라 바빠서 그 프로젝트가 끝날 때까지 관여할 시간이 없다. 그래서 어드밴서는 세세한 부분까지 신경 쓰면서도 속도에 지장을 주지 않는 사람들과 업무 궁합이 잘 맞는다.

성공에 대한 욕구

어드밴서는 성공을 추구한다. 경쟁, 승리, 성과, 난관의 극복 같은 것이 이들을 물 만난 물고기로 만든다. 어드밴서는 자신이나 팀과 조직을 위해 권력, 지위, 번영 같은 성공에 대한 전통적인 개념을 추구하고 같은 목표를 추구하는 이들의 가치를 인정해준다. 일반적으로 이런 것들을 기준 삼아서 진행 상황과 결과를 모니터링한다. 그들은 이번 분기의 실적을 지난 분기와 비교하고 주로 더 많은 수익과 새로운 고객을 가져다 줄 프로젝트에 참여하는 편이다.

인간관계나 직원 만족에 아예 무신경한 것은 아니지만 그들의 주요 동기부여 요인은 아니다. 또한 오로지 개인적인 자부심이나 탐욕이 그들을 움직이는 것도 아니다. 어드밴서는 진심으로 회사가 잘되기를 바라고 더 큰 목표를 세워 도전함으로써 더 크게 성공한다.

통제에 대한 욕구

성공에 대한 어드밴서의 내적 동기는 겉으로 통제의 표현으로 나타날 수 있다. 그래서 남들의 눈에는 너무 권위적이거나 고압적으로 보일 수 있다. 간단히 말해서, 어드밴서는 자신의 비전에 확신이 있으며 사공이 되어 배를 끌고 가고 싶어 한다. 그들에게는 '부탁'이 아니라 '명령'이 더 효율적인 방법이다. 어드밴서는 당신의 아이디어에 관심을 보일 때도 있지만 결국 자신의 아이디어를 가장 우선시하고 남들도 따라오기를 원한다. 어떤 사람들은 창의성이 억눌려서 답답해하지만 시키는 대로 하는 것을 선호하는 사람들도 있다.

손잡는 것을 싫어함

어드밴서는 자신과 타인의 독립성을 중요시한다. 통제력을 행사하는 것을 좋아하지만 보통 마이크로매니저는 아니다. 그들은 **'어떻게'**가 아니라 **'무엇을'**에 관심을 가진다. 그래서 어드밴서 상사는 직원들의 작업 방식에는 간섭하지 않지만 그들이 해야 할 일은 무엇이고, 더 중요하게는 어떤 성과를 냈는지는 훤히 꿰뚫고 있다. 보통은 프로젝트의 시작과 끝에 모두 관여하지만 중간 단계에는 신경 쓰지 않는 편이다. 이들은 당신이 빨리 시작하고 신속히 끝낼수록 좋아한다. 그들을 방해하지 않고 해낸다면 더 좋다.

갈등은 곧 경쟁

어드밴서는 경쟁심이 매우 강해서 갈등을 이기거나 지는 싸움으로 보기도 한다. 갈등이 발생하면 이길 생각부터 하는 것이다. 그들은 자기 관점을 단도직입적이고 강압적으로 드러낸다. 약하거나 패배한 것처럼 보이는 것을 원하지 않는다. 설령 자신이 틀렸다 하더라도 통제력이나 지위를 잃는 기분을 느끼고 싶지 않아서 끝까지 주장을 고수한다. 어드밴서와 의견이 충돌할 때는 사실과 견해를 준비해야 한다. 싸움에서 '이기는' 것이 아니라 문제해결에 집중하자. 미묘하지만 중요한 차이가 있다.

열심히 일해서 커리어를 발전시키고 싶은 사람이라면 어드밴서 상사와 일하는 건 많은 장점이 있다. 그들은 흥미진진하고 활기찬 사람들이라 일하면서 지루할 틈이 없다. 그들은 눈에 보이는 성과로 이어지는 도전적인 프로젝트를 제공할 것이다. 출구 없는 프로젝트나 장황한 회의에 자신의 시간이든 남의 시간이든 낭비하지 않는다. 또한 그들은 업계의 관심이 쏠리는 주요 인물인 경우가 많아서 당신에게 승진과 기회를 가져다줄 사람이나 프로젝트와 연결해줄 수 있다.

하지만 어드밴서 상사에게는 확실한 단점이 있다. 당신은 야근까지 하면서 열심히 일해야만 할 것이다. 상사의 업무까지 떠맡아야 할 수도 있다. 고성과자를 바로 옆에서 지켜볼 수 있지만 일대일 면담이나 멘토링을 위한 시간은 별로 없을 것이다. 그리고 상사와 의견이 다를 때 합의에 도달하거나 당신의 아이디어를 인정받기가 힘들 수 있다.

어드밴서 상사를 매니징 업하는 전략

1. 속도를 내라!

어드밴서 상사는 당신이 입을 열기도 전에 다섯 걸음이나 앞서 있다. 서둘러 보조를 맞추고 상사의 관심을 끌어라. 할 말의 우선순위를 정해놓고 곧바로 본론으로 들어가자. 별로 좋지 않은 내용을 전해야 할 때는 절대로 좋게 포장하지 마라. 어드밴서는 꽤 객관적인 사람이므로 어떤 사실이든 충분히 감당할 수 있다. 솔직하게 전달하고 다음으로 넘어가라. 어드밴서와의 미팅에서는 세 가지를 기억하자. 프로페셔널하게, 간단히 말하고, 사라질 것.

2. 분석 마비를 피하라

어드밴서는 대부분 빠르고 실용주의적인 의사 결정을 선호한다. 토론이 길어지거나 의사 결정이 지체되면 짜증이나 답답함을 느낄 수 있다. 어드밴서에게 '완벽'은 적이다. 이들은 속도와 행동, 영향을 선호해서 사소한 결함은 그냥 넘긴다. 진전을 방해할 때만 심각한 문제로 여긴다.

3. 문제가 아닌 해결책을 가져가라

어드밴서는 성과와 성취를 방해하는 문제에만 관심이 있다. 그것도 해결책이 있는 문제에만 관심을 보인다. 따라서 어드밴서 상사에게 문제를 지적할 때는 반드시 세 가지를 분명히 말할 수 있어야 한다. 왜 문제인지, 진행에 어떤 영향을 미치는지, 어떤 해결책이 있는지.

어드밴서 상사가 가장 좋은 방법을 결정하도록 여러 가지 해결책을 가져가라. 예를 들어, "공유 클라우드 시스템은 지저분하고 체계적이지 않습니다. 최신 문서를 찾기가 어려워요"라고 말하지 말고 이렇게 말하자. "공유 클라우드가 체계적이지 않아서 팀원들이 최신 문서를 찾기가 어렵습니다. 제시간에 업무를 제대로 끝내는 것에도 큰 지장을 주고 있어요. 좀 더 체계적으로 정리한다면 업무의 질과 속도가 훨씬 좋아질 것 같습니다. 제가 이 문제를 해결하고 효율성을 올릴 수 있는 아이디어를 세 가지 생각해봤는

데요…. 가장 마음에 드시는 걸 말씀해주시면 진행해보겠습니다."
축하한다! 당신은 방금 어드밴서 상사의 사랑을 얻었다.

4. 불평하지 말고 요청하라

어드밴서는 해결책이 아닌 문제를 듣는 것만큼이나 불평을 듣는 것을 싫어한다. 그러나 그들은 요청에 열려 있다. 모든 불평 속에는 요청이 들어 있기 마련이다. 찾아서 요청하라.

5. 개인적으로 받아들이지 마라

어드밴서는 결과와 행동 지향적이고 업무의 달성에 집중하므로 그렇게 따뜻한 사람처럼 보이지 않을 수 있다. 차갑고 무관심하고 무정한 것처럼 보일지도 모른다. 실제로 그들은 관계 구축에 별다른 노력을 기울이지 않는다. 어드밴서에게 직장의 인간관계는 믿음과 존중을 통해 구축되는데, 믿음과 존중은 맡은 일을 해냄으로써 쌓인다. 그러니 개인적으로 받아들일 필요가 전혀 없다.

6. 방법을 묻지 말고 무엇을 해야 하는지 물어라

어드밴서는 프로젝트의 세부 사항과 계획 단계에 막히는 것을 좋아하지 않는다는 사실을 기억하라. 어드밴서 상사에게 필요한 것을 물어보고 해내라. 프로젝트를 완료하는 방법에 필요한 정보를 다른 자원을 활용해서 얻거나 스스로 필요하다고 생각하는 일을 한번 시도해보라. 어드밴서가 가장 관심 있는 것은 최종 결과이므로 끝에 이르기만 한다면 대체로 만족하는 경향이 있다. 다른 동료들과 함께 브레인스토밍으로 전략을 찾거나 이전에 성공한 프로젝트에서 상사가 원하는 방식의 견본을 참고하자. 무엇보다도 어드밴서는 능력, 자립심, 성과를 존중한다는 것을 기억하라.

7. 준비하라

어드밴서는 시간을 현명하게 사용하는 것을 좋아하므로 부하 직원이 결론에 도달하는 과정을 옆에서 같이 짚어보는 것을 원하지 않는다. 주어진 업무나 과제의 세부 사항은 스스로 처리하라. 직접 필요한 정보를 모으고 상사에게 물어볼 질문은 목록을 만들어둬라. 상사와 팔로우업을 할 때, 다른 곳에서는 답을 찾을 수 없거나 진행을 위해 상사의 의사 결정이 꼭 필요한 부분에 대해서만 질문하자. 최대한 혼자 많은 준비를 함으로써 상사의 시간과 의견을 중요하게 생각한다는 것을 보여줘라.

"나는 2년 전 처음으로 비서를 고용했다. 그녀는 유능하지만 워크스타일 성격 면에서는 나와 180도 달랐다. 나는 전형적인 어드밴서 유형인데 그녀는 이밸류에이터에 가깝다. 처음에 내가 과제나 프로젝트를 맡기면 항상 기나긴 질문 목록을 들고 다시 찾아왔다. 물론 나를 만족시키기 위해서였지만 그래도 조금 짜증이 났다. 나는 몇 가지 설명을 해주었지만 대부분은 알아서 하라고 부탁하고 필요에 따라 결과물만 조금 수정했다.

내가 사사건건 간섭하지 않으니 그녀의 업무 처리 능력은 점점 더 좋아졌다. 비결을 물어보니 내가 수정한 서류를 검토하면서 어느 부분이 바뀌었는지 메모하고 다음에 참고한다고 했다. 또한 그녀는 동료들에게 도움을 요청해 브레인스토밍을 하고 조언을 구했다. 가장 중요한 것은 스스로 업무 계획을 세우고 완수하는 법을 배운 것이었다. 그녀는 스스로 방법을 찾아서 해냈다! 최고의 비서였다."

8. 지나치게 감상적으로 굴지 마라

어드밴서는 하모나이저나 이밸류에이터와 달리 감정적인 반응을 제대로 감당할 수 있다. 일에서 감정을 별로 **중요하게** 여기지 않는 것뿐이다. 너무 개인적이거나 예민하거나 감정에 휘둘리는 모습은 당신에 대한 어드밴서 상사의 믿음과 존중심을 해칠 것이다. 그들은 너무 감정에 얽매이는 것이 약하다고 생각한다. 상사에게 친절하게는 대하되 친구 사이를 기대해서는 안 된다. 관계 구축에 많은 시간이 걸릴 것을 예상해야 한다. 감정을 표현하거나 사생활을 드러내기 전에 자신감 있는 모습으로 상사의 신뢰를 얻어라. 그리고 절대 "나는 ~라고 느낀다"라는 식으로 의견을 말하지 마라. 어드밴서는 감정이 아니라 결과에 신경 쓴다.

9. 상사의 권한에 도전하지 마라

어드밴서 상사는 같은 어드밴서 직원이 권한과 영향력을 놓고 경쟁하는 것을 절대로 원하지 않는다. 당신의 상사는 상사라는 위치를 좋아하며 자신의 힘이나 권한을 나누고 싶어 하지 않는다. 마음에 들지 않더라도 상사를 잘 따라야 한다. 권한이 높은 사람으로부터 많은 배움을 얻는 좋은 기회가 될 것이다. 나중에 리더 자리에 올라갔을 때 큰 도움이 될 것이다. 지금은 스포트라이트를 받으려 하지 말고 상사의 의사 결정을 존중하고 그의 아이디어를 지지해라. 어드밴서 상사의 계획을 뒤에서 훌륭하게 뒷받침해주면 그가 당신을 성공적인 길로 이끌 것이다.

10. 조심스럽게 반대하라

어드밴서는 타인의 자신감을 존중하지만 자신의 아이디어나 비전에 끊임없이 도전하는 사람은 절대로 그냥 넘어가지 않을 것이다. 누가 더 똑똑한지 어드밴서와 맞서는 것은 문제를 자초하는 행위다. 하지만 접근법이 위협적이지 않고 상사가 이루려는 목표를 뒷받침해준다면 기꺼이 받아들일 것이다. 상사와 다른 의견을 제시할 때는 직접적이고 사실적이고 침착해야 한다. 지나치게 공격적이거나 고집스러운 모습을 보이면 의견 차이만 증폭될 수 있으므로 조심해야 한다. 그리고 어드밴서 상사의 의견에 공개적으로 반대하지 마라. 반대 의견은 가능한 사적인 자리에서 내놓아

라. 자신의 주장을 확실하게 뒷받침해야 하며 언제나 **상사의 목표 달성에 도움이 되는** 부분을 강조해야 한다.

11. 반드시 끝내라

결국 어드밴서 상사가 원하는 것은 프로젝트의 완료와 문제해결, 질문과 답변이다. 스스로 알아서 상사의 우선순위를 먼저 완료하고 상사에게 진행 상황을 업데이트한다. 상사의 필요와 요청을 예측하라. 항상 주도적이어야 한다. 미팅을 철저하게 대비하고 진전을 보여줘라. 상사가 까먹기를 바라며 일을 뒷전으로 절대 미루지 마라. 보통 어드밴서는 중요하지 않은 일은 요구하지도 않는다. 그러니 반드시 일을 제대로 끝내라.

어드밴서 상사와 일하는 것은 절대로 쉽지 않지만 도전을 받아들일 준비가 되어 있다면 반드시 큰 보상이 따를 것이다.

베로니카 이야기의 결말

"헤더 밑에서 일하려면 더 잘하는 방법을 찾지 않으면 안 되었죠. 저는 평소의 안전지대에서 벗어나기 위해 자신을 몰아붙였고 그녀도 그런 저를 인정해주었습니다. 거짓말은 안 할게요. 절대로 쉽지 않았습니다. 퇴근해서 집에 돌아와 우는 날도 많았죠. 하지만 제 노력은 무수히 많은 방면에서 분명히 보상받았어요. 개인적으로나 일적으로나 엄청나게 성장했고 조직과 업계에서 제 위상도 높아지고 헤더와의 관계도 좋아졌습니다.

아주 사소한 것들의 효과가 대단했어요. 회의할 때마다 제가 회의에서 논의해야 할 사안들의 목록을 준비해갔거든요. 헤더의 우선순위에 맞춰서요. 동료들은 추가할 게 없다고 했습니다. 그들은 그저 상사가 회의 주제를 전부 내놓기를 기대한 거죠. 항상 준비하고 정리하며 상사의 질문에 대해 미리 생각하거나 다음 단계를 예상하는 습관도 생겼어요. 원래는 사소한 일도 너무 진지하게 고민하는 성격이었는데, 주도적으로 나서서 해결 방안을 찾고 또 신속하게 일을 처리하는 법도 배웠습니다. 상사가 시간 낭비를 좋아하지 않는다는 것을 파악한 뒤에는 일을 제대로 진행시키고 효율적으로 처리하려고 노력하게 되었죠.

가장 큰 변화는 이제 상사가 저를 파트너 비슷하게 봐준다는 거예요. 물론 여전히 상사와 부하 직원이라는 사실은 변함없지만 이제는 좀 더 동료처럼 대해주거든요. 의사 결정이나 조직 전략에 대해 제 의견과 아이디어를 묻죠. 시간이 흐르면서 우리의 관계도 변한 덕분에 다른 사람들이 무조건 그녀에게 '예스'라고 해도 저만큼은 그녀에게 솔직할 수 있어요. 전에는 꿈도 못 꿨던 얘기나 피드백을 전달할 수도 있고요. 솔직히 떨릴 때도 있지만 지금은 상사에게 좀 더 솔직해질 수 있게 됐어요.

가장 놀라운 것은 그녀가 저에게 지금까지 만난 가장 영향력 있는 상사가 되었다는 거예요. 지금까지 저는 훌륭한 상사들을 많이 만났거든요. 솔직히 즐겁게 잘 지낸 상사들도 많아서 헤더는 최고의 상사라고는 할 수 없지만 개인적으로나 일적으로 저를 가장 크게 성장시켜준 상사인 것만은 분명해요. 그녀는 제가 다른 상사 밑에서 일했다면 결코 갖지 못했을 기회를 주었어요. 그래서 비록 오랫동안 저를 힘들게는 했어도 그 어떤 상사보다 헤더에게 감사한 마음이 큽니다. 지금의 제가 예전에는 전혀 상상조차 할 수 없었던 리더가 될 수 있었던 건 순전히 그녀가 저를 밀어붙이고 도와준 덕분이니까요. 처음에는 나쁘게만 생각했던 것들을 지금은 정말 감사하게 생각합니다."

어드밴서 상사를 매니징 업하는 핵심 요약

- 속도를 내라!
- 역량을 보여주고 존중 관계를 쌓아라.
- 사람보다 사실, 과제, 아이디어에 집중하라.
- 신속하게, 집중적으로, 핵심만 간결하게!
- 미리 준비해라.
- 주도적이 되어라. 어떻게 해야 하는지가 아니라 **무엇을** 해야 하는지 물어라.
- 문제가 아니라 해결책을 내놓아라.
- 하겠다고 한 것을 꼭 해라.
- 일을 진전시키고 성과를 내라.

7

"뭐든 해보자!" 에너자이저 상사

"잭팟을 터뜨리려면 먼저 동전을 넣어야 한다."

– 플립 윌슨Flip Wilson

벤지는 던의 비서실장으로 고용되었을 때 대단히 기뻤다. 이전 회사에서 던과 함께 일한 적이 있는데 무척 좋았던 경험이었기 때문이었다. 속도가 빠르고 활기찬 던은 원대한 아이디어와 위험을 무릅쓸 용기를 가진 사람이었다. 함께 일하면 도무지 지루할 틈이 없었다. 항상 흥미롭고 새로운 프로젝트를 시도해볼 기회가 넘쳤다. 하지만 무엇보다 좋은 것은 던의 유쾌하고 재미있는 성격이었다. 그는 언제나 긍정적이고 모두를 웃게 만들었다. 게다가 부하 직원들에 대한 지지와 격려를 아끼지 않았다. 하지만 새 직장에 출근한 첫날 벤지는 팀이 엉망인 것을 보고 실망했다. 모든 것이 무질서하고 혼란스러웠다. 직원들은 대가리가 잘린 닭처럼 허둥지둥 달리는 꼴이었다. 벤지는 팀원들과 던의 리더십 사이에 커다란 균열이 있음을 분명히 알 수 있었다. 그는 직접 치워야만 하는 난장판 속으로 걸어 들어간 셈이었다.

재미있고 고무적이고 열정적이다. 물론 가끔은 짜증을 불러일으키기도 한다. 에너자이저는 적극적이고 빠르다. 그들의 문은 항상 열려 있고 모든 아이디어가 탐구할 가치가 있다고 여긴다. 에너자이저는 에너지가 넘치고 그 에너지를 팀을 지원하는 데 쓰고 싶어 한다. 팀이 움직이거나 변화하거나 새로운 것을 시도하지 않으면 에너자이저는 지루해한다. 역시 빠른 속도로 움직이는 환경에서 성장하는 에너지 넘치는 직원이라면 에너자이저 상사는 이보다 더 좋을 순 없을 것이다. 하지만 팔로우업이 부족해서 프로젝트를 잘 완수하지 못하므로 다른 사람들에게는 부담스러울 수 있다.

에너자이저 상사의 원동력 찾기

사람이 제일 중요하다

에너자이저 상사는 사람에 초점을 맞추고 빠른 속도로 움직인다. 그들은 사람들에게 동기를 부여하면서 함께 일하는 방식을 좋아한다. 대화를 통한 접근법으로 일을 끝내는 것을 선호하며 혼자 일하는 시간이 많아지면 금방 추진력을 잃을 수 있다. 에너자이저는 공식적인 역할이나 책임에 얽매이지 않는다. 수평적인 조직 구조를 선호하며 쉽게 다가갈 수 있고 친근한 편이다.

루틴을 지루해한다

에너자이저 상사는 새로운 아이디어에 열려 있고 새로운 시도를 자주 한다. 가능성과 아이디어의 세계에 머무르는 것을 좋아한다. 아이디어의 큰 그림을 보는 것을 좋아하고 디테일에는 별로 관심이 없다. 일에 대한 일상적인 접근법은 그들을 지루하게 한다. 에너자이저 상사는 "우리는 항상 이 방식으로 해왔다"라는 말을 가장 싫어한다.

남을 돕고자 하는 욕구

에너자이저 상사는 모두가 성공하기를 원한다. 코칭과 격려, 지원을 기꺼이 제공한다. 에너자이너는 변화를 추구하며 팀에 동기부여 하는 것을 좋아한다. 열정이 넘쳐서 회의 시간에 자리에 앉아 있지 못하고 일어나 있는 모습을 자주 보이기도 한다. 말하면서 손도 열심히 움직인다.

빠른 아이디어와 빠른 행동

에너자이저 상사는 충분하게 숙고하기도 전에 새로운 아이디어를 밀어붙인다. 실행해봐야만 좋은 아이디어인지 알 수 있다고 생각해서 일단 윗선과 논의를 거친 후 무조건 진행하기도 한다. 그들은 탐구할 가치가 있는 아이디어인지 자신의 직감에 의존해서 결정한다. 위험 감수를 두려워하지 않으며 느리고 조심스럽고 까탈스러운 실행 방식보다는 '빠르게 실패'하고 다시 시도하는 것이 낫다고 생각한다.

(끝내는 것보다) 시작하는 것에서 더 많은 에너지를 얻는다

에너자이저 상사는 새로운 프로젝트와 새로운 아이디어의 실행에 대한 열정과 에너지가 넘친다. 프로젝트를 시작할 때 기대와 의욕이 넘친다. 하지만 프로젝트의 실행과 진행에 관한 세부적인 과정으로 들어가면 에너자이저 상사는 뒤로 물러나고 다른 사람들이 나서게 한다. 에너자이저는 거의 모든 아이디어에 전폭적인 지지를 보내지만 세부 사항과 구체적인 타임라인으로 옮겨가면 금세 관심이 식는다. 계획 단계가 끝났을 때는 이미 그의 관심이 다른 프로젝트로 옮겨갔을 것이다.

브레인스토밍을 좋아한다

에너자이저 상사는 두 명이 한 명보다 나으며(다섯 명은 더 낫고) 침묵이 아니라 소리 내어 말해야 더 좋은 아이디어가 나온다고 믿는다. 그들은 팀원들에게 자유로운 아이디어 회의를 장려하고 어큰치고는 지나칠 정도로 스티커 메모지나 플립 차트, 사인펜을 좋아할 수도 있다. 에너자이저는 팀 구축과 프로젝트 및 의사 결정에서 팀원들에게 아이디어를 나누게 한다. 그리고 이를 그들을 설득하는 중요한 수단으로 활용한다. 그들 모두가 목소리 내기를 원한다.

사교(항상 사교 모드)

보통 에너자이저는 활기차고 외향적인 성격이라서 팀원들과 가까워지고 싶어 한다. 업무 기반의 대화를 챙기지만 개인적으로도 알려고 한다. 그들은 팀과 연합, 움직임을 구축하는 것을 좋아한다. 에너자이저는 사람들이 개입된 일이어야만 즐거워한다. 인간관계가 중요하다. 일반적으로 에너자이저 상사는 매우 친절하고 사람들에게 관심을 기울인다. 보통 문이 열려 있어서 방해될까 봐 걱정하지 않고 부담 없이 찾아갈 수 있다. 부하 직원이 실수해도 실수를 인정하기만 하면 받아주고 문제해결을 도와줄 것이다.

에너자이저 상사는 부하 직원을 진정으로 생각해주고 직원이 제 능력을 발휘하기를 바란다. 팀원들의 성공을 도와주면서 큰 에너지를 얻기 때문이다. 에너자이저 상사는 미래에 집중하는 것을 좋아하고 팀원들이 새로운 아이디어를 내고 창의적인 해결책을 활용하도록 장려한다.

에너자이저의 또 다른 장점은 네트워크 활용 능력이다. 그들은 사람과 관계를 소중히 여기기 때문에 친구와 동료 등의 인맥 관계가 넓으며 아끼는 사람들에게 기꺼이 인맥을 연결해준다.

에너자이저 상사의 단점은 사교적인 대화로 당신의 시간을 많이 빼앗을 수 있다는 것이다. 처리할 업무가 많은데 도저히 이런 대화에서 빠져나갈 수 없다면 스트레스가 될 수밖에 없다. 또한 제대로 숙고하지도 않은 상태에서 무모하게 새로운 아이디어에 뛰어들어 자원을 낭비하는 것처럼 보이기도 한다. 당신은 상사의 새로운 아이디어를 강제적으로 받아들여야만 하거나 실행에 있어서 자신의 역할에 혼란을 느낄 수도 있다. 그들은 우선순위가 순식간에 바뀌므로 새로운 프로젝트를 시작만 해놓고 완료에는 별 관심을 기울이지 않을지도 모른다. 간단히 말해서 에너자이저는 변덕이 심하고 체계적이지 못할 수 있다.

에너자이저 상사를 매니징 업하는 전략

1. 관계를 구축하라

에너자이저 상사는 사람에 집중한다. 그들은 직장에서 인간관계를 가장 중요시하므로 시간을 들여 상사와의 관계를 구축해야 한다. 에너자이저는 부하 직원과의 관계를 구축하고 개인적으로 가까워져야만 더 좋은 상사가 될 수 있다고 생각한다. 따라서 에

NEW
IDEA

너자이저 상사와의 대화와 관계 구축에 시간을 할애하면 장기적으로 더 효과적이고 효율적인 업무 관계로 이어진다. 물론 시간은 많이 걸리지만 그만한 가치가 있다.

2. 빨리 생각하고 빨리 움직여라

에너자이저는 빠르게 움직이고 빠르게 말한다. 최선을 다해 그 속도를 따라가라. 브레인스토밍과 창의적인 대화를 준비하라. 에너자이저 상사는 1라운드에서(또는 2라운드에서도) 완벽을 기대하지 않는다. 그들은 지나친 분석이나 극도의 신중함 때문에 좋은 기회를 놓치기보다는 실수에서 배우는 쪽을 선호한다. 변화에 익숙해지고 유연하게 실행하고 무엇보다도 함께 재미를 느껴라.

3. 흥분하라!

에너자이저 상사는 혼자 아이디어를 내는 것을 좋아하지 않는다. 아이디어를 적극적으로 환영하고 어느 부분이 좋은지 말해줘라. 전체적으로 동의하지 않더라도 기대되는 부분이 있는지 찾아보자. 처음부터 반대하지 말고 첫 논의가 끝날 때까지 기다려라. 나중에 반대할 시간이 분명 있을 것이다. 상사가 곧 다른 아이디어로 넘어갈 가능성이 크므로 어차피 버려질 아이디어의 결함을 지적하느라고 에너지를 낭비하지 마라.

4. 잘 들어라!

에너자이저는 아이디어, 생각, 의견, 꿈으로 가득 차 있다. 그중에는 정말로 훌륭한 것들도 있다. 관계를 중요시하는 그들에게는 무엇보다 남들이 그들의 말을 들어주는 것이 중요하다. 물론 들어주려면 시간은 걸리겠지만 에너자이저는 시간을 내어 들어주는 사람을 신뢰하는 경향이 있다. 상사의 말에 무조건 동의하지 않아도 된다. 만약 진심으로 귀를 기울여준다면 그는 인정받는 기분을 느낄 것이다. 그러면 당신에 대한 신뢰가 생긴다. 따라서 에너자이저가 새로운 아이디어에 대해 장황하게 늘어놓으면 제대로 들어줘야 한다.

5. 찬물을 끼얹지 마라

에너자이저 상사가 아이디어를 제시하자마자 당신이 문제점을 바로 지적한다면 그는 금방 답답함과 좌절감을 느낄 것이다. 흥을 깨뜨리거나 불평을 던지는 것보다 에너자이저를 불쾌하게 만드는 건 없다. 부정적인 반응으로 에너자이저의 기운을 꺾지 말자. 어려운 프로젝트 앞에서도 긍정적이고 활기찬 모습을 보이도록 노력하라. 당신의 상사는 온종일 사람들에게 긍정적인 에너지를 얻어야 한다. 당신이 열정을 보일수록 상사가 당신의 의견을 지지해주고 호감을 보일 것이다.

6. 계획을 세우고 실행하라

에너자이저 상사는 그가 내놓은 아이디어를 부하 직원이 실행에 옮겨 성과를 올리는 것을 무척 좋아한다. 아이디어를 가져다가 계획을 세우고 실행하는 사람은 에너자이저 상사와 완벽한 콤비를 이룬다. 그런 식으로 당신은 많은 것을 해낼 수 있고 상사는 팀에 대한 당신의 기여도를 인정해줄 것이다. (**보너스**: 에너자이저 상사는 마땅히 인정받아야 할 사람을 인정해주는 것을 좋아한다. 당신은 분명 공을 인정받을 것이다.)

7. 아이디어를 거듭 확인하라

에너자이저 상사의 입에서 나오는 모든 말이 실행해야 할 과제라고 생각하면 안 된다. 그는 브레인스토밍을 좋아하고 실행 의도가 전혀 없을 때도 아이디어를 제안한다. 따라서 주저하지 말고 질문하고 명확하게 확인해라. 그래야 올바른 일에 에너지를 집중할 수 있다. 나중에 팀 회의에서 또는 상사가 당신에게 들렀을 때 메모해두었다가 우선순위에 대해 조언을 구하자.

8. 얼굴을 보여라

에너자이저 상사는 사람들을 보는 것을 좋아한다. 그는 당신이 포커스 그룹이나 브레인스토밍, 다른 팀 회의에서 자발적으로 나서기를 원한다. 얼굴을 맞대고 일하면 상사와의 관계를 구축할 기회가 생기고 장기적으로 당신에게 도움이 될 것이다. 매주 상사와 미팅을 잡아서 아이디어를 공유하고 현재 프로젝트를 검토하고 관계를 계속 구축하자.

9. 방문의 기술을 마스터하라

에너자이저는 부하 직원의 방문을 환영한다. 그들의 문은 항상 열려 있어서 접근성이 뛰어나고 신속한 대화를 나누기에 좋지만 자칫하면 당신이 별로 원하지 않을 때 기나긴 대화로 이어질 수도 있다.

용건이 아주 짧을 때는 상사의 방에 들어가지 말고 머리만 쑥 내밀어라. "저 곧 화상회의 들어가야 하는데, XYZ 사안에 대해 짧은 대답만 부탁드리려고요." 이런 식으로 빠져나갈 구멍을 미리 만들어둬라.

10. 창의성을 발휘해라

에너자이저 상사는 문제가 아닌 아이디어와 해결책을 제안하기를 원한다. 개선 가능성이 있는 부분을 계속 주시하면서 앞으로 나아갈 방법을 떠올리고 그 아이디어를 상사에게 제안하자. 에너자이저 상사는 새로운 아이디어를 좋아하지만 오롯이 혼자만 나서는 것을 원하지 않는다.

11. 공개적으로 칭찬하라

에너자이저는 타고난 사회적인 존재이기 때문에 인정과 진심 어린 칭찬에 반응한다. 공개적인 칭찬이라면 더 좋다. (**가장 중요한 것:** 진심이어야 한다.)

벤지는 모두를 위해 상황을 바로잡으려면 두 갈래의 접근 방식이 필요하다고 판단했다. 첫 번째 갈래는 던이 그의 리더십 맥락을 이해하도록 도와주는 것이었다. 던의 전임자는 신중하고 조심스럽고 겸손한 완벽주의자로 정반대의 성향이었다. 팀원들은 완전히 180도 다른 새 관리자를 어떻게 대해야 할지 알 수 없었다. 벤지는 팀원들이 상사의 스타일을 감 잡을 때까지 속도를 조금 늦추면 큰 도움이 될 것이라는 사실을 던이 이해하도록 도와주었다. 두 번째 갈래는 팀원들이 던과 효율적으로 일하는 전략을 세우도록 도와주는 것이었다.

"저는 팀원들이 던의 스타일을 이해하고 나아가 그 가치를 알아볼 수 있도록 도와주었습니다. 던이 새로운 아이디어를 탐구하는 것을 좋아하기 때문에 안 되는 이유를 지적하기 전에 그의 말을 끝까지 듣는 것이 최선이라는 걸 설명해주었죠. 그의 아이디어에 귀를 기울이고 거기에 자유롭게 의견을 더하라고 했어요. 팀원들은 던이 완벽을 기대하지 않는다는 것도 알 필요가 있었습니다. 배움을 얻을 수만 있다면 실수해도 받아준다는 것을요. 저는 팀원들에게 던이 혁신가이고 그들이 새로운 것을 시도할 수 있는 좋은 기회라는 것도 알려주었습니다.

던이 유쾌한 성격이지만 진지하지 않다는 뜻은 아니라는 것도 말해 주었죠. 그가 큰 그림에 집중하는 경향이 있고 실행이 세부 사항으로 인해 가로막히는 걸 좋아하지 않는다는 것도요. 세부적인 것은 우리의 일이라고, 우선순위에 대해 혼란스러울 때는 주도적으로 나서서 던에게 물어봐야 한다는 것도 알려주었습니다. 그리고 마지막으로, 던과 성공적으로 일하고 싶다면 변화에 익숙해져야 할 것이라고 했어요. 그 후 던의 스타일에 맞춰서 방식을 바꾼 팀원들은 아주 잘해 나갔습니다."

에너자이저 상사를 매니징 업하는 핵심 요약

- 처음부터 긍정적인 태도로 새로운 아이디어를 지지하라.
- 팀 프로젝트에 참여하고 자발적으로 이끌어라.
- 새로운 프로젝트를 주시하되 계획 수립과 세부 사항에 시간을 할애하기 전에 상사에게 다시 확인하라.
- 상사와 정기적으로 만나 개인적으로 가까워져라.
- 우선순위에 대한 조언을 구한 다음에 세부 사항을 실행하라.

8

"디테일이 중요해!" 이밸류에이터 상사

"일단 시작한 업무는 일이 많든 적든, 잘하든 못하든 절대로 중간에 멈추지 마라."

- 익명

서비스 전문업체에서 일하는 크리스털은 새로운 상사 브렌다 때문에 죽을 맛이다. 브렌다는 그녀가 맡은 업무와 팀의 성과를 정말로 중요하게 여기며 그럭저럭 괜찮은 상사인 듯하다. 하지만 크리스털은 브렌다가 항상 사사건건 간섭하면서 스스로 업무를 처리하지 못하게 할 때가 많다고 느낀다. 브렌다는 질문이 너무 많고 크리스털이 진행 상황을 업데이트할 때 절대로 만족하는 법이 없다. 크리스털이 보기에 브렌다는 지나치게 세부 사항에 신경 쓰고 다양한 사람들에게 유연하게 적응하지 못한다. 그녀는 스타일이 딱 하나이고 모든 사람을 대할 때마다 똑같다.

어느 날 크리스털은 고객과의 전화 회의를 진행하면서 고객의 프로젝트 계획과 일정을 검토하고 있었다. 회의를 시작하기 전에 브렌다에게 회의 안건 및 프로젝트 일정을 업데이트했다. 그런데 회의 도중에 브렌다가 계속 끼어들어 더 많은 세부 사항을 물어보았고 프로젝트 일정표와 실행 항목까지 바꾸게 됐다. 크리스털은 상사의 간섭이 지나치다는 생각과 함께 패배감과 불신을 느꼈다.

누구나 자기 생각이 옳기를 바라지만 이밸류에이터 상사는 특히 그렇다. 어떤 대가를 치르더라도 고품질의 정확한 업무 생산성을 달성하는 것이 그들을 움직이는 원동력이다. 이밸류에이터 상사는 속도가 느리고 꼼꼼한 경우가 많으며 논리와 검증된 프로세스를 통해 문제를 제대로 처리하는 것을 중요시한다.

그들은 부하 직원들이 마이크로매니지먼트가 심하다고 느낄 정도로 매사에 의문을 제기한다. 이것은 이밸류에이터 상사의 가장 눈에 띄는 점이다. 무수히 많은 질문을 던져서 모든 것을 논리적으로 추구하고 시간이 얼마나 걸리든 모든 질문의 답을 얻는다. 이렇게 상사가 결정을 내리는 속도가 느리고 가장 정확한 해결책을 찾으려고 하는 것이 좋을 수도 있다. 하지만 특히 창의적이고 에너지 넘치고 빠른 속도로 움직이는 사람들에게는 큰 좌절감을 안겨줄 수 있다.

이밸류에이터 상사의 원동력 찾기

직장은 일하는 곳이다

이밸류에이터 상사는 사람이 아닌 일에 집중하며 직장에서 보내는 시간은 일련의 작업을 완료하기 위해서라고 생각한다. 그들은 혼자 일하는 경향이 있고 몇 시간이고 컴퓨터 앞에 앉아 있을 수 있다. 목표를 달성하거나 프로젝트에 중대한 진전이 있을 때 가장 기분이 좋다. 그들은 직장이 사람들과 교류하고 관계를 구축하는 장소라고 보지 않으며 회의나 사교에 시간을 써야 하는 것을 답답해한다. 질문하거나 지침을 제공할 때처럼 꼭 필요할 때만 사람들과 교류하고 일반적으로 잡담에 참여하거나 직원 양성에는 많은 시간을 쏟지 않는다.

적당한 정도로는 안 된다

이밸류에이터는 종종 완벽주의자로 묘사되며 업무의 정확성을 추구한다(다른 사람의 업무에서도). 과제를 완료하는 것을 좋아하지만 정확하게 처리하느라 느리고 조심스러운 경향이 있다. 실수하는 것을 싫어하고 다른 사람들의 실수나 엉성한 작업도 용납하지 않는다. 시도할 가치가 있는 일은 반드시 잘 해내야 한다고 생각한다. 잘 해내는 것이 중요하므로 창의적이거나 혁신적인 아이디어를 한꺼번에 성급하게 쏟아내는 것을 좋아하지 않는다. 이밸류에이터 상사는 이메일을 포함해 모든 문서의 완벽을 추구하기 때문에 마이크로매니저 또는 트집쟁이로 비추기도 한다. 게다가 기준이 매우 높아서 자신에게나 타인에게나 지나치게 비판적인 면이 있다.

체계와 논리, 분석

이밸류에이터는 결정을 내리고 새로운 정보를 이해할 때 논리와 이유에 의존한다. 그들에게는 사실 정보가 가장 중요하다. 새로운 것을 시행하거나 새로운 방향으로 한 걸음 내딛기 전에 반드시 정보 처리와 연구, 분석을 거쳐야만 안심할 수 있다. 즉흥적이거나 '직감'에 따른 행동은 어리석다고 생각한다. 이밸류에이터 상사는 대부분 창의성이 부족하며, 브레인스토밍을 좋아하고 항상 새로운 아이디어를 제안하는 사람들의 말에 귀 기울이지 않는 경향이 있다.

이밸류에이터는 세부 사항이나 사실, 참고 자료가 뒷받침되지 않는 아이디어에 회의적이다. 장점은 새로운 프로세스를 구현할 때 아이디어에 결점이 있는지 철저하게 테스트하므로 대개 성공한다는 것이다. 하지만 자료 지원 부족으로 좋은 아이디어를 지나치거나 너무 느린 반응 시간 때문에 아이디어를 완전히 놓치기도 한다. 빠른 의사 결정이 필요할 때일수록 이밸류에이터 상사가 답답하게 느껴질 것이다.

로봇처럼 객관적

이밸류에이터는 같이 일하는 사람들에게 감정을 내보이는 일이 거의 없다. 그래서 보통은 차분하거나 냉정한 성격처럼 보이고 객관적으로 상황에 접근한다. 갈등 자체도 누가 옳은가에 대한 의견 불일치가 문제일 뿐이라고 생각한다. 자신이 꼭 옳아야 한다고 주장하기보다는 정답을 찾는 것을 더 중요시한다. 이는 상사가 가지고 있는 좋은 면처럼 보이지만 '인간성'이나 다른 성격 유형의 민감성 없이 갈등을 해결하므로 다른 사람들은 좌절감을 느낄 수 있다.

마찬가지로 이밸류에이터는 불규칙한 행동이나 극단적인 감정을 잘 다루지 못한다. 그들은 모든 문제에는 해결책이 있고 개인적이거나 주관적으로 문제에 반응하는 것은 의미가 없다고 여긴다. 이들에게는 '감정'이 아닌 '평가'가 중요하다는 사실을 꼭 기억하라. 예를 들어, 해고가 직원들에게 어떤 영향을 미치는지 고려하거나 노동력의 25퍼센트를 새로운 지역에 배치하는 문제가 있을 때 이밸류에이터의 초점은 오로지 객관적으로나 논리적으로나 가장 타당한 부분으로 향한다. 그래서 그들은 회사에 꼭 필요한 인재인 동시에 같이 일하는 사람들을 힘들게 한다.

캘빈과 에이미의 업무 관계는 순탄치 않다. 이밸류에이터 캘빈은 에이미의 업무 처리 방식에 자주 답답함을 느낀다. 캘빈은 체계적이고 논리적이며 차분하고 혼자 일하는 것을 선호한다. 반면 에이미를 움직이는 원동력은 열정과 협력, 영감이다. 캘빈이 상사라서 에이미는 어쩔 수 없이 열정과 적극성을 줄이고 좀 더 격식 차린 태도로 그를 대하는 방법을 익혔다.

"캘빈 밑에서 일하는 게 많이 힘들었어요. 지금까지 상사들은 제 열정적인 모습을 좋아했고 관계 구축을 중요시하는 분들이었거든요. 항상 직장에서 큰 자산이었던 것이 이제는 결점이 되었으니 놀랄 수밖에 없었죠. 시간은 좀 걸렸지만 이젠 확실히 알아요. 캘빈 아래에서 일하며 성공하려면 제가 그의 스타일에 적응해야 한다는 걸요. 절대로 쉬운 일은 아니에요.

그래도 제 접근법이 우리 관계에 부정적인 영향을 끼친다는 사실을 깨달은 뒤로는 조금 더 객관적이고 체계적인 모습을 보여주려고 노력하고 있어요. 잔뜩 흥분되거나 열정을 자극하는 아이디어가 있어도 곧바로 상사에게 전달하지 않고 다른 동료들과 브레인스토밍을 해보죠.

덕분에 제대로 아이디어를 전달할 수 있어서 캘빈이 제 아이디어에 더 귀를 기울여요. 이상적인 상사는 아니지만 전 성공적인 업무 관계를 만들어갈 자신이 있어요."

이밸류에이터 유형의 상사는 정확성을 중요시해서 다른 사람의 그런 행동에 보상을 제공한다는 것부터 시작해 많은 장점이 있다. 이밸류에이터가 같이 일하는 사람을 신뢰하게 되는 계기도 마찬가지다. 결정이나 전략이 논리와 사실, 객관성을 토대로 이루어지기 때문에 그들은 디테일 지향적이며 일이 정확하게 이루어지도록 필요 이상으로까지 노력한다. 이밸류에이터 상사는 모두가 업무를 제대로 처리하도록 지원하기 위한 계획과 일정을 세운다. 그래서 성가시게 느껴질 수도 있지만 다른 사람들이 미처 생각하지 못한 부분을 포착하기도 한다.

이밸류에이터 상사는 모든 업무를 정확하게 처리하려고 노력하므로 단점이 쉽게 드러나지 않을 수도 있다. 하지만 다른 유형의 상사들과 마찬가지로 많은 단점이 있다. 우선 그들은 과제의 세부적인 사항에 너무 집중해서 큰 그림을 놓치는 경향이 있다. 속담으로 치자면 나무를 보다가 숲을 놓치는 격이다.

또한, 그들은 **모든 것**에 질문을 던지다 보니, 너무 많은 질문이 마감일에 방해가 되거나 불필요하게 프로젝트를 지연시킬 수 있다. 이밸류에이터 상사는 예상 밖의 놀라운 사안들을 잘 다루지 못한다. 그들은 신중하고 정확한 답을 내놓기 전에 문제에 대해 생각하고 충분하게 조사할 시간이 필요하다.

마지막으로, 그들은 일단 말을 하게 되면 장황해지는 경향이 있다. 자신이 논리적이고 정확하고 객관적인 결정에 이르기까지 알아낸 정보를 전부 다 전달해야만 한다고 생각하기 때문이다.

1. 예상 밖의 상황을 피하라

이밸류에이터는 예상 밖의 질문으로 곤혹스러워지는 것을 좋아하지 않는다. 그들은 충분한 시간을 가지고 어떤 주제에 대해 생각하고 사실 정보를 모은 후에 결정하는 것을 좋아한다. 새로운 아이디어나 프로젝트에 대해 논의하고 싶다면 미리 알려야 한다. 적어도 며칠 전에 미팅을 잡아놓고 토론 주제 목록을 제공하면 더더욱 좋다. 정기적인 회의에서도 이밸류에이터 상사에게 그가 예상하지 못한 사안에 대해 의견을 묻지 않도록 한다. 미리 회의 안건을 만들거나 회의에서 논의하고 싶은 주제를 하루 전날 간단하게 이메일로 보내둔다.

2. 미리 준비해라

특별히 관심 있는 업무가 있거나 프로젝트에 창의력을 불어넣고 싶다면 상사에게 무조건 아이디어를 쏟아내지 말고 미리 철저하게 준비하라. 세부 사항과 사실 정보가 빠진 상태로 뭔가 새로운 것을 제안하면 당신의 상사는 회의적인 반응을 보이거나 사실상의 뒷받침이 부족하다는 이유로 기각할 것이다. 혼자 또는 동료와 브레인스토밍을 한 뒤 가장 좋은 아이디어를 철저하게 조사해서 상사에게 가져가라. 상사는 당신의 제안을 뒷받침하는 통계, 사실, 증거를 보고 싶어 할 것이다. 또한 그 아이디어가 질서와 정확성, 신뢰성을 가져오거나 품질을 높여주리라는 것을 강조한다. 이 모든 내용을 먼저 서면 형식으로 제공하고 프레젠테이션이나 미팅을 요청하자.

3. 기준을 높여라

당신은 이미 매우 열심히 일하고 있으며 고품질의 결과물을 내놓고 싶을 것이다. 하지만 이밸류에이터 상사의 기준은 더 높을 것이다. 그들은 완벽주의자니까! 한 번에, 너무 많지 않은 과제에 에너지를 집중하고 세심한 주의를 기울여라. 형식에 대한 안목이 없다면 동료에게 당신이 작성한 보고서를 검토해달라고 하거나 보고서를 제출하기 전에 검토해야 할 항목(폰트, 간격, 여백 등)을 전부 적어달라고 부탁하자. 이밸류에이터 상사는 해야 할 일은 반드시 잘해야 한다고 생각하는 사람이므로 결과물이 최대한 정교하고 철저하게 보이도록 큰 노력을 기울여라.

4. 사실에 집중하라

이밸류에이터 상사는 감정이나 충동이 아니라 데이터를 사용해 결정을 내린다는 것을 기억하라. 직원의 휴가 계획이든 새 장비에 대한 자금 지원이든 연봉 인상이든 이밸류에이터의 의사 결정에는 반드시 정보가 필요하다. 따라서 당신의 요청이 논리적이고 합리적이라는 사실을 보여주면 상사가 동의할 가능성이 커진다. 연봉 인상을 요청한다면 비슷한 직급의 연봉 수준을 조사하고 최근에 올린 성과와 지금까지의 가장 큰 성과를 문서화하고 앞으로 더 높은 직책을 맡아서도 어떻게 더 큰 성과를 올릴 계획인지를 보여줘라. 개인적인 이유나 감정적인 태도로는 연봉 인상이 통과될 가능성이 거의 없다.

5. 천천히 해라

인내심과 끈기를 가지고 전략적으로 행동해라. 이밸류에이터는 생각할 시간이 필요하므로 시간을 주어야 한다. 좀 더 빠르게 이루어지는 의사 결정도 있겠지만 상사에게 최대한 많은 시간을 주려고 노력하라. 타임라인이나 일정을 미리 제공해 상사의 의사 결정 과정의 구조화에 도움을 주자. 이렇게 하면 중요한 사안이나 시간이 별로 걸리지 않는 문제를 우선 처리할 수 있다. 상사가 질문을 하거나 더 많은 정보를 요청하면 즉시 움직여서 답을 찾자. 상사가 시간을 끄는 것처럼 보여도 '성급한' 결정은 그에게 극심한 스트레스를 준다는 사실을 떠올리며 기다려라.

6. 디테일로 좋은 인상을 남겨라

어드밴서와 에너자이저 같은 상사는 디테일에 지루함을 느끼지만 이밸류에이터는 물 만난 물고기가 된다. 미리 세부 사항을 준비해두고 언제든지 지식을 보여줄 수 있어야 한다. 이밸류에이터 상사는 핵심뿐만 아니라 사소한 부분까지 다 알고 싶어 한다.

7. 과정을 존중하라

이밸류에이터는 다른 무엇보다 품질을 추구하므로 프로세스 역시 중요하게 여긴다. 그들에게 프로세스는 질 좋은 결과를 보장하기 위해 존재한다. 검증된 프로세스를 건너뛰는 것은 혐오스러운(그리고 위험한) 일이다. 이밸류에이터가 정한 프로세스를 피해가려 하지 말고 그 프로세스를 개선할 수 있는 방법을 찾아라. 변화를 제안할 때는 반드시 증거 자료가 뒷받침되어야 하고 이 제안이 결과물의 품질을 개선해준다는 것을 강조해야 한다.

8. 감정을 관리하라

이밸류에이터 상사는 모든 것을 객관적인 렌즈로 바라보고 감정 요소를 고려하지 않는다. 특히 갈등에 대해서는 더욱 그렇다. 상사와 의견이 일치하지 않아서 그를 설득하려면 당신이 맞는다는 것을 보여줘야 한다. 당신의 주장을 뒷받침하는 사실과 세부사항을 차분하고 중립적인 태도로 전달하라. 또한 상사의 입장을 같은 시각으로 바라보려고 해보라. 당신의 상사는 지루한 과정을 거쳐서 정답을 찾아야만 결정을 내리거나 변화를 시행하는 사람이다. 그의 방식이 무심하거나 냉담해 보일 수도 있다. 당신이 할 수 있는 최선은 상사의 관점을 이해하고 당신의 관점을 뒷받침하는 사실을 제공하고 답답한 감정을 해소하는 다른 방법을 찾는 것이다.

9. 비판에서 배워라

이밸류에이터 상사는 당신의 결과물에 매우 비판적인 태도를 보일 수 있다. 그들은 이리저리 찔러보면서 잠재적이거나 실재적인 문제와 실수를 찾아내는 것을 좋아한다. 하지만 당신이라는 사람을 개인적으로 비판하는 것이 아니다. 일에 대한 상사의 비판이 아무리 가혹하거나 매정하게 느껴져도 개인적으로 받아들이지 않는 법을 배워야 한다. 상사의 경험과 전문 지식에서 배움을 얻으려고 해보자. 상사의 비판을 예측하고 정답과 해결책을 준비해놓아라.

크리스털은 (별로 내키지 않았지만) 서서히 브렌다의 스타일을 받아들이고 적응하는 법까지 배울 수 있었다. 짜증에서 호기심으로 태도를 바꾸자 브렌다와 함께 일하면서 더 유능한 컨설턴트가 될 수 있었다. "브렌다에 대한 원망이나 자신에 대한 연민을 멈추자 브렌다에게 배울 점이 많다는 게 보였어요. 그녀의 꼼꼼하고 철저한 스타일 덕분에 제 업무의 질이 높아지고 있었죠. 제가 고객 참여에 대한 아이디어와 해결책을 제안할 때 브렌다는 가장 먼저 제가 내놓은 전략의 잠재적인 함정과 문제, 단점을 찾아내 지적하려고 한다는 것도 알게 되었어요. 그래서 저절로 생각과 계획을 좀 더 철저하게 준비하게 되었죠. 이제 저는 브렌다에게(또는 고객에게) 아이디어를 제안하기 전에 아이디어를 검토하면서 허점을 찾아봅니다. 어떻게 하면 고품질의 작업을 일관되게 보장해주는 더 나은 프로세스를 만들 수 있을까에 대해 많이 고민하게 되었어요."

이밸류에이터 상사를 매니징 업하는 핵심 요약

- 미리 철저하게 준비해서 상사에게 최대한 많은 세부 사항을 제공하라.
- 적은 숫자의 일을 더 잘 처리하는 데 초점을 맞추고 세부 사항에 신경을 써라.
- 요청에 응답할 수 있는 시간을 충분히 줘라.
- 갈등이 발생했을 때 감정적인 반응을 피하고 객관적인 태도를 유지하라.
- 당신의 생각을 증거와 사실 정보로 뒷받침하라.
- 업무상의 비판과 개인적인 비판을 구분하자. 당신에 대한 비판이 아니다!

9

"팀워크를 해쳐선 안 돼!" 하모나이저 상사

"성공의 공식에서 가장 중요한 것은 다른 사람들과 잘 지내는 방법을 아는 것이다."

– **시어도어 루스벨트**Theodore Roosevelt

앨리슨은 대학 졸업 후 첫 직장에 합격했을 때 그야말로 대박을 터뜨렸다고 생각했다. 그녀가 일하는 팀은 소규모였고 근무 시간도 유연했으며 상사도 그렇게 좋을 수가 없었다. 앨리슨의 상사 빌은 친절하고 팀원들의 업무를 하나부터 열까지 참견하는 스타일도 아니었다. 그는 대부분 그의 방에 머물렀지만 문이 항상 열려 있어서 직원들은 질문이 있을 때마다 언제든 찾아갈 수 있었다. 앨리슨이 입사한 지 2주밖에 안 되어 지각을 했을 때도 빌은 그녀가 지각한 사실보다 아픈 곳은 없는지를 더 걱정하는 듯했다.

하지만 몇 달 후 앨리슨은 상사 때문에 답답함과 좌절감을 느끼기 시작했다. 작업 흐름에서 비효율성을 발견한 그녀는 빌에게 여러 해결책을 제안했다. 당연히 날카로운 분석과 문제해결 능력에 대해 칭찬받을 것이라고 기대했다. 그런데 빌은 고마워하기는 했지만 팀의 업무에 만족하고 있으며 그녀가 제안한 아이디어는 기술 지침의 범위를 넘어선 것 같다고 말하는 게 아닌가.

몇 주가 더 지나고 앨리슨은 팀의 리더 마거릿과 갈등을 겪게 되었다. 마거릿은 리더로서 자격이 없어 보이는 사람이었다. 팀원들에게 동기를 유발하지 못했다. 앨리슨은 마거릿과의 갈등 문제로 빌에게 면담을 요청했고 리더 자리를 팀원들이 돌아가면서 맡는 방법을 제안했다. 빌은 호의적인 태도였지만 이내 마거릿의 편을 들었다. 역할을 바꾸면 팀원들의 관계 역학이 무너져서 좋지 않다고 했다.

그 아이디어에 대한 확신이 강했던 앨리슨은 좌절했다. 이렇게 열심히 일하면 다른 직장에서는 분명히 알아줄 것이라는 생각이 들었다. 지금 직장의 환경과 상사도 적당히 좋지만 단호함이 없는 상사의 태도가 그녀를 좌절시켰다. 이곳에서는 성장하거나 성공할 기회가 전혀 없을 것 같아서 두려웠다.

앨리슨의 상사는 하모나이저다. 하모나이저는 좋은 사람들이다. 사람 좋은 상사를 만나는 것은 확실히 행운이지만 고충이 없을 수는 없다. 팀의 결속을 중요시하는 친절한 상사는 직장에서의 인간관계에 힘쓰므로 협력적이고 결속력 있는 업무 환경을 만들어준다. 팀원들과 사이가 좋으면 일도 즐거운 법이라 하모나이저 상사는 대부분 일을 무척 잘하는 편이다.

하지만 직장에서 갈등이 발생하거나 변화가 필요할 때 또는 의욕이 강하거나 성취도가 높은 직원에게는 이런 상사가 무척 숨 막힐 수도 있다. 하모나이저 상사 아래에서는 그 어떤 유형의 직원이든 잠재력을 발휘할 수 있지만 먼저 하모나이저를 이해하는 것이 필수적이다.

하모나이저 상사의 원동력 찾기

하모나이저는 관계를 중요시한다

하모나이저 상사는 사람을 중요하게 생각하고 보통 정도의 속도로 움직인다. 보통은 차분하고 어조가 부드럽고 따뜻하고 친절한 성격의 사람들이다. 하모나이저 상사는 정서적으로 안정된 편이라서 좋은 감정이든 나쁜 감정이든 극단적으로 표현하는 일이 없다. 그들은 변화에 저항하며 꾸준하거나 일관적인 것들에 편안함을 느낀다.

직장에서도 사람과 인간관계에 가장 신경을 쏟는다. 대부분의 하모나이저 상사는 매출을 늘리고 새로운 제품을 혁신하거나 경쟁업체를 이기기 위해 노력하는 것보다 팀의 단결과 좋은 분위기를 유지하는 것을 더 선호한다. 그들은 사람을 다루는 기술이나 회사에 대한 충성심, 전문 지식 덕분에 관리자로 승진했을 것이다.

공감해주고 친절하고 협조적이다

하모나이저 상사는 협조적이고 신중하며 신뢰할 수 있다. 그들이 가장 신경 쓰는 것은 팀원들의 웰빙이며 보통은 함께 일하는 사람들에 대해 잘 알고 있다. 그들은 타인의 필요와 감정에 민감하며 어쩌다 변화를 추구하는 이유도 모두의 행복을 위해서다.

하모나이저는 우호적인 업무 환경을 만들기 위해 큰 노력을 기울이지만 다른 변화에는 저항하는 경우가 많다. 그들은 규칙과 규정을 따르는 것에 대해 '원칙대로' 하는 경향이 있다. 생산성이나 효율성을 개선하는 것보다 안전이나 사람들의 감정에 더 관심을 기울인다.

팀워크를 대단히 중요시한다

하모나이저의 동기부여 요인은 팀의 응집력과 협동이다. 하모나이저는 자신이 다른 사람들을 돕고 기여하고 있다고 느끼는 것을 좋아한다. 팀 성과에 자부심을 느끼며 개인을 인정하는 것은 피하려고 한다. 더 바람직하고 안전한 방향으로 업무 환경을 개선하는 것에 관심을 가진다. 그들은 직원들끼리 잘 지내고 함께 순조롭게 일하는 차분하고 조용한 공간에서 가장 일을 잘한다. 팀 프로젝트에 합류해 다른 사람들과 만나는 것을 좋아한다.

갈등을 싫어하고 변화에 신중하다

하모나이저의 스트레스 요인에는 고위험 상황, 극단적인 감정, 경쟁이 포함된다. 하모나이저는 갈등과 부정적인 상황을 피하려고 하는 편이다. 그래서 피드백이나 별로 좋지 않은 소식을 전달하는 것을 무척 어려워하는 하모나이저가 많다. 누군가의 감정을 상하게 하지 않으려고 모두를 칭찬하기도 한다. 또한 그들은 압박감이 심한 상황이나 촉박한 마감에 불안을 느낀다.

의료 분야에 종사하는 캐런은 두 명의 동료 수잔, 피터와 함께 환자들을 교육하는 일을 했다. 캐런, 수잔, 피터는 업무 호흡이 잘 맞았다. 그들은 함께 점심을 먹었고 퇴근 후에 술 한잔할 때도 많았다. 캐런은 수잔과 피터를 친구로 생각했다. 함께 일한 지 6개월이 지났을 때, 캐런의 상사가 승진하면서 그녀는 새로운 사람이 채용되기 전까지 그 자리를 대신 맡게 되었다. 캐런은 일을 좋아했고 승진에는 특별히 관심이 없었지만 일시적인 승진 기회에 들떴고 수잔과 피터를 관리하기가 쉬우리라고 생각했다. 평소 친한 친구들이니까 말이다. 수잔과 피터는 둘 다 관리직 지원에 관심이 있었고 입사한 지 얼마 되지도 않아 관리직에 뽑힌 캐런을 질투했다. 수잔과 피터는 경쟁심이 강해서 매일 앞다투어 캐런의 방을 찾아와 자신이 관리직에 더 잘 맞는 이유를 설명했다. 세 동료의 관계는 빠르게 악화되었고 캐런은 직장에 있을 때마다 큰 불안감을 느꼈다.

어느 날 수잔과 피터가 환자 대기실에서 열띤 논쟁을 벌였다. 캐런은 상황을 진정시키려고 수잔과 피터 둘 다 훌륭한 관리직 후보이고 모두 똑같이 자격이 있다고 차분하게 말했다. 피터는 화를 누그러뜨리려 잠시 자리를 피했고 그날 늦은 오후 시간에 캐런에게 면담을 요청했다. 반면 수잔은 곧바로 캐런의 방으로 따라 들어와서 한 시간 동안 피터가 관리직에 어울리지 않는 이유를 일일이 나열하면서 답답함을 호소했다. 오후 면담 시간에 피터는 그의 행동에 대해 사과했고 두 사람이 모두 승진했으면 좋겠다는 바람을 전했고 협력 방안에 대한 의견도 나누었다. 캐런은 피터와 수잔 둘 다 승진에 적합하다고 생각했지만 감정을 조절하는 능력과 자신보다 팀을 우선시하는 피터를 추천했다.

하모나이저 상사를 매니징 업하는 전략

1. 팀에 집중하라

당신의 상사는 팀원들이 서로 잘 어울리고 조화롭게 일할 때 가장 행복하다. 팀의 조화를 확립하고 유지하기 위해 당신의 역할을 다하라. 누군가와 갈등이 있다면 그 사람과 직접 해결하려고 하라. 팀원 간의 문제로 계속 상사를 찾아가면 그의 반응에 실망할 것이고 시간이 지날수록 상사도 당신에게 호감이 떨어질 것이다. 누군가의 잘못을 콕 짚어내지 말고 팀의 응집력과 사기 개선을 위한 아이디어를 제안하라. 다른 사람의 기분에 별로 관심이 없어도 있는 척해라! 다른 사람들을 생각하는 모습을 상사가 인정해줄 것이고 결과적으로 팀에도 이익이 된다.

2. 과민 반응하지 마라

하모나이저는 일관성 없는 감정이나 행동을 잘 받아들이지 못한다. 하모나이저 상사가 고요하고 평화로운 환경에서 제 능력을 발휘한다는 사실을 기억하라. 분노, 슬픔, 너무 심하게 활기찬 모습도 그에게 스트레스를 줄 수 있다. 어떤 상황에 감정적으로 반응해야 할 때는 곧바로 상사의 방으로 달려가지 말고 친한 친구나 가족에게 털어놓자. 침착함을 되찾고 침착하게 말해야 상사가 당신의 반응이 아닌 정말로 하고 싶은 말에 주의를 기울일 것이다.

3. 안전에 대해 생각해보라

하모나이저 상사와의 사이에 전혀 진전 없는 아이디어들이 있는가? 그렇다면 그것이 당신이나 팀 또는 고객의 안전 또는 안정성을 개선해주리라는 점에 초점을 맞춰서 기획안을 다시 구성해보라. 조직 또는 업계에 적용되는 규칙과 규정을 파악하는 것도 도움이 된다. 하모나이저 상사는 지침을 준수하고 모두의 안전(그리고 만족)을 지키는 일에 집중한다. 따라서 당신의 제안이 표준을

준수하고 안전에 도움이 된다면 상사가 귀 기울여줄 것이다.

4. 상사의 결정을 도와라

하모나이저 상사는 완벽한 답이 나올 때까지 의사 결정을 미루는 경우가 많다. 그러다 보면 너무 늦을 수 있다. 주제를 조사하거나 회사 지침을 자세히 알아보는 방법으로 도움을 제안하라. 만약 부서를 위한 중대한 결정이라면, 위원회를 꾸리는 방안을 제시해 볼 수도 있다. 하모나이저 상사는 팀 작업을 좋아한다. 다른 사람들의 지원과 승인은 그가 더 빠르게 결론에 도달하도록 도와줄 것이다.

5. 사람들과 어울려라

아무리 혼자 일하는 것이 좋더라도 같이 일하는 사람들과 친해질 필요는 있다. 휴게실에서 점심을 먹고 사교 행사에 참석하고 동료와 상사에게 진심 어린 관심을 보여라. 당신의 성격과 정반대가 되는 일일 수도 있지만 시도할 가치가 있다. 상사는 당신이 그와 마찬가지로 다른 사람들을 생각한다는 것을 알아차리고 당신의 노력을 인정해줄 것이다.

6. 속도를 늦추어라

하모나이저 상사는 꼼꼼한 성격인 경우가 많다. 한꺼번에 많은 아이디어를 내놓거나 금방 또 다른 제안을 하면 감당하기 어려워서 사고가 정지될 수 있다. 한 번에 하나씩 제안하고 목표 달성에 필요한 세부 사항과 단계, 다른 사람들과 협업하는 방법까지 자세히 제공하자. 그다음에 상사에게 팔로우업에 필요한 숙고 시간을 주자. 인내심이 필요하겠지만 시간이 지남에 따라 당신의 의견이 잘 수용되고 스스로 상황을 바꿀 수 있는 더 많은 자유가 주어질 것이다.

7. 자신에게 도전하고 보상하라

하모나이저 상사는 당신의 노고를 특별히 보상해준다거나 한 사람에게만 좋은 기회를 주려고 하지는 않을 것이다. 그렇다고 당신의 노고를 아예 무시하는 것이 아니라 팀의 성공을 칭찬하고 그룹 프로젝트를 할당하는 경우가 많다. 따라서 커리어 성공에 대한 야망이 크다면 자신에게 동기를 부여할 필요가 있다. 흥미로운 교육 과정을 찾아보거나 팀의 목표를 설정하거나 새로운 잠재 고객을 찾아라. 팀을 중심으로 당신의 아이디어를 구조화하면 상사가 미끼를 물 것이다. 목표를 이루거나 교육 과정을 끝마치거나 새로운 고객 유치에 성공하면 자신에게 보상하라! 자신의 기여도를 반드시 기록해서 이력서에 추가하라. 필요할 때 상사가 당신을 위해 훌륭한 추천서를 써줄 것이다.

8. 멘토를 찾아라

당신보다 높은 커리어 단계에 있고 지금의 상사와 워크스타일이 다른 멘토를 찾아보라. 다른 부서나 다른 회사 사람일 수도 있다. 상사에게만 커리어 개발을 의존하지 않을 수도 있고 상사에게 부족한 리더십 기술을 배울 수도 있다. 내 커리어에 가장 많이 신경 쓰는 사람은 그 누구도 아닌 나뿐이다. 앞으로 나아가는 데 필요한 모든 것을 상사에게만 의존하면 안 된다.

앨리슨은 이직할까도 고민했지만 사회에 나와 처음으로 얻은 '진짜' 직장을 일 년도 안 되어 그만두고 싶지 않았다. 그녀는 지도 교수이자 멘토였던 사라에게 조언을 구했다. 사라와의 만남 후 시도해볼 전략이 몇 가지 생겼다. 우선 앨리슨은 아이디어 초안을 작성했다. 상세한 실행 단계와 그 변화가 팀에 가져다줄 이익과 안전, 팀의 결속에 미칠 영향도 쭉 적었다. 그 후 그녀는 (몇 달씩 시간을 두고) 아이디어를 한 번에 하나씩 상사에게 제안했고 일주일 후에 후속 회의를 하기로 했다.

상사인 빌은 그녀가 낸 첫 번째 아이디어에 관심을 보였지만 변화를 주는 것에 대해서는 약간 망설였다. 앨리슨은 팀원들과 다 함께 논의해보자고 제안했고 빌은 흔쾌히 그러자고 했다. 머지않아 매달 팀 회의를 열어 새로운 아이디어에 대해 구체적으로 논의하게 되었다. 앨리슨은 마거릿과의 갈등을 극복하기 위해서도 노력했다. 그들은 커피를 마시면서 이야기를 나누었고 앨리슨은 마거릿이 현재의 일에 만족하지 않고 다른 부서로 옮겨갈 생각이라는 것을 알게 되었다. 몇 달 후에 마거릿은 다른 부서로 옮겨갔고 앨리슨은 팀의 관리자로 승진했다.

하모나이저 상사를 매니징 업하는 핵심 요약

- 팀 플레이어가 되어 상사와 동료들에게 진정한 관심을 보여라.
- 변화와 갈등에는 천천히, 이성적으로 접근하라.
- 상사의 의사 결정을 지원하고 의사 결정 과정에 다른 사람들도 포함시켜라.
- 상사 앞에서 격한 감정을 표현하지 말고 다른 배출구를 찾아라.
- 아이디어를 내놓을 때는 안전 또는 팀의 결속력에 도움이 된다는 것을 강조하라.
- 성공 경험을 쌓아 이력서를 채워나갈 방법을 찾아라.

3부

한 번쯤 만나게 될 최악의 상사를 다루는 기술

10

지옥에서 온 상사에게서 살아남아라

- 견디기 어려운 10가지 유형

"행복한 가정은 모두 비슷한 이유로 행복하지만 불행한 가정은 저마다의 이유로 불행하다."

- 레프 톨스토이, 《안나 카레니나》

직장 생활을 하다 보면 언젠가는 어려운 상사를 만나게 된다. 조직 대부분이 여전히 관리 적성이 아닌 전문적 기술을 바탕으로 사람들을 승진시키다 보니 좋은 상사보다 보통이거나 까다로운 상사를 만날 가능성이 더 크다. 안타깝기는 하지만 그렇다고 세상이 끝나는 것도 아니고 커리어에 걸림돌이 되는 것만도 아니다. 어려운 상사를 대하는 법은 배워두면 유용한 기술이다. 어려운 상사를 관리하는 방법을 배우는 건 전략적 관점을 취할 수 있다는 것을 의미한다. 다만 좀 더 큰 노력이 있어야 하고 성찰과 의식적인 선택이 필요하다.

훌륭한 상사들은 서로 비슷한 점이 많다. 신뢰할 수 있고 힘을 북돋워 주고 공감해주고 지지해주고 참여도가 높고 아는 것이 많고 소통을 잘하고 공정하고 존중해주고 동기를 유발하고 등등. 그들은 일에서 보람과 만족을 얻고 상황을 긍정적으로 만들어준다. 부하 직원들 역시 상사의 참여와 지원이 제대로 이루어진다고 느낀다.

그러나 어려운 상사는 저마다 색깔도 맛도 복잡함도 다양하다. 어렵고 역기능적인 상사들은 대부분 좋거나 나쁜 여러 가지 성격적 특징과 행동들로 이루어진다. 친절하지만 통제가 심할 수도 있다. 믿을 만하지만 별로 똑똑하진 않다. 충성심은 있지만 까다롭다. 의욕이 강하지만 고압적이다. 적극적이고 헌신적이지만 별로 단호하지는 않다. 지식은 풍부하지만 의사소통을 전혀 하지 않는다. 그 밖에도 수없이 많은 조합이 있을 수 있다. 어려운 상사를 상대할 때는 문제가 있는 **행동**이 무엇인지 파악하고 이해하고 헤쳐나가는 것이 중요하다.

인간은(상사도 인간이다) 일련의 행동을 통해 세상과 상호작용한다. 어려운 상사의 성격은 특정 행동을 너무 적게 혹은 너무 많이 하는 것에서 비롯될 때가 많다. 적당한 강도와 횟수일 때는 지극히 정상적인 행동이라도 너무 적거나 너무 많으면 문제적인 행동이 되어버린다. 예를 들어, 위임은 상사가 적절하게 사용한다면 매우 훌륭한 행동이다. 하지만 상사가 너무 많은 것을 위임하면 아예 손을 떼버릴 위험이 있다. 이와 정반대로 위임을 아예 하지 않아서 사사건건 통제하고 간섭하고 트집 잡는 것처럼 보이는 상사도 있다.

어려운 상사는 한 권의 책으로 담기도 어려울 정도로 온갖 색깔의 다양한 특징이 나타나지만, 현대 직장에서 가장 마주치기 쉬운 10가지 유형을 뽑아보았다. 이들은 가장 흔하고 대부분의 사람이 가장 짜증 난다고 느끼는 상사 유형이다.

- 마이크로매니저 상사
- 유령 상사
- 나르시시스트 상사
- 충동적인 상사
- 호락호락한 상사
- 워커홀릭 상사
- 베스트프렌드 상사
- 무능력한 상사
- 트집쟁이 상사와 갈매기 상사
- 문제의 총집합체인 사이코패스 상사

사람은 절대로 한 가지 모습만 가지고 있지 않으므로 '대체로 좋은' 상사라도 이 중에서 하나 또는 여러 개의 성향이 보통 강도로 나타날 수 있다. 반대로 상사가 이 중에 여러 개의 성향을 보이거나, 하나 이상의 성향이 극단적인 수준이라서 단순히 어려운 상사를 떠나 도저히 같이 일하기가 불가능할 수도 있다. 한마디로 '지옥에서 온 상사'일 수 있다. 앞으로 이 어려운 상사들을 유형마다 매니징 업하는 전략을 자세히 소개할 예정이다. 우선 유형을 막론하고 어려운 상사를 대할 때 가장 중요한 관점을 기억하도록 하자.

기회를 감사히 여기고 도전을 받아들여라

방금 한 말 그대로다. 기회를 감사히 여기고 받아들여라. 왜냐고? 훌륭하거나 쉬운 상사보다 어려운 상사에게 훨씬 더 많이 배우고 성장할 수 있기 때문이다. 어려운 상사는 상상 이상으로 많은 도전을 제시할 것이다. 만약 그 도전을 받아들인다면 당신은 회복력, 가치관, 호불호, 강점, 약점, 유연성에 대해 많은 것을 배울 것이다. 직장 동료, 이웃, 친구, 친척, 심지어 배우자를 비롯해 살면서 만나는 어려운 사람들을 대하는 전략도 배운다.

하지만 당신이 배우게 될 가장 중요한 것은 시간이 되었을 때 당신이 **어떤 리더가 되고 싶은가**에 대한 것이다. 이 책을 쓰기 위해 인터뷰한 거의 모든 사람이 리더십에 대해 가장 많은 가르침을 준 사람은 최악의 상사라고 했다. 경험 자체는 끔찍할 수 있지만 값을 매길 수 없는 교훈을 얻을 수 있다.

어려운 행동을 찾아라

상사라는 사람 자체에 어려운 사람이라는 꼬리표를 붙이지 말고 어려운 행동을 식별하라. 이렇게 하면 문제를 관리하기 쉬운 작은 부분들로 나눌 수 있다. 사람 자체에 대하기 힘든 사람이라고 꼬리표를 붙여버리면 정작 정말로 문제가 되는 행동에 대해 전략적 선택을 할 수 없게 된다. 만약 당신의 상사가 마이크로매니저라면 바로 그 역기능을 해결하는 전략을 세워라. 기억하라. 우리는 다른 사람을 바꿀 수 없으며 그들을 이해하고 그들과 상호작용하는 방식을 바꿀 수 있을 뿐이다.

(최선을 다해) 긍정적인 의도를 가정하라

어려울 수도 있지만 전략적인 선택지를 더 많이 열어주므로 큰 도움이 될 것이다. 모든 어려운 상사가 나쁜 사람은 아니다. 사실 어려운 상사의 행동은 악의가 아니라 자기 인식의 부족, 감정 지능의 부족, 기본적인 관리 노하우의 부족 때문인 경우가 많다. 당신의 상사가 사이코패스가 아닌 이상, 스스로 옳다고 생각해서 그렇게 행동하는 것이다. 당연히 그렇지 않겠는가? 그런 방식으로 일해서 조직으로부터 보상을 받았으니까 말이다.

자신을 먼저 이해하라

소리 지르기, 괴롭히기, 거짓말, 부정행위 같은 행동은 보편적으로 어려운 행동이지만 개인마다 좀 더 괴롭게 느껴지는 행동들이 있을 수 있다. 예를 들어, 당신이 매우 독립적이고 자발적이고 경험이 많은 직장인이라면 경험이나 자신감이 덜한 사람보다 상사의 지나친 간섭에 민감할 것이다. 당신에게 너무 과하게 느껴져도 다른 사람에게는 적당하게 느껴질 수도 있다는 이야기다. 어려운 사람에 성공적으로 대처하기 위한 첫 번째 단계는 먼저 자신을 이해하는 것이다.

새로운 관점으로 바라보려고 노력하라

인간의 모든 행동은 어떤 내적인 원인이나 욕구 또는 필요에서 비롯된다. 내면의 원인이 무엇인지 이해하면 그 욕구를 충족하기 위해 전략을 잘 세울 수 있다. 그 욕구를 재단하는 데서 만족감(그리고 재미!)을 느낄 수도 있지만 유연성을 발휘하는 데 도움이 되지는 않을 것이다. 상대방을 재단하려고 하면 자신만의 관점에 갇히게 된다.

하지만 호기심으로 바라보면 가능성의 범위가 넓어진다. 프랑스 작가 마르셀 프루스트Marcel Proust도 말했다. "진정한 발견의 항해는 새로운 땅을 찾는 것이 아니라 새로운 시각을 찾는 것이다"라고 말이다. 새로운 눈으로 바라보면 놀라운 것을 발견하게 될 것이다.

견딜 수 있는 수준을 정해라

당신이 자신에게 물어봐야 하는 가장 중요한 질문은 이것이다. "내가 이 행동을 견딜 수 있는가?" 다시 말하자면 이렇다. 상사의 이 행동이 내가 견딜 수 없는 수준인가, 아니면 어떻게든 문제가 되지 않게 만들 수 있는가? 당신은 부하 직원들에게 자주 소리 지르고 위협하고 갑자기 폭발해 망신을 주는, 절대로 타협하지 않는 괴팍하고 자기중심적인 마이크로매니저를 위해 일하고 싶은가? 아마 아닐 것이다. 그 사람이 스티브 잡스가 아니라면 말이다. 잡스는 까다로운 성격으로 악명이 자자했지만 수만 명이 감수하고 그의 밑에서 일하는 쪽을 선택했다. 상사의 문제 있는 행동에 대처하는 것이 과연 가치 있는지는 자신만이 판단할 수 있다. 스스로 선택해야 한다. 선택은 자신에게 힘을 준다.

자, 이제 견디기 어려운 상사 유형을 차례로 만나보자. 건투를 빈다.

11

"너의 모든 걸 알려줘" 마이크로매니저 상사

"지혜로운 사람은 물이 물을 담는 주전자의 모양으로 변하듯 상황에 적응한다."

– 중국 속담

미아는 어찌할 바를 몰랐다. 중간 규모 비영리단체의 프로그램 책임자인 그녀는 프로그램을 실행하고 설립자와 임원에게 직접 보고하는 일을 맡고 있었다. 미아는 다년간의 경험을 갖춘 노련한 프로그램 책임자였지만 상사는 그녀의 업무를 일일이 다 확인하고 결재하려고 했다. 메모, 프로젝트, 프로그램 관련 결정이 전부 하나도 빠짐없이 상사의 검토와 승인을 거치지 않으면 안 되었다. 미아는 '책임자'인데도 그 어떤 일도 책임질 수가 없었다. 자율성도, 경험과 전문 지식을 사용할 기회도 없었다. 상사의 지시만 받으면서 조수 역할만 할 뿐이었다. 미아는 그런 상황이 너무 싫었다.

마이크로매니지먼트를 좋아하는 사람은 없다. 우리는 누군가가 세부적인 사항까지 사사건건 통제하고 간섭하려 들면 좌절감과 자괴감을 느낀다. 인간은 신경심리학적으로 어느 정도의 자율성이 꼭 필요하다. 그래서 상사가 이 필요성을 부인하면 감정적인 측면과 업무 몰입도의 측면에서 모두 문제가 될 수 있다. 지나치게 통제가 심한 상사는 엄청난 좌절감을 느끼게 할 뿐만 아니라 커리어 성장을 방해한다.

사사건건 전부 지시하고 통제하는 마이크로매니저micromanager는 독립적인 사고와 창조적인 문제해결과 위험 감수 능력을 막는다. 전부 다 성장에 필요한 것들인데 말이다. 내가 진행하는 워크숍에서 직장인들은 마이크로매니저가 가장 짜증 난다고 말한다. 누구나 이 유형에 관한 경악스러운 경험이 있는 듯하다. 내가 직접 들은 마이크로매니저 상사에 대한 경험담을 들려주겠다.

- 내가 어디에 있고 무엇을 하고 있는지 항상 알려고 하는 상사.
- 내가 전문적으로 하는 일을 비롯해 모든 업무를 어떻게 처리해야 하는지 아주 상세하게 지시하고 설명하는 상사.
- 끊임없이 내 업무를 살피고 진행 상황을 확인하는 상사.
- 자기 방식대로 하지 않으면 절대로 만족하지 않는 상사.
- 바빠 죽겠는데도 전혀 위임하지 않는 상사.
- 나에게 업무를 맡긴 후 내가 처리하고 있으면 도로 가져가서 자기가

하는 상사.

- 통제광 상사.
- 허락 없이는 아무것도 하지 못하게 하는 상사.
- 업무의 신중한 부분에 대한 정보를 완전히 다 주지 않는 상사. 업무를 완료할 때까지 계속 문의하고 추가로 정보를 부탁해야만 한다.
- 내 판단을 절대로 믿지 않는 상사. 내 권한 이내의 몇 안 되는 결정마저도 계속 설명하고 정당화하게 만든다.
- 실수를 두려워하게 만들어서 자신의 요청이 있을 때까지 가만히 있게 하는 상사.
- 모든 사람이 상사의 마이크로매니지먼트에 대해 불평한다. 직원들끼리 같이 신세 타령을 하려고 술 모임을 만들었다.

많이 들어본 이야기인가? 마이크로매니징은 직장에서 가장 흔히 찾아볼 수 있는 관리의 역기능이다. 하지만 다행히 가장 다루기 쉬운 문제 중 하나이기도 하다. 첫 번째 단계는 그 행동을 이해해보는 것이다. 두 번째 단계는 마이크로매니저와 일하는 전략을 활용하는 것이다.

마이크로매니저의 원동력 찾기

마이크로매니지먼트는 내적 원인과 외적 원인이 합쳐진 결과일 때가 많은데, 둘 다 감정적인 측면과 상황적인 측면에 해당한다.

불안정/신경증

상사들은 정서적으로 불안정한 상태에서 마이크로매니징을 하는 경우가 많다. 관리직으로 승진한 사람들은 자신의 성공 능력에 대해 불안해하기도 한다. 선천적으로 신경질적이거나 신경이 예민할 수도 있다. 자기 능력에 자신이 없으면 그 감정을 상쇄하기 위해 과잉 통제하게 된다. 통제권에 대한 환상이 자신감 부족을 가려준다. 게다가, 어떤 사람들은 세세한 부분에 신경을 쓰는 강박장애의 경향이 있다. 하지만 그렇다고 나쁜 사람이라는 뜻은 아니다. 그저 특정한 니즈가 있는 사람일 뿐이다. 결국 이런 행동들은 모두 두려움에서 비롯된다. 불안정하거나 신경질적인 사람들은 상대의 태도, 말, 행동으로 자신의 두려움을 진정시킨다. 신뢰가 관건이다.

완벽주의/극도로 높은 기준

어떤 관리자들은 천성이든 자라온 환경 때문이든 완벽주의자나 통제광의 모습을 보인다. 자연적인 성향일 수도 있다. 이들은 직장에서나 사생활에서나 모든 일에서 완벽과 통제를 추구하는 사람들이다. '할 가치가 있는 일은 잘할 가치가 있다'라는 게 그들의 좌우명이다. 때로 상사의 완벽주의와 통제 성향은 조직에서 말은 역할, 윗선, 기업 문화, 일의 본질 때문일 수도 있다. 정확성이 꼭 필요하고 실수가 금지되거나 아주 위험한 분야도 있다. 일의 정확한 처리가 고객의 성공 여부를 결정한다면 관리자는 통제적인 완벽주의자가 될 것이다. 또한 기업 문화가 마이크로매니지먼트를 장려할 수 있다. 완벽주의의 원인이 무엇이든 완벽을 기대하는 마이크로매니저를 매니징 업하려면 그들의 높은 기준에 적응하고 맞추어야만 한다. 실수 없이 고품질의 작업물을 일관되게 수행해야 한다는 뜻이다.

상사의 행동을 이해하려고 해보라

당신의 상사를 움직이는 것이 무엇인지 알려면 탐정이 된 기분으로 다음의 질문을 떠올려보아야 한다.

- 당신은 상사와 신뢰를 쌓았는가? 그 방법을 알고 있는가? 상사의 신뢰 기준이 무엇인지 알고 있는가?
- 당신의 상사는 완벽주의자인가?
- 당신이 일하는 환경이나 문화에서는 실수가 용납되지 않거나 심지어 위험할 수도 있는가?
- 당신의 상사는 상부의 압박을 받고 있는가? 어떤 종류의 압박인가?
- 상사의 상사도 마이크로매니저 또는 완벽주의자인가?
- 상사가 할 일이 많은가? 아니면 시간이 많은가?

- 상사가 모든 프로젝트를 일일이 다 간섭하는가? 아니면 특정 상황에서만 마이크로매니징에 빠지는 경향이 있는가?
- 나 역시 마이크로매니지먼트 성향이 있는가? 만약 그렇다면 언제 그렇고 무엇이 나를 그렇게 행동하게 만드는가? 이 행동을 그만두려면 다른 사람들에게서 무엇이 필요한가?
- 상사가 입사한 지 얼마 안 되었거나 승진한 지 얼마 안 되었는가?
- 상사가 모든 직원을 마이크로매니징하는가, 아니면 나에게만 그런가?

상사의 원인을 파악한 후(여러 가지일 수도 있음) 신뢰를 구축하고 두려움을 완화하며, 상사가 원하는 수준의 품질과 완벽함을 능동적으로 제공하는 전략을 실시할 수 있다.

마이크로매니저 상사를 매니징 업하는 전략

1. 저항하지 마라

대신 파헤치고 매니징 업하라. 더 이상 상사의 행동에 놀라지 마라. 마이크로매니지먼트를 극복하는 비결은 장기적으로 더 많은 것을 얻기 위해 단기적으로 더 많은 걸 하는 것이다. 처음에는 할 일이 늘어나고 더 많은 노력이 필요하다. 마이크로매니징 성향은 하룻밤 만에 사라지지 않는다. 상사가 어느 날 갑자기 '오늘부터는 부하 직원들의 영혼을 짓누르는 짓을 그만두어야겠어'라고 생각할 일은 절대로 일어나지 않는다. 마이크로매니지먼트는 오직 당신의 선택과 행동에 의해서만 누그러질 수 있다. 당신의 상사가 당신이 그의 필요를 충족시키는 능력이 있다고 믿을 수 있게 되어야만 한다. 상사의 두려움이 줄어들어야만 마이크로매니지먼트도 느슨해진다.

2. 한발 앞서가라

마이크로매니저 상사를 성공적으로 관리하는 두 가지 키워드는 바로 '예상'과 '주도성'이다. 상사의 요구와 필요, 기대를 예상하고 능동적으로 대처할수록 마이크로매니지먼트의 기회나 필요성을 없앨 수 있다. 분기마다 마감해야 하는 프로젝트나 보고서가 있다면 이미 염두에 두고 있다는 사실을 몇 주 전에 상사에게 알려라. 마이크로매니저가 원하는 것을 예측하고 능동적인 대처로 충족시켜라.

3. 신뢰를 쌓아라

마이크로매니징은 대부분 두려움에서 비롯되므로 상사와의 사이에 신뢰를 쌓을 필요가 있다. 당신이 상사가 원하고 필요로 하는 것을 제대로 해내리라는 믿음을 심어주어야 한다는 뜻이다. 상사가 당신의 판단력과 상사의 목표와 기대를 충족하는 능력을 믿고 고품질의 결과물을 일관되게 내놓을 능력이 있다고 생각해야만 한다. 마이크로매니저의 신뢰를 얻으려면 일관성 있게 성과를 올려야 하므로 노력이 꼭 필요하다.

4. 상사에게 (지나칠 정도로) 정보를 제공하라

상사가 요청하기 전에 정기적으로 업무 진행 상황을 업데이트하라. 간단히 말하자면 프로젝트의 진행 상황을 적은 이메일이나 메모를 매일 전달하면 된다. 만약 상사가 당신의 시간 쓰임이나 업무 효율성을 신경 쓴다면 당신이 시간을 어떻게 보내는지 상사에게 확실히 알려주자. 뭔가가 늦어지면 반드시 알리자. 고객과 커피를 마실 때도 알려라. 늦게까지 남아 야근할 때도 알려라. 상사에게 온전한 정보를 제공하면 그 과정에서 신뢰와 안정감이 쌓인다.

5. 중요한 것부터 먼저 해라

상사에게 무엇이 가장 중요한지 확실히 알고 그 일부터 먼저 해결하라. 정기적인 업데이트를 제공할 때도 상사가 가장 중요시하는 사안을 맨 앞에 놓아라.

6. 피드백을 구하고 개인적으로 받아들이지 마라

프로젝트를 수행할 때나 이래라저래라 과도한 지시가 떨어질 때 화가 나도 참아라. 화내는 대신 호기심을 가져라. 상사에게 무엇을 선호하는지 물어라. 상사가 그 방식을 **왜** 선호하는지 알아보고 더 잘하는 방법을 물어보아라. '처음부터 제대로' 하려면 어떻게 하면 되는지 물어보자. 이때 말이나 말투, 보디랭귀지에서 적대감이나 불만을 없애야 한다. 호기심을 가지고 배우려는 자세로 나와야만 가능한 일이다.

7. 항상 고품질의 작업물을 제공하라

상사에게 업무를 제출하기 전에 반드시 두 번, 세 번 확인하라. 상사가 원하거나 필요로 하는 품질 지표나 선호도를 미리 알아두면 좋다. 만약 상사가 쉼표를 많이 사용하는 것을 싫어한다면 쉼표를 빼라. 특정한 글꼴을 선호한다면 그 글꼴을 사용하자. 상사가 마감일보다 하루 일찍 마무리하는 것을 원한다면 그렇게 하라. 상사가 보고서에 표지가 있는 것을 선호한다면 표지도 작성하라. 터무니없다는 생각이 들 수도 있지만 상사가 원하는 것을 그가 원하는 방식으로 정확하게 전달할수록 세세한 간섭이 줄어들 것이다.

8. 질문하고 요약하라

상사가 과제를 줄 때 바로 앞에서 되도록 많은 질문을 하라. 가능한 많은 정보를 얻어내라. 그리고 평소 질문 목록을 만들어두자. 다음의 정보를 최대한 많이 얻어야 한다.

- 일의 맥락(무엇이 왜 필요한가)
- 일의 범위(포함/포함하지 않아야 하는 것)
- 마감일(**상사가** 원하는 기한)
- 상사가 언제 얼마나 많은 검토를 필요로 하는지
- 프로젝트를 거들어야 하는 또 다른 사람들
- 상사가 선호하는 접근법과 실행 방식

간단히 말해서 이것을 알아야 한다. 상사가 생각하는 이 프로젝트를 성공적으로 완료한다는 건 어떤 상태인가? 이 정보를 얻은 다음에는 몇 분 동안 그 내용을 요약해 정보를 정확하게 들었는지 확인하자. 나는 개인적으로 요약해서 확인하는 과정을 무척 좋아한다(이메일이나 메모로). 상사는 당신이 제대로 들었다고 생각할 것이고 그가 제공한 정보에 대해 다시 한번 생각해볼 기회가 되므로 정보를 추가할 수도 있다.

9. 상사의 우려를 파악하고 관심을 기울여라

상사에게 정말 중요한 것이 무엇인지 주의를 기울이자. 상사의 두려움과 특징에 주의를 기울여라. 상사의 상사에게 중요한 것은 무엇인지, 또 상사가 맡은 책임이 정확히 무엇인지 알아야 한다. 상사가 찾을 때 자리에 없는 것을 싫어한다면 자리를 비우기 전에 알려라. 문자나 이메일을 간단하게 보내면 된다. "잠깐 커피 마시러 다녀오겠습니다. 10분 후에 올게요. 커피 드시겠어요?" 하고 말이다. 만약 상사가 당신이 실수할까 봐 걱정한다면 실수를 줄이기 위해 어떤 절차가 마련되어 있는지를 확실하게 알려주자. 모든 팀원의 실수를 막을 수 있는 추가적인 프로세스와 전략을 생각해낸다면 더더욱 좋다.

10. 자신을 바라보라

상사의 마이크로매니징에 대해 불평하는 사람이 혹시 당신뿐인가? 그렇다면 자신의 근태를 솔직하게 돌아볼 필요가 있다. 당신의 태도, 생산성, 효율성, 업무 품질, 실적을 한번 객관적으로 바라봐라. 일을 마감 직전에 겨우 끝내는가? 당신이 한 일이 항상 여러 번의 수정을 거치는가? 상사가 요청할 때만 업무 진행 상황을 보고하는가? 상사에게 믿음을 심어주기 위해 할 수 있는 모든 것을 다했는가? 당신은 다른 사람 말고 **바로 이 상사가** 당신을 신뢰하지 못하게 만드는 행동을 하고 있지 않은가?

자신을 평가하는 방법을 잘 모르겠다고? 이 팁을 사용해보자. 앞으로 2주 동안 업무나 과제를 완료한 후 몇 분을 투자해 상사의 관점에서 검토해보자. '만약 **나라면** 이런 부분을 살필 거야'라고 생각하면 안 된다. '만약 **상사라면** 어떤 부분을 살필까?'라고 생각해야 한다. 미묘하지만 중요한 차이다. 반드시 당신이 아닌 상사의 눈으로 당신이 한 일을 검토해야 한다. 당신의 전반적인 업무 스타일을 돌아봐라. 개선할 수 있는 부분이 있는가? 효율성을 올려야 할까? 소통을 더 잘해야 할까? 질문을 더 많이 하면 될까? 더 주도적이 되어야 할까? 마감일을 더 앞당길 수 있을까? 무자비할 정도로 솔직하게 자신을 평가한 뒤에 대처하자.

11. 주위를 둘러보라

상사의 간섭을 전혀 받지 않는 동료가 있는가? 자율성이 허용되는 사람들이 있는가? 그들이 어떤 면에서 다른지 살펴보고 같은 전략을 사용하라.

조이스는 제조 공장의 감독관이었다. 그녀는 공장 관리자가 자신과 자신이 이끄는 팀은 마이크로매니징하면서 다른 팀과 감독관에게는 많은 자율성을 허용한다는 사실을 알아차렸다. 자세히 알아본 결과, 다른 감독관들은 매일 팀의 '도전 목표'를 세우고 매일 목표와 결과를 상사에게 보고한다는 사실을 알게 되었다. 비록 비공식적인 목표이지만 그 팀들이 업무에 몰입하고 주도적으로 생산성을 올리려고 노력한다는 믿음을 공장 관리자에게 주었다.

조이스도 재빨리 같은 전략을 채택했다. 몇 주 후에 조이스도 관리자에게 신뢰를 주고 자율성을 누리게 되었다. 상사가 원하는 것을 파악하고 충족해주는 아주 간단한 방법만으로 문제가 해결된 것이다.

12. 서두르지 마라

마지막으로, 신뢰를 쌓으려면 시간이 걸린다. 특히 당신이 업무를 맡은 지 얼마 안 되었다면 업무와 조직에 대해 완전히 이해하고 익숙해지는 순간 상사의 마이크로매니징이 줄어들 것이다. 주도적인 모습과 기꺼이 배우려는 태도를 보인다면 이 단계를 무사히 거칠 수 있다. 서두르지 말고 상사가 원하는 것을 파악하고 그대로 움직여라. 특히 새로 입사했거나 승진한 지 얼마 안 된 관리자들은 새로운 역할에 불안감을 느껴서 적어도 단기적으로 마이크로매니징을 하기 쉽다. 상사에게 그와 부서의 성공을 도우려는 의지를 말과 행동으로 보여주자. 뭔가를 제안할 때는 요령 있게 하라. 보통은 상사가 그의 역할에 익숙해지고 자신감만 생겨도 마이크로매니지먼트가 줄어든다. 변화와 자율성을 무작정 밀어붙이지 말고 마이크로매니저가 당신에게 익숙해질 시간을 주어라.

몇 달 동안 상사에게 마이크로매니징을 받던 미아는 자신이 맡은 모든 업무와 진행 상황, 현재 직면한 문제나 난관 등을 적은 메모를 매일 제공하기 시작했다.

처음에 상사는 빨간 글씨로 '내 방으로!'라고 적어서 메모를 돌려보냈다. 미아는 전략이 역효과를 낸 것이 아닌지 걱정되었다. 자율성을 얻기는커녕 아예 설 자리를 잃는 게 아닌지 하고 말이다. 이렇게 '내 방으로!'라고 적힌 메모와 미팅이 몇 번 이어진 후 미아는 매일 상사에게 보낼 메모에 변화를 주기 시작했다. 업무와 프로젝트의 실제 중요성이 아니라 상사가 가장 중요하게 생각하는 것부터 먼저 메모에 적기 시작한 것이다. 그 효과는 즉각적으로 나타났다. '내 방으로!' 오라는 메시지가 더 이상 오지 않았다. 시간이 흐르면서 점차 업무에 대한 상사와의 소통 빈도가 줄어들기 시작했다. 몇 달이 지나는 동안 미아는 메모의 횟수를 매일에서 이틀에 한 번, 일주일에 두 번, 그리고 마침내 간단한 주간 업데이트로 줄일 수 있었다.

미아는 그렇게 원하고 필요했던 자유와 자율성을 얻을 수 있었던 이유가 업데이트 상황을 알리는 일관성과 상사의 우선순위에 관심을 기울인 덕분이라고 확신한다. 그렇게 간단한 방법으로 가능하다니 믿기지 않을 정도였다. 물론 엄청난 노력이 필요했지만 상사의 마이크로매니지먼트가 약해졌을 뿐만 아니라 상사에게 전달하는 메모가 가장 중요한 할 일 목록이 되어준 덕분에 처리할 업무에 더 집중할 수 있었다.

또한 의도하지 않았던 긍정적인 결과가 두 가지 더 있었다. 미아는 예전 같으면 상사가 개인적으로 관심 없어서 차단했을 흥미진진한 프로젝트를 몰래 끼워 넣었다(당연히 업무 보고 메모의 맨 끝부분에). 그리고 또 다른 장점은 이직을 결심했을 때 상사에게 전달했던 메모가 훌륭한 기록으로 남아서 이력서를 업데이트하고 면접을 준비할 때 큰 도움이 되었다는 것이다.

마이크로매니저 상사를 매니징 업하는 핵심 요약

- 예상하고 행동하라.
- 상사의 우려를 파악하고 신경 써라.
- 신뢰와 친분을 구축하라.
- 계속 정보를 제공하라.
- 한발 앞서가라.
- 상사가 원하는 자료를 필요 이상으로 많이 제공하라.
- 상사가 중요시하는 것을 가장 우선으로 보고하라.
- 자주 업데이트하라.
- 자세한 내용을 미리 물어봐라.
- 자신의 근태를 돌아봐라.
- 동료들을 살펴라.
- 일관성을 지키고 인내심을 가져라.

12

"네가 알아서 해" 유령 상사

"가진 것에 만족하고 있는 그대로를 기뻐하라. 그 무엇도 부족하지 않다는 것을 깨달을 때 온 세상이 내 것이 된다."

– 노자, 《도덕경》

고백의 시간

나도 유령 상사의 기질이 있다. 내향인 워커홀릭인 나는 일에 완전히 몰두하느라고 팀원들과 며칠씩 알맹이 없는 대화를 거의 하지 않을 때가 많다. 팀원들은 개인적인 프로젝트에 독립성이 주어져 대체로 만족하는 편이다.

하지만 내가 유령처럼 행동하는 성향이 혼란과 병목현상을 일으킬 때도 있다. 우리 직원들은 훌륭하게도 주인의식을 가지고 이 상황을 잘 관리해주었다. 나에게 요청하고 일정을 잡고 정기적인 팀 회의에 나를 앉혔다. 그들은 급한 일이 있을 때 내 관심을 끄는 방법을 알고 있다. 바로 문자를 보내는 것이다.

긴급하지 않은 사안들에 대해서도 나에게 계속 보고하는 방법을 잘 안다. 이메일을 보내는 것 말이다. 빠른 대화가 필요한 사안일 때는 전화를 건다. 대화가 길어질 것 같은 문제일 때는 면담을 요청하고 날짜를 잡는다. 그들은 내가 일 처리를 어느 정도 끝낸 늦은 오후 시간일수록 긴 대화에 적극적으로 참여한다는 사실도 알고 있다. 새로운 아이디어를 제안하거나 부탁할 일이 있을 때는 내가 소비뇽 블랑을 홀짝거리는 오후 6시 이후가 안성맞춤이라는 사실도 알아차렸으리라.

아무튼 요점은 우리 팀원들이 내 스타일을 간파해 그에 따라 나를 매니징 업하고 있다는 것이다.

마이크로매니지먼트도 직원들에게 여러 어려움을 주지만, 상사가 너무 관리에 소홀해도 문제가 된다. 한편으로 공백이 큰 자유방임주의적인 매크로매니징macromanaging 상사는 특히 최소한의 간섭 속에서 자유롭게 업무를 수행해야만 제 능력을 발휘하는 독립적인 직원들에게 권한을 부여해 흥미와 활력이 샘솟게 한다. 하지만 다른 한편으로 많은 지도와 지원이 필요하거나 이를 원하는 사람들은 답답하고 겁나고 긴장될 수 있다. 당신이 성공을 위해 어느 정도의 지원과 지도가 필요한지에 따라 이런 유령 상사는 꿈같은 일일 수도 악몽일 수도 있다.

유령 상사의 원동력 찾기

자유방임형 상사에는 여러 가지 유형이 있고 이유에도 여러 가지가 있다. 직원들에게 자율성과 자유, 유연성을 부여하는 것을 좋아하는 사람이 있는가 하면, 자리에 없거나 아예 무관심하거나 게을러서 그런 경우도 있다. 따라서 유령 상사에게 사용할 전략을 결정하기 전에 당신의 상사가 어떤 유형인지를 먼저 파악해야 한다. 같은 유령 상사라도 제각각 차이가 크다.

자유방임형/매크로매니저 상사

이 유형의 상사는 마이크로매니저와 정반대다. 자유방임형 상사는 위임과 권한 부여를 통해 직원들을 매크로매니징한다는 사실에 큰 자부심을 느낀다. 직원들에게 자유, 유연성, 자율성을 제공하려고 일부러 손을 떼는 것이다. 그들은 당신이 독립적이고 주도적으로 일하기를 원한다. 사실 이 유형은 그 사람을 **거울처럼** 비춰주는 경우가 많다. 아마 여기에 속하는 상사는 그 자신도 똑같이 매크로매니지먼트를 원할 것이다. 그들은 당신이 맡은 일을 해낼 능력이 있다고 가정하고 또 해내기를 기대한다.

너무 바쁜 상사

이 유형의 방임형 상사는 지침과 지원을 제공해주고 싶어는 하지만 좀처럼 시간을 내기 어렵다. 자기 할 일만 해도 엄청나게 많아서 당신에게 신경 쓸 겨를이 없다. 이 상사는 항상 연달아 회의가 있고 끊임없이 마감에 쫓기며 그야말로 할 일이 산더미처럼 쌓여 있다. 아마도 이 상사들은 위임하지 않거나 업무량이 지나치게 많은 탓에 부하 직원들에게 간섭할 시간이 없어서 방임형이 되었을 것이다.

무관심한 상사

무관심한 상사야말로 진짜 유령이고 문제다. 이 유형의 유령 상사는 모습을 드러내지도 않고 관심도 없다. 여기에 마음이 아예 없기에 상사 아닌 상사다. 이 상사는 부하 직원들에게만 무신경한 것이 아니고 업무에도 무신경해서 직원들이 뒤치다꺼리해야 하는 경우가 많다. 그들은 리더십을 전혀 제공하지 않고 의사 결정을 회피한다. 사무실에서도 거의 업무에 몰입하지 않으며 막판에 최소한의 성의만 보일 것이다.

기술 전문가

알다시피 조직은 관리자로서의 적성이 전혀 뛰어나지 않고(혹은 관리자가 되고 싶은 욕구가 없거나) 기술적으로만 뛰어난 사람들을 관리자로 앉히는 것을 선호하는 경향이 있다. 안타깝게도 대부분의 조직에서 관리자가 되는 것이 유일한 승진 경로이다 보니 기술 전문가들이 '어쩔 수 없이' 그 길을 택해야 한다. 기술 전문가 상사는 시간은 있지만 직원들을 관리할 마음이 없다. 이것은 절대로 당신의 잘못이 아니다. 이런 상사들은 맡은 일과 조직에는 적극적이지만 단지 누군가를 관리하고 싶지 않을 뿐이다. 상대가 누구인지는 전혀 상관없다. 그들은 관리 업무를 좋아하지 않고 어떻게 하는지도 모르고 솔직히 하고 싶지도 않아서 거부한다.

유령 상사를 매니징 업하는 전략

1. 할 일을 하라

너무 단순하게 들릴지도 모르지만 감독하거나 지도해주는 사람이 없으면 항로를 이탈하기가 쉽다. 게으름을 피우거나, 좀 더 흥미로운(즐거운) 프로젝트가 있을 때 기존의 할 일은 그냥 내버려둬도 된다는 면죄부로 삼을 수 있다. 하지만 그렇게 하면 어느 순간 누군가가 알아차릴 것이다. 당신의 상사가 유령이라고 당신도 유령이 될 필요는 없다. 물론 유혹이 들긴 하겠지만 일을 골라서 하거나 매일 점심시간을 최대한 늘리고 싶은 충동을 물리쳐야 한다. 상사가 유령이면 다른 멋진 일을 할 수 있는 자유가 주어지지만 그렇다고 당신이 맡은 일을 확실히 해내야 하는 책임에서 벗어나게 해주는 것은 아니다.

항상 기억하라. 같이 일하는 사람들이 다 지켜보고 있다. 당신은 동기부여가 되고 일을 끝까지 완수하는 사람처럼 보일 수도 있고 태만한 게으름뱅이처럼 보일 수도 있다. 당신의 직업적 평판이 걸린 일이다. 유령 상사에게 어떻게 대응하는지에 따라 당신의 평판이 올라가거나 추락할 수 있다. 게으름뱅이가 될지 리더가 될지는 당신의 선택이다.

2. 주도적이고 자립적인 사람이 되어라

방임형 상사는 창의력과 의사 결정, 기업가정신을 연습할 수 있는 좋은 기회를 제공한다. 환경에 주의를 기울이고 적절하게 대응함으로써 한 걸음 앞서가라. 할 일을 시키기 전에 처리하라. 주도적으로 나서서 일을 성사시켜라.

3. 미팅을 잡아라

주도적으로 미팅을 요청해서 상사의 일정표로 들어가라. 짧은 면담을 요청하고 준비된 상태로 임하라. 만약 상사에게 비서가 있다면 그와 절친한 친구가 되어라. 상사의 일정에 주의를 기울이고 그 안으로 들어가 시간을 얻어내라.

스티브의 상사는 매일 회의가 줄줄이 있어서 자리에 없을 때가 많았다. 하지만 스티브는 상사가 연달아 회의가 있는 날이면 사무실에서 점심을 먹거나 야근을 하는 경향이 있다는 사실을 알아차렸다. 그래서 그는 깜짝 10분 미팅의 달인이 되었다. 가장 중요한 질문과 니즈를 미리 준비해 상사를 찾아가 "10분만 내주시면 됩니다"라고 말했고 정말로 10분 이상의 시간을 뺏지 않았다. 시간이 흐르면서 그와 상사는 약식이지만 효과적으로 소통할 수 있게 되었고 스티브는 성공하는 데 필요한 지도를 받을 수 있었다.

4. 강한 팀 관계를 구축하라

함께 일하는 팀원들이 있다면 팀을 지원하고 강한 팀 관계와 소통을 장려하기 위해 할 수 있는 모든 것을 하라. 팀원들끼리 힘을 모아서 자기 주도적인 팀을 만들 수 있다. 자기 주도적인 팀이란 공동의 목적 또는 목표에 대한 일반적인 관리 감독 없이 서로 다른 기술과 재능을 효과적으로 결합하여 일하는 팀을 말한다. 팀원들끼리 서로를 지원하고 상사의 도움 없이 결정을 내릴 때 서로의 뒤를 봐줄 수 있다. 어떤 면에서는, 당신의 뒤를 봐주기도 할 것이다.

정부 거래처에서 팀 구축을 도와달라는 요청이 들어왔다. 프로젝트의 범위에 대해 논의하다 보니, 그들이 진정으로 원하는 것은(인정도 했다) 감독관과 독립적으로 운영되는 팀을 구축하는 것이라는 사실이 분명하게 드러났다. 그 팀의 감독관은 기술적으로는 뛰어난 고성과자였지만 관리 업무에는 도통 관심이 없었다. 팀은 혼란에 빠진 상태였다. 팀원들은 자기 역할도 권한의 경계도 알지 못했다. 감독관이 프로젝트에서 병목현상을 일으켰고 팀원들은 우선순위를 정하기 위한 지도를 받지 못했다. 조직은 감독관에게 관리의 책임을 묻는 것보다 이 고성과자의 심기를 건드리지 않는 것이 훨씬 더 중요하다고 결정한 모양이었다. 나는 사람들이 월급을 받기 위해 고용된 일을 하지 않을 때 눈감아주는 것을 좋아하진 않지만, 이 경우에는 전체적인 상황이 워낙 투명해서 사정이 달랐다.

우리는 이 팀과 조직의 리더와 함께 자기 주도적인 팀을 만드는 작업에 돌입했다. 우리는 그들이 명확한 역할과 책임, 권한 부여 수준을 정하는 것을 도왔다. 팀은 감독관의 지도 없이도 결정을 내리고 프로젝트를 진전시킬 수 있는 권한을 부여받았다. 감독관은 그의 검토가 필요하거나 필요하지 않은 의사 결정 및 프로젝트의 유형이 무엇인지 명확하게 구분해주었다. 관리자에게 그들이 원하는 바를 명확하게 말할 수 있는 기회도 생겼다. 열린 대화와 분명한 기대 설정을 통해 팀원들은 유령 상사에게 적응해 높은 성과를 낼 수 있게 되었다.

5. 믿고 조언을 구할 만한 사람이 되어라

방임형 유령 상사는 당신의 업무 평판을 높이는 훌륭한 기회를 제공해줄 수 있다. 자연은 진공상태를 혐오하기 때문이다. 상사가 없을 때 정보를 찾고 인풋을 제공하고 의사 결정을 하고 프로젝트를 진전시키는 사람이 되어라. 조직의 사람들은 곧 알아차릴 것이다. 승진에 적합한 위치가 되는 좋은 방법이다.

6. 멘토를 찾아라

유령 상사가 멘토나 코치가 되어주길 바란다면 아무리 기다려도 소용없을 것이다. 유령선이 들어오길 기다리지 말고 스스로 나서서 조직과 업계에서 다른 멘토와 코치와의 관계를 구축하라. 이렇게 하면 업무적으로 성장하는 데 도움이 될 뿐만 아니라 문제를 해결하고 답을 찾는 데 힘을 주는 네트워크와 자원을 구축할 수 있다.

엘리자베스는 규모가 큰 마케팅 및 이벤트 업체의 프로그램 관리자가 된 지 얼마 되지 않았다. 그녀는 상사 댄을 좋아하고 존경했다. 댄은 똑똑하고 유능하고 부하 직원들을 적극적으로 지원해주었다. 한 달에 몇 번씩 그녀에게 시간을 내주기도 했다.

그런데 그는 분명히 업무 몰입도가 높았지만 지도나 피드백을 제때 제공하는 데는 능숙하지 않았다. 그는 매크로매니저였다. 엘리자베스는 실수할까 봐 두려워서 계속 댄에게 도움을 요청했다. 하지만 어느 날 미팅에서 댄은 엘리자베스를 더 도와주기가 힘들다면서 답답함을 표현했다. 순간 엘리자베스는 이 직장에서 성공하려면(그녀는 꼭 그러고 싶었다) 다른 멘토를 찾아야 한다는 사실을 깨달았다. 그래서 그렇게 했다.

그녀가 도움을 청한 상대는 조직과 업계에서 그녀보다 경력이 몇 년 더 많은 동료 마크였다. 결과는 대성공이었다. 마크는 기꺼이 엘리자베스를 멘토링하고 지도해주겠다고 했다. 사실 그는 엘리자베스가 허우적거리고 있다는 것을 알아차렸지만 섣불리 나서고 싶지 않았던 터였다. 엘리자베스가 배움과 피드백을 받아들이고 그녀의 성장과 발전에 대한 책임을 기꺼이 지려고 한다니, 그는 기꺼이 도와주고자 했다. 문제가 해결됐다. 엘리자베스는 이내 성장하는 모습을 보였고 심지어 다른 사람들을 멘토링해주기 시작했다.

7. 경계와 기대를 명확히 하라

유령 상사는 자신의 부재를 잘 알고 있다. 그들은 관리할 시간이 없거나 하고 싶지 않거나 둘 중 하나임을 기억하라. 그러니 당신의 권한 범위가 어디인지, 상사가 프로젝트나 프로세스에 대해 어떤 인풋을 원하는지 파악해야 한다. 구체적인 상황에 따라 세부적인 답변을 구하라. 모든 프로젝트 또는 책임에 대하여 당신에게 허용된 것과 허용되지 않은 것이 무엇인지 정확하게 알아야 한다. 실행하거나 결정하거나 승인하거나 구매하거나 포워드 하거나 바꿔도 되는 것이 무엇인지 말이다.

만약 당신의 상사가 사무실에서나 온라인상에서나 부재한다면 상사에게 직접적으로 물어보라. "어떤 결정이나 조치가 필요할 때 옆에 안 계시거나 연락이 닿지 않으면 어떻게 할까요?" 하고 말이다. 정말 중요한 것들에 대해 명확히 해두어야 한다.

8. 자신을 지킬 대비를 해라

모든 것을 기록으로 남겨라. 나중에 필요해질지도 모른다. 업무와 마감일, 요청 등을 모두 기록하는 것이 곁에 없는 상사와의 관계에 도움이 될 수 있다. 당신의 업무와 당신이 내린 결정, 당신이 품고 있던 질문과 시간을 어떻게 보냈는지 등을 잘 기록해서 만에 하나 오해가 생길 가능성을 최소한으로 줄여라. 만약 유령 상사가 중요한 프로젝트에 충분한 인풋을 제공하지 않았고 프로젝트가 기대에 부응하지 못했다고 해보자. 그럴 때 당신이 상사의 의견을 얻기 위해 할 수 있는 모든 것을 했다는 것을 증명하려면 적어도 기록이 있어야 한다. 나는 내가 지킨다는 걸 명심하라!

9. 계속 소통하라

상사가 자유방임형이면 소통을 시작하고 관리할 책임이 당신에게 있다. 유령 직원이 되고 싶은 유혹을 물리쳐라! 상사에게 정기적으로 프로젝트의 진행 상황을 업데이트하자. 그리고 가능하면 정기적으로 미팅을 잡자. 미팅은 최대한 짧게, 본론만 확실하게 다뤄라. 주제, 질문, 니즈를 미리 준비해서 미팅에 임하자. 중요한 문제를 먼저 강조해야 한다는 것을 잊지 마라. 시급한 사안이라면 왜 중요한 우선순위인지를 상사에게 확실히 이해시켜야 한다. 업무 상황을 보고하는 업데이트 메모에서 중요한 사안이 파묻히지 않도록 주의하라. 물론 상사와의 소통이 부담스럽겠지만 꼭 필요한 일이다.

10. 상사를 구해줄까, 말까?

극단적인 경우, 당신의 유령 상사는 자기가 맡은 업무와 책임까지 나 몰라라 할 수 있다. 이 경우, 당신에게는 몇 가지 선택권이 있다. 자기 일은 물론 상사의 일까지 처리해주는 것과 상사가 그냥 실패하게 내버려두는 것. 만약 당신이 상사의 일을 대신하고 있다면 그를 구할지 말지 선택할 수 있다. 상사를 구하지 않기로 선택한다면, 업무의 실패가 100퍼센트 상사의 책임임을 분명히 보여주는 기록이 있어야 한다. 상사가 실패하도록 내버려두면 당신의 평판에까지 나쁜 영향을 끼칠 수 있다는 사실도 알아야 한다. 정치적 바람이 진행 중이라는 것도 이해해야 한다.

11. 개인적으로 받아들이지 마라

상사가 유령처럼 부하 직원들을 나 몰라라 하는 이유는 당신하고는 아무 상관이 없다. 물론 상사가 다른 직원들한테는 그러지 않는데 당신에게만 그런다면 문제는 당신에게 있다! 이런 경우라면, 당신의 어떤 점이 상사를 유령으로 만드는지 반드시 알아보아야 한다.

유령 상사를 매니징 업하는 핵심 요약

- 상사의 스타일을 파악하고 그에 맞는 방법으로 매니징 업하라.
- 스스로 나서서 행동하라.
- 상사와 면담을 잡아라.
- 위험을 무릅써라.
- 기대와 경계, 책임, 의사 결정을 명확하게 하라.
- 팀원들이 믿고 도움을 구하는 사람이 되어라.
- 업무와 관련된 모든 사항을 기록하라.
- 팀의 소통과 협업을 개선하라.
- 성장과 발전을 이끌어줄 다른 멘토를 찾아라.

13

"내가 가장 잘났으니까" 나르시시스트 상사

"우리가 남의 허영을 참고 견디지 못하는 이유는 그것이 우리 자신의 허영에 불쾌감을 주기 때문이다."

- 프랑수아 드 라 로슈푸코 François de La Rochefoucauld

새로 선출된 공직자를 위해 일하게 된 찰리는 기대에 부풀었다. 그의 새로운 상사 데이비드는 자만심이 강하다는 평판이 있었다. 사실은 악명이 자자했다. 하지만 세상을 바꾸기 위해 애쓰는 매력적이고 대담하고 독립적인 성격으로도 잘 알려져 있었다. 찰리는 데이비드의 사명 의식에 깊은 신뢰가 있었기에 그의 팀원이 된 것을 영광으로 여겼다. 하지만 실제 업무가 시작되면서 그런 생각은 완전히 사라져 버렸다. 군인 출신인 찰리는 자만심이 강하고 권위와 위계질서를 존중하는 사람들에게 익숙했다. 그러나 데이비드 아래에서 일하며 목격한 것은 완전히 달랐다.

"사무실은 혼란스러웠습니다. 다들 데이비드를 달래려고 분주하게 뛰어다닐 뿐, 정책이나 전략에 대한 논의는 전혀 없었습니다. 상사에게 진실을 말하는 사람이 하나도 없었어요. 데이비드의 에고를 달래고 부풀리느라 급급했죠. 팀 회의도 안건을 실행하는 방법을 논의하기보다 데이비드를 치켜세우느라 시간이 다 갔어요. 이런 경험은 처음이었습니다. 속이 메스꺼워질 정도였죠. 공직에서 중요한 건 국민이지 공직자 개인이 아니잖아요. 결국 6개월 만에 그만뒀습니다."

가장 두렵고 다루기 힘든 상사 중 하나가 바로 나르시시스트narcissist 상사다. 언뜻 보기에 나르시시스트는 매력적이고 유능하고 카리스마 있고 자신감 넘쳐서 기꺼이 따르고 싶은 리더처럼 보인다. 하지만 매력에 이끌려 가까이에서 바라보면 권력과 관심에 굶주리고 이기적인 지옥의 상사라는 사실을 알게 된다. 나르시시스트 상사는 자아의 중요성과 특권 의식이 너무 부풀려져 있다. 조직이나 직원들보다 자신의 성공과 자기를 내세우는 일에 더 관심이 많다. 칭찬과 인정, 아부에 대한 욕구가 끊이지 않는다.

발 빠르게 나서서 모든 공로를 자신의 것으로 돌리고 누군가를 탓하는 움직임 또한 빠르다. 나르시시스트는 자기 성찰을 하지 못하며 실패도 인정하지 못한다. 놀랍게도 괴롭힘의 가해자와 피해자가 모두 될 수 있는 능력이 있다. 나르시시스트 상사는 관리하기가 어려울 뿐만 아니라 부하 직원들이 그의 부풀려진 자만심을 달래느라 전전긍긍하게 만들어 해로운 업무 환경을 조성한다.

나르시시스트의 징후

지나치게 부풀려진 에고

나르시시스트의 특징은 지나치게 부풀려진 자아존중감이다. 그들은 남들에게 가장 훌륭하고 가장 똑똑하고, 가장 성공적인 사람으로 보이고 싶어 한다. 아니, 그래야만 한다. 그들은 거창한 자기 이미지를 만들고 그 과도하게 부풀려진 이미지를 무슨 수를 써서라도 지키려고 한다.

완장질

직장에서 나르시시스트 상사는 권력을 엄청나게 즐긴다. 통제권을 손에 쥔 우월한 위치에 있다는 사실을 즐긴다. 그들은 아랫사람들에게 권력을 과시해야만 한다. 나르시시스트 상사의 힘에 도전하는 것은 위험한 일이다. 그랬다가는 절대 가만히 있지도 않을 것이고 평생 잊어버리지도 않을 테니까.

칭찬에 대한 끊임없는 욕구

나르시시스트들이 자기 가치감self-worth을 유지하기 위해서는 끊임없는 칭찬과 박수, 동경이 필요하다. 밑 빠진 독에 물 붓기처럼 그들의 욕망은 절대로 채워지지 않는다. 그들은 끊임없이 꼬리깃털을 펼치고 찬사를 받아야 하는 공작새와 같다.

공 가로채기

나르시시스트 상사는 자신이 가려질까 봐 두려워서 부하 직원을 칭찬하거나 공을 인정해주는 것을 꺼린다. 그들은 다른 이들의 공로를 '가로채거나' 팀 성공에 대한 자신의 기여도를 과대평가할 때가 많다. 나르시시스트는 리더십을 자신의 긍정적인 성과의 맨 앞에 내세우는 데 유난히 능숙하다.

비난하고 수치심 주기

나르시시스트는 칭찬에 인색하지만 누군가를 탓하는 일만큼은 전혀 그렇지 않다. 상사가 나르시시스트일 때 가장 힘든 점은 그들이 자주 남을 비난하고 수치스럽게 만든다는 것이다. 계획이 틀어져서 문제가 생겼을 때 나르시시스트는 항상 다른 사람들의 잘못을 지적한다. 절대로 자기 잘못을 인정하지 않는다.

비판에 적대적

자기애가 강해서 비판에 면역이 있고 전혀 흔들림이 없고 개의치 않는 것과 적극적으로 비판에 적대적인 반응을 하는 것은 천지차이다. 나르시시스트는 비판받으면 곧바로 반격한다. 피드백에 대해 깊이 숙고하는 것이 아니라 상대를 공격한다. 미국의 유명한 정치인도 말했다. "당신이 나를 치면 나는 더 세게 당신을 칠 것이다"라고.

파렴치한 자기 홍보

나르시시스트는 거대한 자아를 보호하고 홍보하기 위해 뻔뻔스럽게도 자신을 홍보하고 인맥을 들먹이고 자신의 우월성을 과장한다. 그들은 자신의 우월함과 성공에 관해 이야기하는 것을 좋아한다. 높은 자리에 있는 친구나 지인들의 이름을 들먹이고 어떻게 적을 물리쳤는지 이야기하는 것을 좋아한다. 결국 모든 이야기의 결론은 똑같다. 내가 가장 잘났고 가장 똑똑하다는 것.

공감 능력 없는 착취자

나르시시스트의 또 다른 특징은 다른 사람들에 대한 공감 능력이 전혀 없다는 것이다. 그들은 다른 사람의 처지에서 생각해보거나 다른 사람의 필요나 감정을 이해하지 못한다. 그렇기에 아무렇지 않게 남들을 착취하는 경향이 있다. 진짜 나르시시스트 상사는 제대로 된 인정이나 보상, 고마움 없이 직원들을 조종하거나 괴롭히거나 학대한다.

신스틸러

나르시시스트가 말이 많다는 사실은 그리 놀라운 일이 아닐 것이다. 그들은 사람들의 관심이 자신에게 향하는 것을 그렇게 좋아할 수가 없다. 미팅이나 화상회의 같은 업무 관련 모임에서 시간을 독차지하려고 한다. 결국 자신의 존재와 자기 아이디어를 돋보이게 하는 것이 목표이며 타인의 공로를 비판하거나 깎아내린다.

윤리적 모호성

나르시시스트 상사의 충격적인 측면은 그의 윤리와 진리가 자주 바뀌고 변덕스럽다는 것이다. 보통 그들은 자신의 목적을 위해 사실과 진실을 수정하는 것도 개의치 않는다. 너무 자기중심적이고 자신의 성공을 당연시하므로 성공을 위해서 윤리적 경계를 넘나들 가능성이 다른 성격 유형보다 크다. 많은 나르시시스트가 '법 위에' 있는 것처럼 자신에게는 규칙이 적용되지 않는다고 믿는다. 너무 똑똑해서 꼬투리 잡힐 일도 없다고 생각한다.

나르시시스트 상사의 원동력 찾기

나르시시스트 상사의 원인을 이해하는 것은 전혀 복잡한 일이 아니다. 그들의 동기와 정신적 모델, 삶의 틀이 전부 다음으로 이루어졌다는 것만 알면 된다.

- 에고가 그들을 움직인다.
- 존경과 숭배, 호평, 동경에 대한 욕구가 그들을 움직인다.
- 우월한 존재로 평가받고 인정받으려는 욕구가 그들을 움직인다.
- 부풀려진 이미지와 자아존중감을 지켜야 할 필요성이 그들을 움직인다.

- 다른 사람들에게 인정받고자 하는 욕구가 그들을 움직인다.
- 성공한 사람처럼 보이고 싶은 욕구가 그들을 움직인다.

나르시시스트 상사를 매니징 업하는 전략

상사가 나르시시스트일 경우에 가능한 옵션과 전략은 다양하지도 않은 데다 대부분 그렇게 내키지도 않을 것이다. 나르시시스트의 자아는 매우 연약하고 항상 타인의 니즈보다 자신의 니즈를 우선시하므로 그 상사에게서 벗어날 수 있을 때까지 최대한 자신을 보호하는 것이 최선일지도 모른다. 나르시시스트 상사 밑에서 성공하기란 어려운 일이다. 다시 말해서 나르시시스트에게서 그저 **살아남는** 것이야말로 제일 나은 선택일 때가 많다.

1. 장점을 평가하라. 견딜 가치가 있는가?

나르시시스트들은 조직의 맨 꼭대기까지 오르는 경우가 많다. 대개 그들은 큰 성공을 거두고 영향력을 크게 지닌 사람들이다. 많은 나르시시스트가 거대한 제국을 건설하거나 새로운 산업 부문을 개척한 선구자들이다. 나르시시스트 상사를 견뎌내면 커리어의 성공과 경험, 인맥 측면에서 긍정적인 보상이 주어질 수 있다. 나르시시스트는 편집증적인 경우가 많아서 충직한 성과자의 면모를 보여주기만 하면 계속 당신을 옆에 두려고 할 것이다.

2. 아첨꾼은 살아남는다

나도 이 말이 마음에 들지 않는다. 어려운 상사에게 아부하거나 그냥 견디는 것은 매니징 업이 아니기 때문이다. 하지만 나르시시스트 상사에게는 바로 이런 것이 매니징 업이다. 나르시시스트 상사는 아첨을 좋아한다. 지나치게 과장할 것까지는 없고 나르시시스트를 칭찬하고 추켜세워주기만 하면 환심을 살 수 있을 것이다. 그것이 그가 원하고 필요로 하는 것이니까. 이런 행동이 상사에게 정말로 큰 도움이 된다고 생각하면 거부감이 덜할 것이다. 그리고 이렇게 함으로써 당신도 문제에 일조하는 것이니 현명한 선택이 필요하다.

3. 존중하는 태도로 안심시켜라

나르시시스트는 무례함에 예민하게 반응한다. 나르시시스트 상사에게 항상 적절한 수준의 존중심을 보여줘야 한다. 특히 나쁜 소식이나 다른 생각을 전달할 때는 더더욱 그래야 한다. 신중하고 사려 깊게 반대 의견을 내야 한다. 이 상사에게는 메시지의 내용보다 그것을 전달하는 방식이 더 중요하다. 따라서 상사에 대한 존중심과 그의 권한에 따르려는 의지를 보여준다면 안심할 것이다. 나르시시스트는 불안할 때 편집증, 의심, 변덕을 보이는 경향이 있다. 신중하게 존중심을 보여라.

4. 잡담을 멀리하라

나르시시스트 상사에 대한 험담은 재앙을 자초하는 일이다. 결국 상사의 귀에 들어갈 것이다. 나르시시즘은 아첨하는 문화를 낳는다. 동료가 살아남기 위해 당신이 한 말을 당신에게 불리하게 사용할 수 있다는 뜻이다. 정 밖으로 내지 않고 못 견디겠거든 직장 동료가 아니라 가족이나 친구에게 이야기하라. 돈을 받고 비밀 이야기를 들어주는 심리상담사나 코치를 이용하는 것도 좋다.

5. 배울 점을 찾아라

나르시시스트는 조직에서 크게 성공한 경우가 많아서 좋은 배움의 기회가 될 수도 있다. 상사가 무엇을 잘하는지, 배우거나 본받을 점이 있는지 유심히 살펴보자. 보통 나르시시스트는 자신의 성공과 경험, 전략에 대해 기꺼이 길고 자세히 말해줄 것이다. 조언을 구하라. 이 상황을 최대한 이용하라. 상사에게 조언을 구하면 지식도 풍부해지고 상사를 추켜세워줄 수도 있으므로 두 가지 이점을 챙길 수 있는 윈윈 전략이다.

6. 그들의 이미지에 호소하라

나르시시스트 상사에게 반박하는 좋은 방법은 공들여 만들어진 그의 이미지에 호소하는 것이다. 심리학의 측면에서 볼 때(임상적 측면에서도) 진정한 나르시시스트는 죄책감을 느끼지 않지만 수

치심은 느낄 수 있다. 그들은 체면이 깎이거나 망신당하는 것에 대해 큰 두려움을 느낀다. 따라서 나르시시스트 상사를 설득하거나 조언을 하거나 반박할 때는 그의 행동이 바깥세상에 어떻게 보일지를 이용하자. 다시 말해서 '남들 눈에 어떻게 보일지'를 이용하는 방법은 자신의 지위를 엄청나게 의식하는 나르시시스트에게 매우 효과적이다. 상사의 의사 결정이 그의 이미지, 평판, 커리어에 미치는 장단점을 객관적으로 언급하라.

7. 절대 자신을 내세우지 마라

나르시시스트에게는 자신의 필요와 욕구가 가장 중요하다. 따라서 당신이 상사와 다른 것을 원하거나 필요로 할 때는 절대 자신의 니즈인 것처럼 말하지 말고 상사의 니즈인 것처럼 프레이밍하라. 예를 들어, 어떤 업무에 대해 생각할 시간이 더 필요하면 상사의 더 큰 니즈를 내세운다. "저는 이번 프로젝트가 ○○ 님(상사)에게 홈런이 되기를 간절히 바랍니다. 그런 의미에서 며칠 동안 접근 방식에 대해 좀 더 깊이 고민해보고 싶습니다"라는 식으로 말이다. 이 전략의 또 다른 중요한 요소는 상사의 우스꽝스러운 행동에 대한 반응을 능숙하게 관리하는 것이다. 방어적이거나 불쾌하거나 좌절하거나 혐오스러운 반응을 보여서는 안 된다. 힘들겠지만 분명 효과가 있다.

8. 당신의 이미지를 지켜라

나르시시스트 상사 때문에 당신이 곤경에 빠질 때도 있을 것이다. 엄청나게 짜증 나는 일이지만 피할 순 없다. 나르시시스트는 비난받을 생각이 절대로 없다. 그것은 부하 직원들의 일이라고 생각할 것이다. 이런 일이 일어나면 (이 부분이 힘든 일이긴 하지만) 상사의 잘못처럼 보이지 않게 하면서도 침착하게 오해를 바로잡을 방법을 찾아라. 중립적이고 공격적이지 않은 태도가 필요하다. 주장이나 왜곡이 아닌 사실에 집중하라. 비난하고 싶은 충동을 이겨내라. 차분하게 일련의 사실과 사건 또는 배경 정보를 진술하라. 상사와 둘이서 하는 것이 가장 좋다. 그리고 절대 동료들을 궁지로 몰아서는 안 된다.

9. 자존감을 지켜라

당신이 아니라 상사가 문제라는 사실을 잊지 마라. 나르시시스트 상사 밑에서 일할 때는 그의 행동을 개인적으로 받아들이지 않는 것이 매우 중요하다. 나르시시스트의 모욕적이고 까다로운 행동은 당신이 문제라서가 아니라 그가 그런 사람이기 때문이다. 상사의 행동을 자신과 연관 짓지 않을 수 있는 방법을 찾아라. 황금색 방패를 들고 당신의 영혼을 지켜라. 그리고 나르시시스트의 성공 공식에 절대 동조하지 마라. 나르시시즘에 스며들면 안 된다.

10. 빨려 들어가지 마라

나르시시스트는 매력으로 사람들을 사로잡고 조종하는 데 탁월하다. 그들의 교묘한 방식에 빨려 들어가지 마라. 그들은 당신을 아끼다가도 필요 없다고 생각되면 가차 없이 끊어낼 것이다. 그들에게 조종당하거나 거미줄에 너무 깊숙이 끌려들어 가지 마라. 정신 바짝 차리고 상사와의 관계를 관리해야 한다. 항상 기억하자. 내가 아니라 상사가 문제다.

11. 빠져나가라

나르시시즘은 다른 성격 특성들과 마찬가지로 매우 다양하게 나타난다. 경증 또는 중간 정도의 나르시시즘이라면 관리가 가능할 것이다. 하지만 중증 나르시시즘은 완전히 다르다. 당신의 상사가 중증 나르시시스트라면 빠져나가는 것이 최선책이다.

사라는 상사 애덤이 극단적인 나르시시스트라는 사실을 알게 되었다. 그녀는 모든 방법을 총동원해서 잘해보려고 했다.

"저는 애덤이 이끄는 정책팀에 들어가게 되었어요. 그전에는 부서가 달라서 그에 대해 잘은 몰랐어요. 재미있고 훌륭한 작가라고만 알고 있었죠. 제 커리어에 좋은 기회라고 생각했는데 상사로 만난 그는 끔찍한 나르시시스트로 변했어요. 악랄하고 자기중심적이고 질투심 많고 자기 이익만 추구하고 경솔하고 공감 능력이라곤 전혀 없었죠. 내 상사가 나르시시스트라는 사실을 알아차리는 건 그리 어렵지 않았죠. 저는 나르시시즘에 대해 열심히 연구했어요. 처음엔 감당할 수 있을 거라고 장담했죠. 제가 고성취자 유형이라서 잘해낼 자신이 있었거든요. 처음에는 무조건 따르는 게 효과가 있을 거라고 생각했어요. 무조건 지시대로 하면 분명 흡족해할 거라고 말이에요. 하지만 남을 착취하고 자기 이익만 추구하는 사람들은 말을 들어줄수록 더 이용하려고만 하더군요.

그래서 그다음에는 선을 확실히 긋는 방법을 썼죠. 그건 정말 끔찍했어요. 적절하게 선을 그으니까 사람들 앞에서 소리를 지르기 시작하는 거예요. 상사의 상사에게도 말해봤는데 큰 실수였죠. 그 뒤로 그가 나를 어떻게 대하든 신경을 끊기 시작했어요. 제가 더 이상 신경 쓰지 않는다는 걸 알아차렸을 때 그가 보인 반응이 무척 흥미롭더군요. 그는 자신이 더 이상 나를 통제할 수 없다는 사실을 빠르게 알아챘어요. 그러더니 눈에 불을 켜고 나를 제거하려고 하더군요. 난리도 그런 난리가 없었어요. 그 사람이 같은 팀의 다른 동료에게 쓴 전략은 자포자기하게 만드는 것이었죠. 그 동료는 전혀 위협적이지 않은 사람이었어요. 원래 유능한 사람이었는데 업무 평판이 떨어져 버렸어요. 이젠 유능하거나 중요한 인재로 대접받지 못하게 됐죠. 그 사건을 알기에 절대로 나도 그렇게 될 순 없다고 생각했어요.

나르시시스트에 대한 비유를 읽고 머릿속 전구가 반짝 켜지는 느낌이었어요. 컵을 들고 우물에 갔는데 우물에 독이 들었다는 사실을 알게 되었다고 해보죠. 그런 상황에서 뭘 할 수 있을까요? 다른 컵을 가져가도 여전히 물에는 독이 들어 있죠. 다른 길을 이용해서 우물로 가도 물에는 여전히 독이 있고요. 물을 마시기 위해 온갖 방법을 써봐도 물에 독이 들어 있다는 사실은 변하지 않아요. 어떤 컵을 쓰든, 어떤 길로 가든, 우물물에는 여전히 독이 들어 있는 거죠. 이런 상황에 있는 사람들에게 조언해주고 싶습니다. 아무런 이득도 되지 않는 상황이라는 걸 알아야 해요. 당신이 빛나려고 노력하면 상사가 방해할 거예요. 아까 말한 동료처럼 빛나려고 노력하지 않으면 당신의 평판이 무너질 거고요. 독이 든 물은 마시면 안 됩니다. 빠져나오세요."

나르시시스트 상사를 매니징 업하는 핵심 요약

- 존중하는 태도로 안심시켜라. 적당한 수준의 존중심을 보여라.
- 칭찬하고 추켜세워서 그의 환심을 사라.
- 험담하지 마라. **분명히** 그의 귀로 들어갈 것이다.
- 배울 점을 찾아라. 나르시시스트는 큰 성공을 거둔 경우가 많아서 분명 배울 점이 하나쯤은 있을 것이다.
- 상사의 이미지에 호소하고 당신의 이미지를 지켜라.
- 이들은 타인을 능숙하게 조종한다. 빨려 들어가지 않도록 조심하라.
- 당신이 아니라 상사가 문제라는 사실을 잊지 마라.
- 나르시시즘의 정도가 너무 심하면 벗어날 준비를 해라.

14

"그거 할 기분 아냐" 충동적인 상사

"다람쥐다!"

– 애니메이션 <업>의 말하는 개 더그

대규모 법 집행기관의 IT 사업 설계자인 에릭의 직속상관은 최고 정보 책임자 핼이었다.

"핼은 보수적인 공무원이었습니다. 조직을 사랑하고 사람들을 아꼈죠. 열정도 대단했고요. 새로운 아이디어나 열정적인 토론이 필요할 때는 무조건 그를 찾으면 될 정도였어요. 아이디어의 소용돌이라고 할 수 있었거든요. 그만큼 감정 표현도 강했고요. 하지만 사명에 대한 열정이 넘치다 보니 현실을 보지 못하는 경향이 있어서 일하기가 점점 힘들어지더군요. 새로운 아이디어와 전략을 끊임없이 내놓았거든요. 그야말로 아이디어 뱅크였어요. 하지만 새로운 아이디어가 필요한 조직이 아니다 보니 대개는 허상을 좇는 경우가 많았습니다.

핼은 새벽 1시나 2시에 이메일로 새로운 아이디어를 보내는 걸로 유명했어요. '내일 출근하자마자 ~에 대해 얘기해보자고'라고 마구 이메일을 퍼붓는 겁니다. 새로운 아이디어가 생각날 때마다 그렇게 모든 걸 쏟아부었죠.

물론 99퍼센트는 너무 거창하기만 하고 남들이 보기에는 불가능한 아이디어였어요. 그럴 때마다 다들 눈알을 굴리며 '또 저러네' 하기 일쑤였고요. 방을 돌아다니면서 사람들에게 말을 거는 게 그의 관리 스타일이었습니다. '새로운 이슈가 나왔으니까 저 부서로 가서 이 사람에게 말해야 해. 여기서 나눈 얘기를 다른 부서로 가서 전해야 해'라는 식으로요. 회의 때마다 우선순위가 바뀌는 것은 기본이고요. 정말로 그는 두서가 하나도 없었어요. 너무 지치더군요. 제가 선호하는 방식과 완전히 달라서 따라갈 수가 없었습니다."

당신의 상사는 아이디어의 소용돌이인가? 조금이라도 흥미를 끄는 게 있으면 달려드는가? 계속 우선순위를 바꾸는가? 계획을 끝까지 실행할 때가 없는가? 자주 생각을 바꾸거나 앞뒤가 안 맞는 말을 하는가? 스쳐 지나가는 바람처럼 아이디어와 기분, 목표가 휙휙 바뀌는가? 하나에 진득하게 집중하지 못하는가? 한마디로 당신의 상사는 애니메이션 영화 〈업〉에 나오는 말하는 개 더그 같은가? 시시때때로 "다람쥐다!" 하는.

여기에 하나라도 해당한다면 당신은 충동적인 상사 밑에서 일하고 있다. 충동적인 상사는 대부분의 사람에게 감당하기 어려운 상대다. 방향과 우선순위, 의사 결정, 기분이 계속 변해서 혼돈과 불확실성, 스트레스를 초래한다. 인간은 본능적으로 안정성과 확실성, 항상성을 추구한다. 그래서 혼돈과 불확실성을 가져오는 상사 밑에서 일하면 힘들 수밖에 없다. 개방적이며 혁신적이고 기꺼이 위험을 무릅쓰는 상사와 집중력이 떨어지고 신뢰할 수 없고 경솔한 상사는 하늘과 땅 차이이다. 충동적인 상사 밑에서 일하는 사람들이 가장 많이 하는 불평은 다음과 같다.

- 상사가 계속 말을 바꾼다. 팀의 우선순위가 항상 변한다.
- 상사가 회의 때마다 새로운 프로젝트나 전략을 밀지만 48시간 후에는 마음을 바꿔서 다른 '새로운 것'을 추진한다.
- 상사가 매우 성급하게 반응한다. 이성이나 논리가 아니라 직감에 따라 결정을 내린다.
- 상사가 오늘은 어떤 모습일지 종잡을 수 없다. 바람에 흔들리는 갈대처럼 기분이 수시로 바뀌고 그때마다 우선순위도 바뀐다.
- 프로젝트를 하나 끝내는 데 엄청나게 오래 걸린다. 상사가 지시 사항을 계속 바꾼다.
- 팀이 쓸데없는 짓에 허비하는 시간이 너무 많다. 항상 뭔가 새로운 일에 매달리지만 '결실'을 맺는 일은 하나도 없는 것 같다.
- 모든 팀원이 지쳤다. 방향이나 아이디어가 언제 어떻게 바뀔지 몰라서

시간이나 업무를 관리하기가 어렵다.

충동적인 상사의 원동력 찾기

상사가 충동적인 이유에는 여러 가지가 있을 수 있다. 쉽게 지루함을 느껴서, 변화를 좋아해서, 성공을 위해 필사적으로 발버둥 치느라고, 집중력이 오랫동안 지속되지 않아서 등등. 충동적인 사람들의 일반적인 원인은 다음과 같다.

창의성과 변화, 혁신 지향

당신의 상사는 본능적으로 새롭고 색다르고 창의적인 것에 이끌리는지도 모른다. 변화와 혁신에 대한 욕구가 너무 커서 한 가지를 진득하게 파고들지 못하고 결과적으로 어떤 변화도 이뤄내지 못한다.

쉽게 지루해짐

당신의 상사는 쉽게 지루함을 느끼고 일상적인 프로젝트와 세부 사항, 프로세스에서 벗어남으로써 활력을 얻을 수도 있다. 활력과 몰입도를 유지하기 위해서 새로운 접근법 및 프로젝트를 추구한다.

경험 부족

역할이나 직책을 처음 맡았다면 경험이 부족한 데다 하루빨리 능력을 증명해야 한다는 생각 때문에 충동적으로 변할 수도 있다. 신참 관리자는 빨리 능력을 보여주어야 한다는 조급한 생각에 사로잡히기 쉽기 때문이다. 그래서 전략적으로 꾸준히 성공과 성취를 쌓아가지 않고 그럴듯해 보이는 프로젝트가 눈에 띄면 능력을 보여줄 기회라는 생각에 덥석 뛰어든다. ("다람쥐다!")

주의력결핍장애(ADD)

집중력 부족, 작업이나 프로젝트를 끝내지 못함, 체계적인 의사결정 방식을 활용하지 못하는 건 ADD의 증상일 수도 있다. 이것이 직장에서는 충동적인 모습으로 나타난다.

충동적인 상사를 매니징 업하는 전략

1. 의도를 이해하고 에너지를 활용하라

충동적인 상사는 사람들에게 긍정적인 영향을 미치려고 노력하는 경우가 많다. 그저 좋고 의미 있는 일을 하고 싶은데 방법을 모르는 것일 수도 있다. 상사의 행동을 긍정적인 에너지로 바라보고 유용하게 활용하는 법을 터득해보자. 마치 주짓수를 하듯 상사의 에너지를 가져와 더 유용하고 집중적이고 효과적인 것으로 바꾸자.

2. 침착하게 계속 나아가라

충동적인 상사는 소용돌이와도 같아서 폭풍이 지나갈 때까지 기다려야 한다. 충동적인 상사에 대해 알아야 할 가장 중요한 사실은 마음이 바뀔 수 있다는 것이다. 분명 높은 확률로 바뀔 것이다. 충동적인 상사의 변덕이나 계속 바뀌는 기분에 휩쓸리면 안 된다. 당황하지 말고 계속 침착하라.

미국 서부에 있는 조경 회사에서 일하는 도나의 상사는 매우 충동적이고 변덕이 심했다. 팀원들은 그런 상사에게 제대로 대비하기 위해서 '날씨 예보'라도 하듯 그날그날 상사의 기분을 예측했다. 도나는 이것을 '날씨에 맞는 옷을 입기 위해서'라고 표현했다. '차분하고 화창한 날씨'는 모든 게 순조롭다는 뜻이었다. '시속 20킬로미터의 바람'은 새로운 아이디어가 만들어지고 있다는 것을 의미했지만 그렇게 심각한 상황은 아니었다. 반면 '10단계의 열대 폭풍 경보'는 얼른 몸을 가릴 만한 곳을 찾아 숨어야 한다는 뜻이었다! 도나와 동료들은 서로를 챙겼다. 그들은 모두 일을 사랑했고 함께 힘을 합쳐서 상사의 변덕스러운 성격을 관리했다.

3. 열린 태도를 보여라

충동적인 상사 때문에 짜증과 반감이 심해져서 혁신과 좋은 아이디어를 아예 차단하면 안 된다. 변화를 원하지 않는 답답하고 고루한 상사가 더 낫다는 생각은 버려라. 상사의 변덕과 변화가 얼마나 많은 성과로 이어지는지 한번 살펴보자. 거의 성과를 거두지 못해도 상관없다. 하지만 상사의 충동적인 행동이 성공으로 이어진 전력이 있다면 안전벨트를 단단히 매고 그 요동치는 변덕을 마주할 준비를 하는 것이 가장 좋은 방법이다. 충동적인 상사가 대박을 터트릴지도 모르는 일이다.

4. 상사의 기분을 미러링하라

상사가 새로운 아이디어에 열광하는 모습을 보일 때는 상사의 기분을 미러링해야 한다. 어느 정도 똑같이 들뜬 척하라는 이야기다. 관심 있는 척하라고 해서 상사의 의견에 동의하라는 말은 아니다. 이런 식으로 맞장구만 쳐주면 된다. "화성에 위성 사무실을 차린다니 굉장한데요!", "인간의 게놈 지도를 완전히 새로 만든다니, 굉장한 업적이 될 것 같습니다!" 그 자리에서 곧장 반대해 산통을 깨면 안 된다. 반대는 나중에 해도 늦지 않다. 우선은 상사가 아이디어에 대해 더 자세히 이야기하면서 완전히 파고들 시간을 주자. 질문도 몇 개 던진다. "그 프로젝트가 어떻게 전개될 것으로 보십니까? 무엇부터 시작해야 할까요? 인력이 얼마나 필요할까요? 예산을 받을 수 있을까요?" 등등. 이렇게 하면 (바라건대) 상사가 현실을 자각하도록 도와줄 수 있고 아이디어의 어떤 부분이 상사에게 중요한지 파악할 수도 있을 것이다. 그리고 상사의 의견에 반대하는 것이 아니라 지지하는 모습을 보여줄 수 있다.

마지막으로, 상사가 충동적인 데다 변덕스럽기까지 하다면 상사의 기분을 관리하는 것이 여러모로 유용하다. 충동적인 리더들은 어떤 아이디어에 대해 다른 사람들이 자신과 달리 미지근하게 반응하면 부정적으로 나올 수 있다. 반대로 충동적이고 변덕스러운 상사가 울적하고 좌절한 모습일 때는 공감을 보여줘라. "화성 프로젝트가 통과되지 않아서 아쉽네요. 정말 멋졌을 텐데" 하고 말이다. 상사와 한통속이 되지 않고도 그를 인정하고 공감해줄 수 있다. 기본적으로 상사의 기분을 미러링하고 그다음에 '현실 검증' 전략을 쓰자.

5. 순한 맛의 '현실 검증'으로 상사의 이해를 도와라

충동적인 상사의 충동적인 행동을 지켜본 후에는 그의 이해를 도와줄 차례다. 다시 말해서, 상사의 말을 다 들어준 후 사실에 근거한 현실 감각을 제공하라는 뜻이다. 상사의 충동적인 아이디어에 대한 당신의 실행 '계획'을 전달할 때는 약간 시간을 두고 한다. 찬물을 끼얹어야 할 때다. 부드럽게 현실을 깨우쳐주는 정보를 상사에게 전달하자. "일전에 말씀하신 화성 프로젝트 말인데요, 제가 자세히 알아봤는데 현재 정부에서 화성 식민지화를 허용하지 않고 있답니다. 대기자 명단에는 올릴 수 있고요." 이런 식으로 말하면 된다. 프로젝트에 관한 진짜 자료를 제공해야 한다. 여기에서 '진짜'는 말 그대로 '진짜'라는 뜻이다. 재단하려는 마음이 전혀 없는 열린 마음으로 데이터를 정직하게 제시하자. 상사는 유능해지고 싶어 한다. 이 사실을 기억하고 가능하면 그의 욕구를 어느 정도 충족해줄 수 있는 선택권을 제공하라. "화성에 가는 것이 불가능하니 가상 사무실을 만드는 방안을 고려해볼 수 있습니다. 1차 조사에 따르면 비용은 xx달러가 들 것 같습니다." 바보 같은 예시이긴 하지만 충동적인 상사는 창의적이고 틀에서 벗어난 사고를 하는 경우가 많다. 새롭고 색다른 것을 원하는 상사의 아이디어를 합리적이고 실행 가능한 목표로 해석해주는 것이 중요하다.

몇 가지 선택지와 함께 명확한 방향을 제시하려고 노력하라. 올바른 행동 방침 아이디어가 있다면 상사를 그쪽으로 살살 이끌어라. "인간 게놈 지도 제작에 가능한 옵션을 조사해봤습니다. 가장 좋은 선택지는 옵션 A와 옵션 B입니다. 둘 다 비용은 비슷하지만 B에는 이러저러한 옵션이 추가로 포함되므로 저는 B가 가장 좋다고 생각합니다. 옵션 A를 원하시는지, 아니면 그냥 옵션 B로 하고 그 시스템을 구매할까요?"라고 말이다. 물론 품도 많이 들고 시간 낭비로 결론이 날 수도 있지만 상사의 꿈을 짓밟는 게 아니라 이성을 대변하는 목소리가 되어주는 것이 중요하다.

6. 모든 사안을 재정리해서 확인하라

충동적인 상사는 방향을 자주 바꾸기 때문에 의사 결정과 우선순위, 프로젝트, 목표를 제대로 숙지하지 못하는 경향이 있다. 훌륭한 매니징 업 전략은 상사를 대신해 그 정보를 제대로 숙지하고 계속 챙기는 것이다. 대화, 프로젝트 발표, 우선순위, 과제 등의 정보를 책임지고 계속 챙겨야 한다. 서면으로 남겨라. 이렇게 하면 사안에 집중해 명확하게 확인할 수 있어 도움이 된다. 만약을 위한 대비책도 될 수 있다. 상사가 뭔가를 바꾼 뒤에는 간단한 이메일을 보내 기록을 남겨두자. "지시하신 사항을 확인차 재정리해보겠습니다. 지시하신 대로, 화성 사무실 건설을 위한 연구 옵션을 조사하겠습니다." 할 일이 늘어나긴 하지만 이것보다 나은 대안이 있을까? 한동안 매달렸다가 멈추고 다시 시작하는 것보다 훨씬 낫다. 매니징 업에는 수고가 필요하다. 조금의 예방이 커다란 치유 효과가 있다는 사실을 기억하자.

7. 명확성을 위해 삼각관계 소통을 해라

일반적인 상황에서 삼각관계 소통은 좋지 않은 방식이다. 보통은 혼란스러운 정보의 출처를 직접 찾아가서 명확하게 소통하는 방법을 권한다. 하지만 충동적인 상사와의 소통에서는 동료들과 삼각관계 방식으로 정보를 나누는 것이 유용하다. 충동적인 리더의 의사소통과 피드백은 약간 혼란스러운 경향이 있다. 사람마다 혹은 때에 따라서 상사의 말이 달라진다. 따라서 같은 부서나 팀의 동료들과 현재 상황에 대한 정보를 확인하는 버릇을 들여라. 이들과 정보를 공유하고 자주 소통하자. 그러면 상사의 지시가 똑같은지 확인해볼 수 있다.

8. 방호책을 만들어라

우선순위를 협상하는 것은 괜찮다. 충동적인 상사가 계속 방향을 바꾸고 목표와 우선순위가 자주 변경된다면 당신을 충돌과 불꽃으로부터 지켜줄 방호책을 만들어두어야 한다. 직접 나서서 우선순위와 업무에 필요한 시간에 대해 상사와 논의하자. 물론 불편하겠지만 사고의 여파로 고생하지 않으려면 반드시 해야 한다. 우선순위, 일정, 필수 사항, 필수는 아니지만 선호 사항 등에 대해 상사와 자주 직접적으로 소통하라. 현재 프로젝트와 마감일, 필요한 시간 등을 재정리해서 상사에게 확인하자. 하나를 선택해서 끝까지 밀고 나가야 할 책임을 떠넘겨라.

9. 실패 위험을 줄여라

계속 바뀌는 상사의 말에 패턴이 있는지 알아보자. 징후가 있는가? 그 징후를 알면 상사에게 중요한 우선순위로 계속 남을 것이 확실한 프로젝트에만 투자해 실패 위험을 줄일 수 있다. 이 전략은 앞에서 소개한 조경 회사의 도나와 팀원들에게 효과적이었다.

그들은 상사가 업계 행사에 다녀올 때마다 새로운 아이디어와 우선순위, 프로젝트를 잔뜩 가져온다는 사실을 분명히 알아차렸다. 그런 아이디어와 우선순위, 프로젝트의 95퍼센트는 2주 안에 흐지부지되기 일쑤였다. 그래서 도나와 동료들은 실패의 위험을 줄이는 방법을 터득할 수 있었다. 그들은 그런 아이디어들에는 모든 것을 쏟아붓지 않았다. 며칠 뒤에도 상사의 열정이 여전한 경우, 계속 추진할 수 있을 정도로만 적당히 했다.

10. 인내심을 가져라

상사가 도저히 통제할 수 없고 바꿀 수도 없을 정도로 충동적이라면 모든 상황을 꿰뚫어보지 못할 확률이 높다. 그는 현재 위치나 가장 미는 프로젝트 또는 역할에 싫증을 느끼고 (바라건대) 다른 곳으로 관심을 옮길 것이다. 걷잡을 수 없이 충동적인 상사는 결국 많은 돈을 날리는 커다란 실수를 한 다음에야 혼란을 멈출 가능성이 있다.

처음에 에릭은 핼의 리더십 스타일에 경악했고 겁도 났다. 하지만 감당할 수 있는 도전 과제라는 생각이 들었다.

"저는 구식으로 문제를 해결하기로 결심했습니다. 상사가 무엇을 중요시하는지를 알아내 참고하기로 했죠. 우리가 나누는 대화를 구조화했습니다. 미팅에 무조건 안건을 넣었어요. '오늘의 안건은 이것입니다. 우리가 논의할 문제는 이것입니다'라는 식으로요. 그렇게 하지 않으면 온갖 사안이 다 나와서 난장판이 되어버리니까요. 처음에는 미팅에서 상사를 통제하는 것이 영 불편했지만 시간이 지날수록 점점 쉬워졌습니다. 핼도 그런 제 노력을 인정해주게 되었고요!

그리고 대화 내용과 회의록, 의사 결정, 아이디어 등을 전부 다시 정리해서 이메일을 통해 비공식적으로 문서화하기 시작했습니다. 핼이 이메일을 워낙 좋아해서 효과가 무척 좋았지요. 오고 간 내용을 정리해서 이메일을 짧고 간단하게 썼어요. '논의 사항 정리해서 보내드립니다. 회의에서 합의한 부분인 ~이고 우리의 우선순위와 다음 단계는 ~가 맞는지 확인 부탁드립니다'라는 식으로요. 이 방법은 대단히 효과적이었습니다. 핼과 일하는 사람들은 회의가 끝나고 서로 동의한 사안이 무엇인지에 대해 제각각 생각이 다르기 일쑤였거든요. 회의록을 작성하는 방법은 매우 구식이지만 효과 만점이었습니다.

마지막으로 저는 오고 간 대화를 실시간으로 요약해서 되짚어보는 습관을 길렀습니다. 핼은 대화 도중에 '내가 떨어뜨리는 것들 잘 줍고 있는 거지?'라는 말을 자주 했는데, 저더러 제대로 들었는지 확인해달라는 뜻으로 해석되더군요. 그래서 저는 그의 말을 듣고 나서 다시 말함으로써 분명히 이해했음을 알려주었습니다. '지금 상황은 이렇고, 당신이 방금 한 말은 이렇고, 당신이 나에게 원하는 것은 이것이다. 당신은 내가 X를 하기를 원한다'라는 식으로 확인한 것이지요. 그의 충동적인 태도를 감당할 수 있다는 걸 알게 되자 업무 관계도 아주 좋아졌습니다. 물론 그를 관리해야 하니까 신경 써야 할 부분이 늘어났지만 그럴 가치가 있었어요. 결국 우리는 조직을 위해 몇 가지 혁신적인 솔루션을 제공할 수 있었습니다. 많은 걸 배운 좋은 경험이었지요."

충동적인 상사를 매니징 업하는 핵심 요약

- 상사의 충동성을 당신이 관리할 수 있는 에너지로 보도록 노력하라.
- 상사의 의도를 이해하고 에너지를 활용하라.
- 모든 변덕과 변화에 일일이 반응하지 말고 폭풍이 지나가기를 기다려라.
- 상사의 기분을 미러링하라. 상사가 열광할 때 너무 도를 넘지 말고 같이 열광하는 모습을 보여라.
- 상사가 들떠 있을 때 찬물을 끼얹지 마라. 잠시 기다렸다가 사실 정보로 현실감을 깨우쳐주자.
- 탈선하지 않도록 방호책을 만들어둬라.
- 주도적으로 나서서 상사와 우선순위 및 업무 기한 등에 대해 논의하자.
- 상사의 충동적인 행동에 대한 패턴과 징후를 파악해 실패 위험을 조금이라도 줄여라.
- 모든 정보를 다시 확인하고 계속 챙기고 팀원들과 소통하여 명확성을 추구하라.

15

"좋은 게 좋은 거지" 호락호락한 상사

"당신을 지치게 하는 것은 앞에 있는 산이 아니라 신발 속의 조약돌이다."

- 무하마드 알리 Muhammad Ali

미셸에 따르면 그녀의 상사 톰은 너무 물러서 그녀와 팀원들은 답답해 미칠 지경이었다. 톰은 멤버십 조직의 전무이사이고 모든 면에서 정말 좋은 사람이었다.

"누구나 좋아하는 멋진 사람입니다. 다들 톰을 좋아해요. 이 일에 완벽하게 잘 어울린다고 할 수 있죠. 멤버십 조직의 대표로 관계를 구축하고 회원들에게 가치와 소중함을 느끼도록 만드는 일에 뛰어나니까요. 그런데 회원들에게 대응하는 것이 아무리 업무의 중요한 부분이라지만 제가 보기에는 너무 굽히고 들어가는 것 같아요. 확고한 태도를 정하거나 결정을 고수하지 못하는 것 같거든요.

예를 들어, 우리가 X 전략으로 나가기로 했다고 해봅시다. 톰은 Y 전략을 추천하는 회원을 만나면 곧바로 전략을 바꿉니다. 그러다가 X 전략을 원하는 멤버를 만나면 다시 돌아가고요. 방향과 의사 결정이 계속 바뀝니다. 햄스터 쳇바퀴 돌리는 기분이라 다들 답답해하고 있어요!"

호락호락한 상사는 처음에는 그렇게 나쁘게 생각되지 않을 수도 있다. 여유 넘치는 꽤 괜찮은 상사처럼 보일 것이다. 부하 직원들이 알아서 일하도록 해줄 수도 있다. 이런 상사를 만나다니 로또에라도 당첨된 기분일 것이다. 하지만 그런 첫인상은 금세 사라진다. 여유로워 보였던 상사가 당신과 팀, 조직에 심각한 문제를 일으킬 테니까.

호락호락한 상사는 확실한 입장을 정하지 못하고 확신에 대한 용기도 내지 못하다. 그래서 조직의 생산성과 긍정성에 극도로 해로울 수 있다. 물러도 너무 물러서 탈이다. 한 가지 결정을 고수하지 못한다. 누가 자신을 함부로 대해도 내버려두며 부하 직원의 든든한 백이 되어주지도 못한다.

호락호락한 상사는 부하 직원들에게 강하게 책임을 묻는 스타일이 아니다 보니 가장 답답함을 느끼는 이들은 바로 고성과자들이다. 호락호락한 상사는 성과가 낮은 직원들에게 책임을 묻는 것을 거부한다.

호락호락한 상사의 징후

뒤집기와 결정 회피

호락호락한 상사는 누군가와 이야기를 나눌 때마다 결정을 바꾸는 경우가 많다. 또한 결정을 내리기까지 주변 사람들이 괴로울 정도로 오랜 시간이 걸려서 생산성에 지장을 준다. 확실하게 마음을 정할 배짱이 없는 것처럼 보인다.

갈등 회피

호락호락한 상사는 갈등을 싫어하는 것으로 유명하다. 갈등과 대립을 피하려고 하므로 여러 사람의 아이디어를 합쳐야 하는 프로젝트의 진전을 어렵게 만든다. 팀이 높은 성과를 내려면 건강한 갈등과 토론이 중요하다. 때문에 호락호락한 리더는 팀이 진정한 잠재력을 발휘하지 못하게 한다.

책임 회피

호락호락한 상사는 갈등을 싫어하므로 직원들에게 성과에 대한 책임을 강력하게 묻지도 않는다. 이것은 팀의 사기를 떨어뜨리는 심각한 문제가 된다. 성과가 낮거나 문제가 있는 직원들에 정면으로 맞서지 않고 문제를 해결하려 하지 않으므로 열심히 일하는 직원들은 화나고 좌절하고 사기가 떨어진다.

현상 유지

호락호락한 상사는 리드하지 않고 그냥 흐름에 따라갈 뿐이다. 그들은 자동조종 모드에서 움직이며 안전지대에 머무르는 쪽을 선호한다. 그래서 위대한 성과를 내고자 사력을 다하기보다는 그냥 평범한 수준의 결과를 받아들인다. 더 높은 수준의 성과를 올리고 싶은 직원들에게는 문제가 될 수밖에 없다.

거절 못 함

호락호락한 상사는 직원들이 함부로 대해도 그냥 놔둘 뿐만 아니라 윗선의 부탁을 거절하지도 못하고 뭐라 반박하지도 못한다. 본질적으로 그들은 전형적인 예스맨이다. 예스맨 상사를 만나본 적 있는 사람이라면 잘 알 것이다. 그런 상사는 상사나 동료의 부탁을 타협하거나 거절하지 못해서 결국 부하 직원들의 업무량만 과도하게 늘어난다.

피드백을 두려워함

호락호락한 상사는 당신의 업무에 긍정적인 평가만 해줄 것이다. 처음에는 좋을 수도 있지만 사실이 아니므로 결국 당신의 성장과 발전을 해칠 것이다. 긍정적이든 건설적이든 피드백을 솔직하게 해줄 상사가 없으면 배움과 성장에 걸림돌이 된다.

부하 직원의 편을 들어주지 않음

호락호락한 상사의 가장 큰 위험은 부하 직원이나 팀을 옹호해주지 못한다는 것이다. 갈등이 있거나 어려운 시기에 상사가 당신의 든든한 지원군이 되어주리라고 기대하지 마라. 이 상사는 다른 사람들과 맞서지 못하므로 당신을 불구덩이 속에 내버려두거나 곤경에 처하게 할 수 있다.

호락호락한 상사의 원동력 찾기

호락호락한 상사 밑에서 일하는 사람들은 자주 화가 나고 짜증과 좌절감을 느끼고 사기가 떨어진다. 물론 이런 감정 반응이 나오는 것도 당연하지만 매니징 업 전략을 좀 더 효과적으로 활용하려면 감정을 관리할 줄 알아야 한다. 호락호락한 상사가 어느 날 갑자기 단호하게 변할 리는 없으니 그의 심리를 이해하면 큰 도움이 될 것이다. 호락호락한 상사의 가장 근본적인 감정적 원인은 두려움, 불안, 경험 부족, 타인의 기분을 맞추려는 것 등이다.

타인의 기분에 맞추려고 함

호락호락한 사람은 타인의 기분에 맞추려고 할 때가 많다. 그들은 무조건 '예' 하고 조금이라도 갈등의 소지가 될 만한 것은 무조건 피함으로써 다른 사람들의 기분에 맞추려고 애쓴다. 하지만 알

다시피 모든 사람을 만족시키는 것은 절대로 불가능한 일이다. 직장 생활에서는 더더욱 그렇고.

두려움과 불안함

호락호락한 상사가 그렇게 행동하는 이유는 두려움 때문이다. 그들은 갈등을 두려워한다. 남을 실망하게 할까 봐, 실수할까 봐, 미움받을까 봐 두려워한다. 두려운 게 정말 많다. 이들은 자신감, 용기, 확신이 부족하다. 호락호락한 상사의 또 다른 공통적인 특징은 바로 불안감이다. 그들은 결정을 내리고 결과를 달성하고 위험을 무릅쓰는 능력에 대한 확신이 없다. 자신(그리고 직원들)을 변호할 용기가 부족하다. 선천적이든 후천적이든 그들은 확신을 드러내거나 보여주지 못한다.

경험 부족

경험 부족이 문제일 수도 있다. 신참 관리자들은 권한 사용에 소심한 나머지 리더십을 발휘하는 것을 꺼릴 수도 있다. 그 직책이나 조직, 팀이 낯설어서 그럴 수도 있다. 특히 팀원이 갑자기 팀의 책임자를 맡게 되었을 때 종종 나타나는 일이다. '친구들에게 명령을 내리기'가 껄끄럽거나 갑자기 높아진 직책에서 어떻게 해야 하는지 모를 수도 있다. 새로 생긴 힘이 익숙하지 않아서 당당하기는커녕 오히려 위축된다.

얼마 전 워크숍에서 애나라는 이름의 참가자는 호락호락한 상사였던 과거에서 '회복 중'이라고 고백했다. 다들 쫑긋 귀를 기울였다. 그녀가 들려준 이야기는 이러했다.

"저는 XX 조직의 관리자가 되었습니다. 그전에 다닌 회사에서도 관리직이었는데 상사의 간섭이 정말 심했어요. 그 상사는 통제가 심하고 비판도 심했어요. 제가 뭘 해도 항상 불만이었죠. 저 역시 관리자였는데 먼저 그를 거치지 않으면 아무런 결정을 내릴 수 없고 팀을 이끌 수도 없었습니다. 지금의 회사로 옮기기 전까지 제가 얼마나 망가졌는지 저도 몰랐던 것 같아요. 직장인 PTSD였던 것 같아요! 처음 몇 달 동안 저는 실수할까 봐 결정을 내리는 게 무서웠어요. 조직문화도, 나에 대한 새로운 상사의 기대도 확실히 알지 못했죠. 저는 예전 상사처럼 끔찍한 상사가 되지 않으려고 발버둥 쳤고 결국 팀원들의 말을 전부 다 들어주게 되었어요. 말하기도 부끄럽지만 자신감을 완전히 잃었고 줏대가 하나도 없었습니다. 운이 좋았는지 팀원들이 제가 배우는 동안 많이 도와주고 격려해주었습니다. 6개월 정도 걸렸어요. 이제 줏대가 약 75퍼센트는 자란 것 같네요. 기쁜 일이죠. 솔직히 어떤 상사가 되고 싶은지 아직 확실히는 모르겠지만 열심히 노력하고 있어요."

애나의 상황은 이례적인 경우에 가깝지만, 적어도 문제의 원인이 경험 부족이나 관리자 역할이 처음이라는 데 있다면 호락호락한 상사는 자신감과 경험, 용기를 키워 유능해질 수 있다는 사실을 보여준다. 하지만 단순히 경험 부족 때문일 수도 있음을 고려하되 무조건 그럴 것이라고 생각해서도 안 된다.

호락호락한 상사를 매니징 업하는 전략

1. 상사에 대해 알려고 노력하라

호락호락한 상사에 대해 자세히 알려고 하면 애나의 경우처럼 그들의 행동이 어디에서 나오는지 알 수 있다. 상사의 과거, 경험, 성격을 알면 그를 상대하는 가장 좋은 방법을 아는 데 도움이 된다. 만약 상사가 새내기 관리자라서 자신감이 부족하다면 그가 좋은 결정을 내릴 때 반드시 격려하고 지지해야 한다. 만약 이 회사에 온 지 얼마 안 되어서 불안해한다면 이곳의 방식에 익숙해지도록 도와주자.

2. 격려하고 지지하고 존중하라

좌절감을 이겨내고 적극적으로 상사를 지지하고 격려하라. 호락호락한 상사는 지나치게 타인의 의견에 민감하다. 따라서 당신의 의견을 강하고 일관적으로 전달해야 한다. 언제든 좋은 자료를 제공하여 상사의 의사 결정을 도와라. 상사를 좋은 정보로 무장시켜라. 물론 호락호락한 상사는 계속 당신을 실망시킬 것이다. 하지만 적어도 가만히 손 놓고 있는 것보다는 낫다. 당신의 영향력과 설득력을 연마하라.

3. 다른 곳에서 건설적인 피드백을 구하라

호락호락한 상사는 당신에게 유용하거나 건설적인 피드백을 주지 않을 것이다. 다른 고성과자 동료나 멘토에게 커리어의 성장과 발전에 필요한 도움을 얻어라.

4. 공백을 채워라

호락호락한 상사는 힘의 공백을 남긴다. 그 공백을 채울 방법을 찾아라(물론 당신의 능력을 좋은 쪽으로 사용해야 한다). 계산된 위험을 감수하라. 결정을 내릴 기회를 찾자. 조직의 방식과 환경에서 벗어나면 안 된다. 조직의 문제를 해결하고 니즈를 채우는 방법을 먼저 나서서 찾아라. 다른 부서의 영향력 있는 사람들과 교류하고 팀의 능력을 개선할 수 있는 사소한 방법을 찾아내자.

5. 주도적으로 행동해라

상사에게 업무 상황을 계속 알리자. 당신이 주도적으로 나서는 걸 상사가 꼭 알게 하라. 가능한 많은 지식으로 상사를 무장시켜라. '무엇'과 '왜'를 **둘 다** 알려라. 당신이나 팀이 무엇을, 왜 하는지 항상 상사가 알게 해야 한다. 당신이 하는 일의 이론적 근거와 맥락, 이점, 목표, 과정을 분명하게 알수록 상사가 미적거리지 않을 수 있다.

6. 상사의 체면을 살려라

마음에 들지 않는 전략일 수도 있지만 이 사실을 알아야 한다. 두려움에 사로잡힌 사람들은 체면과 존중심, 친구 등을 잃는 것을 두려워한다. 상사가 남들 눈에 좋아 보이도록 최선을 다하자. 불안한 상사를 불안하게 만드는 것보다 최악은 없다.

7. 조심스럽게 피해라

호락호락한 상사를 관리하는 또 다른 전략은 상사를 피해 그보다 직급이 높은 사람에게 지도나 결재를 받는 것이다. 이 방법은 효과적이지만 조건이 맞아야만 한다. 사내 정치에 관심을 기울여야 한다. 만약 조직에서 호락호락한 상사를 잘 받아주는 분위기라면(그는 훌륭한 예스맨이니 그럴 것이다) 좋은 방법이 아니다. 호락호락한 상사가 그의 상사와 사이가 좋거나 조직 내에서 강력한 보호를 받고 있다면 이 전략은 패스한다.

하지만 경쟁이 치열한 기업 문화에서 당신의 호락호락한 상사만 혼자 예외라면 상사의 상사와 관계를 구축하는 것도 하나의 방법이 될 수 있다. 아이디어를 공유하고 프로젝트를 제안하고 그의 목표를 파악하라. 조직의 성공에 이바지하려는 당신의 열정과 열망을 보여주자. 하지만 당신의 상사를 곤경에 처하게 해서는 안 된다. 이렇게 상사의 상사와 관계를 구축하려면 기교와 전술, 시간이 필요하다. 신중하고 사려 깊게 행동하라.

8. 일에 집중하라

호락호락한 상사 밑에서 일할 때 가장 기운 빠지는 일은 당신이 양심적으로 성실하게 일하는 동안 다른 사람들은 미꾸라지처럼 요리조리 빠져나간다는 것이다. 호락호락한 상사가 이끄는 팀에는 게으른 저성과자들이 넘쳐난다. 혼자만 열심히 일하면 당연히 기운이 빠질 수밖에 없다. 불공평하다. 하지만 다른 사람들에게 신경 쓰면 **안 된다**. 물론 이것도 불공평한 일이다. 하지만 호락호락한 상사는 절대로 부하 직원들에게 강력하게 책임을 묻지 않을 테니 잊어버리자. 씁쓸함과 앙심에 사로잡혀서 괜한 에너지를 낭비하지 말고 맡은 일을 최대한 잘해내는 것에만 신경 쓰자. 당신의 커리어를 발전시키는 데 집중하라. 자신과 조직을 위해 긍정적인 성과를 내는 데 집중하자. 그러면 눈에 띄지 않을 수가 없다.

미셸은 상사 톰 때문에 좌절하는 대신 그를 도와주기로 결심했다. 그녀는 톰이 갈등을 싫어하고 팀원들의 부탁을 거절하지 못한다는 것을 알고 있었다. 그래서 미셸과 팀원들은 데이터로 그의 결정을 뒷받침해주기 시작했다. 그에게 조직의 선택을 뒷받침하는 확실한 정보를 주었다. 그래서 팀원들이 대안을 제안할 때 톰은 이미 선택된 전략을 뒷받침하는 데이터가 충분한 상태였다. 또한 미셸은 톰에게 결정을 내리기 전에 서로 관점이 다른 팀원들과 회의를 통해 합의에 도달할 것을 제안했다. 이렇게 지원군과 의견이 다른 이들의 동의가 갖춰진 상태에서 결정이 내려진 덕분에 톰은 '나쁜 사람'이 될 필요가 없어졌다. 톰이 단호한 성격으로 변할 일은 결코 없기에 미셸은 그가 외적이고 내적인 지지 구조를 만들 수 있도록 도왔다.

"그가 강한 리더로 변한 건 아니지만 이 전략들 덕분에 우리 팀의 집중력이 훨씬 좋아졌어요. 의사 결정 과정이 더 오래 걸리지만, 적어도 이제는 상사가 정해진 결정을 계속 밀고 나가게 됐거든요!"

호락호락한 상사를 매니징 업하는 핵심 요약

- 호락호락한 상사의 경험, 두려움, 야망이 뭔지 알아보자.
- 다른 고성과자에게서 건설적인 피드백과 도전적인 프로젝트, 성장의 기회를 얻어라.
- 업무 진행 과정과 결과를 상사에게 계속 업데이트하라.
- 좋은 의도로 힘의 공백을 채워라.
- 상사를 격려하고 지지하고 존중하라. 상사의 체면을 살려줘야 그의 불안과 두려움이 커지지 않는다.
- 상사를 건너뛰고 상사의 상사와 소통하기 전에 사내 분위기를 파악하라.
- 주변의 게으름뱅이들은 무시하고 할 일에만 집중하자.

16

"일이 곧 삶이지" 워커홀릭 상사

"야구에서 우는 게 어딨어!"

– <그들만의 리그>에서 지미 듀간

이전 직장에서 끔찍한 경험을 한 조세핀은 이제 절대로 일을 위해 사생활을 희생하지 않으리라 다짐했다. 하지만 하이디가 상사가 된 이후에는 그런 다짐이 쓸모없어졌다. 연방 정부 고위 간부인 하이디는 카리스마가 대단했다. 똑똑하고 헌신적이고 활력이 넘쳤다(이런 공무원이 실제로 존재한다!). 하이디는 사명감이 대단했고 부하 직원들에게도 그런 열정과 24시간 대기하는 마음가짐을 기대했다. 조세핀은 워라밸을 지키고 싶은 마음이 간절했지만 하이디 같은 상사와 일하는 것이 앞으로 그녀의 커리어에 엄청난 보너스가 되리라는 것을 알았다. 하이디를 보면 덩달아 의욕이 샘솟았고 이 기회를 최대한 활용하고 싶기도 했지만 온종일 대기 상태로 일할 자신은 없었다.

아, 워커홀릭 상사. 그는 매일 당신보다 먼저 출근하고 당신보다 늦게 퇴근한다. 매일 12시간씩 일한다. 주말에도 일하고 한밤중에도 일한다. 주말을 비롯해 시간에 상관없이 이메일과 문자를 보낸다. 이 상사는 일을 해도 해도 성에 차지 않는 듯하다. 오후 5시에 내일 아침까지 처리할 업무를 맡기는 것을 전혀 아무렇지 않게 여긴다. 휴가도 절대 안 간다. 그는 당신의 사정을 전혀 고려하지 않고 일거리를 계속 던진다. 다들 상사보다 먼저 퇴근하면서 엄청나게 눈치를 본다. 핸드폰을 손에서 놓지 않으며 저녁이나 주말에 약속을 잡는 것도 꺼린다. 과연 상사는 사생활이 있긴 한가? 당신은 이러다 자신의 사생활까지 잃을까 봐 걱정한다.

워커홀릭 상사는 어디에나 있다. 그들은 '일하기 위해' 산다. 자신과 마찬가지로 일에 '올인'하는 마음 자세를 가진 사람을 선호한다. 워커홀릭 상사의 좋은 점도 있다. 강한 동기를 부여하고 업무 중심적이고 24시간 '대기' 상태인 워커홀릭 상사는 당신의 커리어에 큰 추진력을 제공해준다. 상사가 항상 바쁘게 움직이고 높은 성과를 올리는 사람일 경우, 기꺼이 잘 따라가기만 하면 당신의 커리어도 빠르게 발전할 것이다. '살기 위해 일한다'는 정신은 커다란 활력과 에너지를 준다. 많이 배워서 커리어를 한껏 끌어올릴 수 있는 기회다.

하지만 워커홀릭 상사의 나쁜 점은 극한의 스트레스를 받고 매우 많은 에너지가 소모되며 몸과 마음에 엄청나게 해로울 수 있다는 것이다. 일과 삶의 균형을 중요하게 생각하고 둘이 확실하게 분리되기를 원하는 사람이라면 워커홀릭 상사를 선호하지 않을 것이다. 너무 지치고 스트레스가 심하고 좌절하고 막막하고 우울감을 느낄 수 있다.

워커홀릭 상사의 원동력 찾기

워커홀릭 상사 밑에서 살아남기 위한(또는 성공하기 위한) 첫 번째 단계는 무엇이 그들을 움직이는지 이해하는 것이다. 상사를 움직이는 원인을 알면 올바른 전략을 선택하는 데 도움이 된다. 약간이라도 공감할 수 있게 돼 그를 대하는 올바른 접근 방식을 명확하게 알 수 있을 것이다. 워커홀릭의 일반적인 원인은 다음과 같다.

위로부터의 압력

당신의 상사에게 어떤 압력이 가해지고 있는가? 조직문화가 어떤가? 상사가 말도 안 되는 마감일에 시달리는가? **원해서** 아니면 **어쩔 수 없어서** 야근하는가?

업계 표준

이 업계에서는 어떤 유형의 작업 방식이 일반적인가? 상사의 일중독은 그 직급의 사람에게 일반적인가 아니면 그가 업계의 비슷한 직급을 가진 사람들보다 더 치열하게 일하는가?

조직의 상황

회사에서 어떤 일이 일어나고 있는가? 회사가 스타트업인가? 입지 또는 경쟁적 우위를 회복하려고 노력하고 있는가? 아니면 회사가 대대적인 변화를 추구하고 있거나 혁신 전략을 실시하고 있거나 경쟁력을 키우려고 노력 중인가?

개인적인 열정

당신의 상사는 일에 열정이 있는가? 그가 '일하기 위해서 사는' 이유는 단지 이 일이 좋고 보람과 성취감을 느끼기 때문인가?

야망 또는 에고

당신의 상사는 성공에 대한 욕구가 강한가? 성공을 거두고 조직의 맨 위까지 올라가고자 하는가? 상사의 정체성이 성공한 사람처럼 보여야 한다는 것과 깊은 연관이 있는가?

일 자체가 삶이다

워커홀릭은 집에 일찍 들어갈 이유가 아무것도 없을 수 있다. 상사에게 만족스러운 사생활이 있는가? 상사가 개인적인 상실이나 시련을 겪어서 일에 모든 에너지와 관심을 쏟게 된 것은 아닌가?

워커홀릭 상사를 매니징 업하는 전략

1. 문제를 분리하라

문제를 분리하고 상황을 평가하라. 워커홀릭 상사를 관리하는 데 어려움을 겪고 있다면 가장 큰 문제점을 정확하게 파악해보는 것이 좋다. 업무 처리 속도? 쏟아지는 업무량? 매일매일 너무 촉박한 시간? 소요 시간 또는 예상 시간? 잦은 야근? 무엇이든 간에 당신을 힘들게 하는 문제를 정확히 찾아야 한다.

2. 미리 알아봐라

이것은 사전 전략이다. 정시 근무와 워라밸을 중요하게 여기는 사람이라면 앞으로 같이 일하게 될 상사가 워커홀릭인지, 혹은 앞으로 일하게 될 조직의 분위기가 그런지 **미리** 알아봐야 한다. 회사나 팀의 업무 수준이 어떤지 미리 제대로 알고 합류하는 건 당신의 책임이다. 워커홀릭 상사의 기대 수준에 깜짝 놀랐다면 면접 때 제대로 알아보지 않은 당신의 잘못이다. 워커홀릭은 자신의 성향을 전혀 부끄러워하지 않고 드러낸다. 오히려 일중독을 명예 훈장처럼 생각한다.

"이 회사에서 성공하려면 어떻게 해야 합니까?"라는 짧은 질문만으로 그의 성향을 알아볼 수 있다. 당신의 예비 상사가 "여기에서 성공하는 사람들은 열심히 일하고 결과를 얻기 위해 헌신한

I ♥ WORK

다"라고 대답한다면 '정시 퇴근은 꿈도 꾸지 마라'라는 뜻이다. 미리 이런 질문을 하지 않는 것도 당신의 잘못이고 대답에서 '참뜻'을 알아차리지 못한 것도 당신의 잘못이다.

마찬가지로 해당 직업과 업계, 조직문화를 현실적으로 이해하는 것도 중요하다. 일주일에 50~60시간 일하는 것이 표준이고 이 정도의 업무 시간이 꼭 필요하거나 **최소** 수준이기까지 한 산업 및 직종이 있다. 컨설팅, 회계, 로펌, 미디어, 광고, 투자은행, 기술, 스타트업 같은 분야는 모두 장시간 노동으로 악명이 높다. 이 분야를 선택할 때는 오랫동안 일할 준비를 해야 한다. 다음 예시에서 폴의 이야기를 살펴보자.

폴은 조지아에 있는 대형 로펌의 1년 차 어소시에이트 변호사였다. 추수감사절 하루 전날인 수요일에 파트너 변호사가 그에게 서면 작업을 맡겼다. 폴은 당연히 월요일에 하면 되겠지 생각했다. 설마 추수감사절 주말까지 일하라는 건 아니겠지 하고. 하지만 상황은 전혀 다른 방향으로 흘러갔다. 파트너는 금요일 정오에 폴에게 이메일로 초안을 보내달라고 했다. 폴은 아직 작업을 시작도 하지 않았을뿐더러 그 이메일을 확인한 것도 일요일 오후가 되어서였다. 월요일 아침에 이루어진 대화는 기분 좋을 리 만무했다. 폴이 직접 한 말이다.

"그날 문득 깨달았습니다. 변호사들의 업무량이 엄청나다는 것은 예전부터 알고 있었지만, 그전까지는 전혀 실감하지 못했어요. 변호사라는 직업으로, 이 로펌에서 성공하려면(결국 성공했습니다만) 내 업무 습관을 회사의 기대 수준까지 높여야 한다는 걸 그날 깨달았지요."

3. 열심히 일해라

보통 워커홀릭 상사는 결과에 감명받는다. 성과를 많이 낼수록 좋다. 매일 생산성을 최대치로 올려라. 업무 시간에는 인터넷 서핑도, 핸드폰 게임도, 페이스북, 트위터, 스냅챗, 인스타그램도 금지라는 뜻이다. 당신의 목표는 탁월한 시간 관리와 집중, 목표 설정으로 생산성을 극대화하는 것이다. 누구나 몇 시간쯤은 바쁘게 일할 수 있지만 하루 내내 적극적으로 생산성을 유지하려면 엄청난 집중과 헌신이 필요하다. 수많은 연구 결과에 따르면 직장인 대부분이 진정으로 생산적인 시간은 고작 하루에 3~4시간뿐이다. 일과 삶의 균형을 유지하며 워커홀릭 상사 밑에서 잘 해내려면 매일 하루도 빠짐없이 최고의 능력을 발휘해야만 한다. 당신이 계속 뛰어난 성과를 내고 모든 의무를 이행한다면 워커홀릭 상사가 당신의 업무 스타일을 무시하기 어려울 것이다.

4. 생산성의 우선순위를 정해라

지금 처리하는 업무가 올바른(중요한) 일인지 꼭 확인해야 한다. 생산성도 좋지만 우선순위가 높은 프로젝트의 생산성을 올리는 것은 더 좋다. 중요한 업무는 절대 뒤로 미루지 마라. 어려운 것부터 해결하라. 우선순위가 높은 프로젝트에서 계속 고품질의 결과물을 보여줘라. 그러면 워커홀릭 상사는 당신이 밤까지 일하지 않는다는 사실을 알아차리지도 못할 것이다.

5. 워커홀릭이 무엇을 원하는지 알아라

어떤 워커홀릭은 결과만큼이나 '궁둥이를 붙이고 앉아 있는 시간'을 중요시한다. 레이첼의 이야기를 들어보자. 그녀는 그녀가 사는 도시에 있는 상공회의소에서 회원사들과 사업 개발 부문을 담당하는 부사장으로 채용되었다. 레이첼은 탁월한 업무 능력을 보였다. 그녀에게 딱 맞는 일이었다. 물 만난 물고기가 된 그녀는 불과 몇 달 만에 수익과 프로그램 목표를 훨씬 뛰어넘었다. 그녀는 감격했다.

그런데 문제가 있었으니, CEO 로버트가 워커홀릭이라는 것이었다. 그는 하루에 12시간씩 일했고 결과에 상관없이 직원들도 당연히 그렇게 해야 한다고 생각했다. 레이첼은 로버트가 퇴근하기 전(보통 오후 8시)까지 먼저 자리에서 일어나는 직원이 한 명도 없다는 사실을 알아차렸다. 열심히 일하고 있든 아니든 상관없었다. 사실 대부분은 보여주기 위해 책상에 계속 앉아 있는 것이었다.

워커홀릭 상사 로버트는 **아웃풋**보다 **인풋**을 중요하게 여겼다. 결과보다 근무 시간을 중요시했다. 레이첼은 놀라울 정도로 뛰어난 아웃풋(결과)을 내놓았지만 로버트와 일하면서 성공하려면 '엉

덩이를 가능한 오랫동안 붙이고 앉아 있어야' 한다는 사실을 깨달았다. 그녀는 장단점을 비교해보았다. 결국, 자신의 재능을 펼치기에는 시간보다 결과를 존중하고 중시하는 상사와 더 잘 맞는다는 결론에 이르렀다. 그래서 1년 만에 그곳을 떠났고 한 번도 후회하지 않았다. 당신의 워커홀릭 상사가 결과와 시간 중에 무엇을 중요시하는지 생각해보고 그런 상사 밑에서 일하는 게 과연 자신에게 가치 있는 일인지 판단해보자.

6. 당신의 경계와 상사의 기대를 정렬시켜라

워커홀릭 상사와 경계를 정하는 것도 괜찮은 방법이다. 하지만 수동 공격적인 태도를 보이면 안 된다. 당신의 니즈를 표현하되 일에 대한 헌신과 상사의 기대에 부응하고 싶은 마음도 드러내야 한다. "저는 오후 5시 이후에는 일하지 않습니다"라고 말하지 말고 "저는 업무 시간에 최대한 생산적으로 일하고 싶습니다. 아이를 돌봐야 해서 오후 6시 이후로는 이메일에 답장하기가 어렵습니다"라고 말해라.

근무 시간에 대한 상사의 기대가 무엇인지 이야기를 나누자. 당신의 니즈와 상사의 기대를 협상하고 두 사람 모두에게 효과적인 해결책을 제안하라. 쉬운 대화는 아니지만 상사의 니즈를 충족하고 맞춰주려는 태도를 보인다면 두 사람 모두에게 좋은 타협점을 찾을 수 있다.

재닛은 금융 분석가라는 자신의 직업을 좋아했다. 하지만 쌍둥이 자녀가 태어난 후로 워커홀릭 상사 대런을 따라가기가 어려웠다. 압박감이 점점 커져서 이제는 도무지 어떻게 해야 좋을지 알 수 없었다. 불평이라도 하면 다른 동료들보다 헌신이 부족한 것처럼 보이고 커리어가 막힐까 봐 두려웠다.

"너무 절박한 나머지 상사에게 이 문제를 꺼낼 수밖에 없다는 결론에 다다랐죠. 면담을 잡아서 최대한 솔직하고 건설적으로 이야기했습니다. 일을 너무 사랑하고 상사와 팀원들에게 최대한 이바지하고 싶지만, 육아를 병행하느라 너무 힘든 와중에 이렇게 빠른 속도로 업무를 처리해야 하니까 결과물의 품질에도 영향이 미칠까 봐 걱정된다고 했어요. 솔직히 순간 상사의 얼굴에 환멸감이 스치지 않았다면 거짓말이겠죠. 하지만 제 상황에 대해 최대한 긍정적으로 말했어요. 활력을 잃지 않는 선에서 일정을 조정하는 방법도 제안했죠. 이제 야근은 불가능하지만 쌍둥이가 잠든 후 이메일을 확인해서 최신 업무 진행 상황을 숙지하고 시간이 촉박한 프로젝트들에 대한 인풋을 제공하겠다고 했죠."

재닛과 대런은 서로의 기대치와 경계를 협상할 수 있었다. 성과를 내야 한다는 압박감은 여전했지만 그래도 상사와 의논해 전략과 경계를 정한 덕분에 재닛은 일과 삶의 균형을 얻었고 여전히 유능한 직원으로 남을 수 있었다.

7. 추측하지 말고 확인하라

워커홀릭 상사가 정말로 당신이 주말과 저녁에 이메일에 회신하기를 바라는가? 워커홀릭들은 단순히 할 일 목록을 처리하거나 받은 편지함을 정리하다가 생각난 김에 이메일을 발송하는 경우가 많다. 상사의 기대에 관한 대화를 나눠라. 퇴근 이후 어떤 상황에서 어떠한 방법으로 연락할지 서로 합의를 보자. 예를 들어, 내 팀원들은 내가 주말에 보내는 이메일을 월요일까지 무시해도 된다는 것을 안다. 하지만 주말에 문자를 보내면 당장 정보나 조치가 필요한 사안이다. 주말에 나에게서 문자가 오면 적어도 질문에 답해줘야 한다는 것을 다들 잘 알고 있다. 정말로 필요로 할 때 연락이 닿을 수 있다는 사실을 알면 워커홀릭은 덜 불안해한다.

8. 근무 시간을 조정하라

당신은 아침 7시부터 오후 4시까지 일하는 것을 선호하지만 워커홀릭 상사가 8시에서 6시까지 일한다면 되도록 시간을 조정하는 방안을 고려해보라. 놀라운 결과가 나타날 것이다. 인식이 곧 현실이라는 말도 있듯이 일찍 퇴근하는 사람은 좋은 기회를 잡지 못한다. 보통 하루의 끝 무렵에 마감하고 갑자기 처리할 일이 어디선가 튀어나오기 마련이라서 그럴 때 자리에 있고 나설 수 있는 사람들이 관심과 보상을 받을 수 있다. 물론 공평한 일은 아니다. 하지만 그게 인식의 현실이다. 늦은 시간까지 일하는 사람은 꼭두

새벽에 혼자 출근해 일하는 사람보다 더 주목하고 인정받는다.

9. 당신의 발전을 알려라

당신의 성취와 발전을 워커홀릭 상사에게 계속 알리는 것이 중요하다. 워커홀릭 상사는 일에 엄청나게 몰두한다. 당신 역시 그렇다는 사실을 확실히 알려줘야 한다. 상사가 당신의 뛰어난 업무 생산성을 알고 있다고 생각하지 마라. 당신이 이루어낸 결과를 확실하게 드러내고 프로젝트 진행 상황 보고서도 제출하라. 매주 업무 진행 상황을 요약해주면 상사가 당신의 노력을 알게 될 뿐만 아니라 우선순위를 조정하고 마감일도 재확인해줄 것이다.

10. 조언과 지도를 구하라

보통 워커홀릭은 일에 열정적이고 경험이 풍부하므로 훌륭한 멘토가 되어줄 수 있다. 그들의 지혜와 경험을 활용하라. 일을 좋아하는 사람은 일에 관해 이야기하는 것도 좋아할 가능성이 크다.

11. 희생할 때를 알아라

매일 아무리 생산적으로 일해도 대의를 위해 희생해야 할 때가 생길 것이다. 필요할 때 기꺼이 몇 시간 더 일하는 모습으로 당신이 헌신적인 팀 플레이어라는 사실을 상사에게 보여줄 수 있다.

대니는 자칭 워커홀릭 상사다.

"저는 제 업무 습관을 팀원들에게 강요하지 않으려고 노력하지만 마감일을 맞추려다 보면 부득이하게 야근과 주말 근무가 필요할 때도 있습니다. 평소에는 직원들에게 그런 것까지 바라지 않지만 필요할 때는 스스로 나서줬으면 해요. 초과근무를 절대로 하지 않으려는 사람들은 저와 잘 맞지 않습니다. 가혹하게 들릴 수도 있지만 우리 회사는 경쟁이 무척 치열한 환경입니다. 성공을 위해서는 가끔 희생도 필요하단 얘기지요."

12. 진정으로 원하는 것을 알고 그에 따라 행동하라

만약 당신이 일과 삶의 균형을 중요하게 생각하는 사람이라면 일에 중독되어야만 성공할 수 있는 조직, 직업 또는 산업에서 성공하기란 어려울 것이다. 자신의 인생 계획에 더 잘 맞는 직업, 회사, 업계를 골라야 한다. 업계에서 위로 올라가고 커리어를 가속하려면 동료들보다 더 많이 일하고 더 잘해서 앞서나가야 할 수밖에 없다. 실질적으로 생산성과 성과, 헌신이 필요하다. 기업가, 테크계 거물, 투자 은행가, 파트너 변호사 중에서 정시에 출퇴근해서 성공한 사례는 거의 없다. 그게 현실이다.

13. 일에 대한 열정은 나쁜 게 아니다

워커홀릭은 일과 삶의 균형을 무시한다는 이유만으로 평판이 나쁘다. 하지만 일을 사랑하고 직장 생활에 열정이 넘치고 승진이나 커리어에 필요하거나 원해서 기술과 경험을 쌓고 있다면 얼마든지 워커홀릭이 되어도 좋다. 특히 이제 막 사회에 발을 디뎠고 가정에서의 의무가 없는 젊은 직원들에게 유익하다. 목표를 향해 돌진하거나 일에 푹 빠진 모습을 남들이 흉본다고 흔들리지 마라. 다만 나중에 상사가 되었을 때 다른 사람들에게까지 일중독을 강요하지 않으려고 노력하면 된다.

14. 요점을 잘 파악해라

워커홀릭 상사는 직원들에게 초과근무를 기대하지 않더라도 장담하건대 기꺼이 시간을 더 쏟아붓는 사람이 누군지 분명히 알아차릴(보상도 따를) 것이다. 순전히 당신의 선택이다.

조세핀은 워커홀릭 상사의 장단점을 신중히 따져본 후 이 관계를 성공으로 이끌겠다고 다짐했다.

"하이디의 스타일은 제 커리어에 큰 전환점을 가져다주었습니다. 실제로는 제가 생각했던 것만큼 희생할 필요도 없었어요. 일주일에 한두 번 늦게까지 회사에 남아 있었는데 아주 큰 이득이 됐죠. 하이디가 항상 늦게까지 남아 있어서 직접 얼굴을 보고 일대일 면담을 할 수 있었거든요. 덕분에 우리 관계가 많이 바뀔 수 있었어요. 하이디가 제 헌신을 직접 보고 느낀 거죠. 비록 '옳지 않은' 일이긴 하지만 아무리 늦은 시간이라도 업무용 핸드폰을 확인하고 '알겠습니다'나 '확인했습니다'라고 짧게 답장하는 것쯤은 아무렇지 않아요. 고작 몇 분밖에 안 걸리니까요.

이렇게 평소에 필요 이상으로 열심히 일하는 모습을 보여주니까 제가 정말로 시간이나 심적 여유가 없다고 말하면 상사가 귀담아 들어줘요. 평소에 얼마나 열심히 하는지 아니까요. 그리고 저는 늘 한발 앞서려고 노력해요. 지금 무슨 일을 하고 있는지, 이번 주까지 무슨 일을 끝낼 건지, 전부 다 보고하죠. 번거롭지만 그럴 만한 가치가 있었어요. 그녀는 나를 정말 유능하게 봐주고 조직 모두에게 좋게 얘기해줍니다. 덕분에 기회의 문이 많이 열렸어요. 제가 커리어를 위해서 내린 가장 현명한 선택이었습니다. 단 6개월의 희생으로 가능했죠."

워커홀릭 상사를 매니징 업하는 핵심 요약

- 장단점을 따져보자. 워커홀릭 상사는 능력 향상을 도와주지만 스트레스와 불안이라는 대가를 치러야 한다.
- 미리 알아봐라. 상사와 조직, 업계의 업무 기대 수준을 미리 확실하게 알아야 한다.
- 워커홀릭 상사가 자리를 오래 지키는 것과 성과를 내는 것 중에서 어느 쪽을 더 중요시하는지 알아보고 맞춰라.
- 상사가 결과를 중요시한다면 당신의 업무 생산성을 올려라.
- 상사의 기대와 당신의 경계를 일치시켜라.
- 추측하지 마라. 상사가 저녁 8시에 이메일을 보내는 이유는 단순히 자기가 할 일을 처리하기 위함일 뿐 회신이 필요하지 않거나 원하지 않을 수도 있다.
- 상사에게 당신의 성취와 진전을 계속 알려라.
- 꼭 필요할 때는(상사가 원할 때는) 희생할 줄도 알아야 한다.
- 일중독은 부끄러운 일이 아니다. 단지 남에게 강요하지만 마라.

17

"우리 친구잖아" 베스트 프렌드 상사

"사람의 가장 친한 친구가 개일 때 그 개는 문제가 있다."

- 에드워드 애비 Edward Abbey

친절한 성격의 리사는 직장에서 친구를 잘 사귀는 편이다. 새 직장으로 옮긴 그녀는 기대에 부풀었고 새로운 상사인 웬디가 친절해서 좋았다. 웬디는 진심으로 리사를 생각해주고 적극적으로 알아가려고 하는 듯했다. 처음에 리사는 새 상사와 우정을 쌓아서 행복했다. 머지않아 그들은 거의 매일 함께 점심을 먹었고 퇴근 후에도 자주 술잔을 기울였다. 주말에도 문자를 주고받았고 만나서 영화를 보거나 쇼핑을 했다. 리사는 상사인 웬디가 자신에게 마음을 툭 터놓고 일과 사생활에 대해 솔직하게 말해준다는 사실에 우쭐한 기분마저 들었다. 직장에서도 웬디는 종종 리사를 불러서 불평이나 고민을 털어놓았고 리사가 친구로서 항상 옆에 있어 주기를 원했다.

어느 날 리사는 갑자기 상사가 불편해지기 시작했다. 상사는 너무 많은 것을 공유했고 너무 많은 것을 원했다. 상사가 너무 매달리고 집착하는 것처럼 느껴졌다. 게다가 동료들이 두 사람의 관계를 헐뜯는 목소리도 들려오기 시작했다. "네가 그 프로젝트를 맡는 게 당연하겠지. 웬디가 널 가장 아끼니까" 같은 식이었다. 리사는 동료들이 자신을 따돌리기 시작했다는 것도 알아차렸다. "휴게실에 들어가면 사람들의 대화가 갑자기 뚝 끊겼어요. 다들 저에게 인사는 건넸지만 제가 들어가는 순간 대화 주제가 바뀌는 게 확실했죠."

리사는 큰 문제가 있다는 사실을 잘 알고 있었다. 자신도 모르게 상사의 '절친'이 되어버린 것이다. '친구 같은 상사'는 물론 매력적이다. 처음에는 정말 좋은 쪽으로만 생각하게 된다. 우리는 상사의 관심을 받고 싶어 하니까. 누구나 상사와 우호적인 관계를 유지하고 싶어 한다. 직장 상사가 나를 챙겨주고 밀어주고 호의적인 태도를 보이기를 원하지 않는 사람이 있을까? 어쨌든 친절한 상사가 불친절한 상사보다 낫지 않은가? 도대체 무슨 문제가 생길 수 있단 말인가?

하지만 문제의 소지가 다분하다. 상사와 **사이가 좋은 것**과 상사와 **친구가 되는 것**에는 **엄청나게 큰 차이**가 있다. 그리고 그냥 친구와 절친한 친구에도 엄청나게 큰 차이가 있다. 전자는 당신을 도와주지만 후자는 커리어에 위험천만한 지뢰밭이 될 수 있으니까 말이다. 상사와 베스트 프렌드가 되기 전에 고려해야 할 사항이 몇 가지 있다.

상사는 어디까지나 첫째로 당신의 상사이고 둘째로 당신의 친구라는 사실을 기억하라. 그는 진짜 친구처럼 당신을 **조건 없이 사랑하지 않는다.** 상사의 애정에는 조건이 있다. 당신이 제대로 성과를 올리고 그가 원하는 것을 충족해주어야만 애정도 따라온다. 만약 상사와 절친한 친구인데 상사가 당신에게 부정적인 업무 피드백을 주거나 날카롭게 비판한다고 해보자. 분명 당신은 큰 충격과 상처를 받고 혼란스러울 것이다. "친한 줄 알았는데 어떻게 나한테 이럴 수 있어!"

상사와 친하게 지내지 말라는 말이 아니다. 상사와 친구처럼 친하게 지낼 때는 직장 친구의 우정이 지나치게 개인적인 영역까지 넘어가지 않도록 조심해야 한다. 물론 적정한 선을 찾기도 어렵고 지키기는 더 어렵다. 그 선이 어디인지 아는 것은 어려울 수 있다. 어떤 사람들은 더 널찍한 개인 공간을 원하고 또 어떤 사람들은 상사와 돈독한 우정을 쌓는 것을 좋아한다. 만약 당신과 상사가 비슷한 스타일이고 당신이 상사와 친해지고 싶다면 나중에 힘든 일이 있을 수도 있다는 것을 알아둬야 한다.

상사에게 사생활에 관한 부분을 얼마나 드러낼지, 상사의 사생활에 대해 얼마나 알아갈지 주의를 기울여야 한다. 그리고 그가 친구이기 전에 당신의 상사라는 사실을 절대 잊으면 안 된다. 상사가 가까운 친구 사이를 원해서 불편하게 느껴진다면 조심스럽게 선을 그어야 한다. 상사가 직장 친구인 동시에 사적인 친구가 되려고 하면 결국 당신의 평판과 커리어에 역효과를 일으키고 마음의 상처를 줄 수도 있다.

베스트 프렌드 상사라는 위험지대

상사와 친한 친구 사이가 되면 다음과 같은 커다란 단점이 있다.

피드백의 부재

잘 알다시피 피드백은 원래 주기도 받기도 어렵다. 상사들도 피드백을 어려워한다. 사실 우리가 직장에서 느끼는 고통은 대부분 관리자가 때맞춰 적절한 피드백을 제공하지 않기 때문이다. 안 그래도 흔히 일어나는 문제인데 상사가 베스트 프렌드면 당연히 더 심해진다. 친구는 친구에게 솔직한 피드백을 주지 않는 경향이 있다. 상사가 당신의 절친한 친구라면, 그는 당신에게 일관성 있고 유용한 피드백을 제공하는 것을 꺼릴 것이다. 당연히 당신의 성장과 발전에 방해가 된다. 또한 베스트 프렌드 상사가 피드백을 준다고 해도 당신이 너무 개인적으로 받아들일 수 있다. 피드백은 누구한테 들어도 힘들기 마련인데 친한 친구한테 들으면 어색하고 상처를 받을 가능성이 매우 크다.

동료들의 반발

베스트 프렌드 상사의 또 다른 위험성은 (은밀하게 또는 노골적으로) 동료들의 반발을 사기 쉬워진다는 것이다. 당신이 상사와 절친하다는 것을 알면 당신을 대하는 동료들의 태도가 달라질 것이다. 그들은 당신을 의심하고 질투하고 당신이 일을 잘해도 무시하고 상사의 총애 때문이라고 후려칠 것이다. 한마디로 그들은 당신을 더 이상 믿지 않을 것이다. 심지어 다른 부서 사람들에게 당신과 상사의 절친한 관계를 험담해서 조직 내 평판을 떨어뜨릴지도 모른다.

커리어 정체 위험

가장 친한 친구를 잃고 싶은 사람은 없다. 당신의 상사도 마찬가지다. 상사와 친한 친구 사이라면 상사는 당신이 회사를 떠나는 것을 원치 않을 것이다. 그는 당신을 잃기 싫어서 일부러 승진 기회를 제공하지 않을 수도 있다. 당신이 자신에 대해 너무 많은 것을 알고 있어서 당신을 내보내기가 꺼려질지도 모른다. 당신에게 너무 많은 속마음을 털어놓았다면 상사는 자신의 치부가 드러날까 봐 걱정스러울 것이다. 또한 당신 역시 좋은 기회가 와도 상사를 떠나기가 망설여질 것이다. 상사의 감정을 상하게 하기 싫어서 해로운 데도 계속 직장에 남을지도 모른다.

존은 직장 생활이 불행해졌지만 '친구' 상사에게 섣불리 말할 수가 없었다. 마침내 존이 직장을 그만두었을 때 상사는 그가 진즉 말하지 않은 것에 큰 상처를 받았다. 상사는 존이 그만둔다는 사실을 개인적으로 받아들인 나머지 조직과 업계에 존에 대한 나쁜 소문을 퍼뜨리기까지 했다. 이상한 인간이고 배신자라고. 존은 상사와 친구가 되어서는 안 된다는 뼈아픈 교훈을 깨달았고 다시는 그런 실수를 하지 않겠다고 맹세했다.

제 무덤 파기

상사에게 개인사를 너무 과하게 드러내면 나중에 문제가 생길 수 있다. 세상에 안전한 비밀은 없다는 것을 기억하자. 셰익스피어는 《햄릿》에서 '자기가 판 함정에 자기가 빠진다'라는 신조어를 만들었다. 이것은 말 그대로 '폭탄을 만든 사람이 자기가 만든 폭탄에 당하는 것'을 말한다. 당신이 상사에게 털어놓는 비밀이 그 폭탄이 될 수도 있다. 상사에게 **절대로** 하지 말아야 할 말이 있다는 것을 기억하라.

캔디스는 주말을 어떻게 보냈는지에 대해 상사에게 지나칠 정도로 자세하게 이야기하곤 했다. 그녀는 평소 '과한 서비스'를 받는 것을 좋아해서 자신이 무리하게 요구하는 경향이 있다고 이야기하며 상사와 웃음을 터뜨리곤 했다. 사실 캔디스는 상사의 웃음을 유발하려고 이야기를 과장할 때가 많았다. 상사가 "아, 나도 조금만 젊었다면…" 하고 그녀의 이야기를 재미있어하는 것이 좋았다. 캔디스는 상사와 친한 친구가 되었다고 생각했지만(실제로 그랬을 것이다), 그녀는 자신이 상사에게 들려주는 이야기가 상사의 눈에 보이는 그녀의 능력에 영향을 미친다는 사실을 깨닫지 못했다. 캔디스가 여러 차례 승진 대상에서 제외되면서 밝혀진 사실이었다. 그녀가 이유를 묻자 상사는 개인적으로 그녀를 무척 아끼지만 승진하기에는 아직 너무 미성숙하다면서 그녀가 들려준 주말을 보낸 이야기를 예로 들었다. 결국 캔디스는 자기가 놓은 덫에 자기가 빠지고 말았다.

베스트 프렌드 상사를 매니징 업하는 전략

1. 친하게 지내되 절친한 친구는 되지 마라

부하 직원과 절친한 친구가 되고 싶어 하는 상사와의 사이에서는 아슬아슬한 줄타기를 잘해야 한다. 물론 상사와 친하게 지내야 한다. 친근한 대화를 나누고 그의 삶에 관심을 보여라. 잡담도 나누고 가끔 점심, 커피, 음료수 등 권유도 받아들여라. 직원과 친하게 지내고 싶어 하는 상사에게 절대로 냉담한 태도를 보여서는 **안 된다**. 상사와 개인적으로 친해지면 신뢰를 쌓는 데 도움이 되지만 위험한 비탈길이라는 것을 잊지 마라.

2. 선을 긋고 전부 다 드러내지 마라

상사와 개인적인 친분을 쌓으면 신뢰 관계를 쌓는 데도 도움이 된다. 베스트 프렌드 상사는 사생활에 대해 나누어야만 직원에게 신뢰가 쌓일 것이다. 상사와 사생활 이야기를 나누어도 괜찮다. 다만 너무 많이 드러내지 않도록 주의하라. 사람은 원래 경계를 늦추고 속마음을 드러내게 되는 사람과 가까워지는 경향이 있다. 그렇다 보니 이 유형의 상사에게는 직장 인간관계에서는 전혀 상상하지 못했던 수준까지 많은 개인사를 털어놓게 될지도 모른다.

"주말을 재미있게 보냈습니다. 새로 생긴 레스토랑에 갔는데 손님이 어찌나 많던지 바에서 한 시간이나 기다리니까 겨우 테이블 자리가 나더라고요. 하지만 기다린 보람이 있었습니다"라고 말하는 것과 "주말을 재미있게 보냈습니다. 새로 생긴 레스토랑에 갔는데 손님이 어찌나 많던지 바에서 한 시간이나 기다리니까 겨우 테이블 자리가 나더라고요. 테이블로 안내될 때쯤에는 저도 남편도 얼큰하게 취해 있었죠! 남편은 식사 도중에 화장실로 달려가 토까지 했고요. 웨이트리스가 너무 불친절해서 팁을 안 줬어요. 그랬더니 식당 밖까지 쫓아와서 항의하는 거 있죠. 결국 고래고래 소리 지르면서 한바탕 싸웠어요. 정말 웃겼다니까요"라고 말하는 것은 엄연히 다르다.

첫 번째는 가볍고 친근하게 정보를 제공하는 대화이지만 두 번째는 매우 지나친 사생활 공유인데다 당신에 대해 너무 많은 걸 드러낸다. 어느 쪽이 당신의 승진 확률에 영향을 끼치겠는가?

3. 바쁘게 지내라

상사의 초대를 가끔 수락할 필요는 있지만 절친한 친구의 문턱을 넘지 않으려면 제한이 필요하다. 당신과 절친한 친구가 되고 싶은 상사는 계속 점심을 먹자고, 커피를 마시자고, 술 한잔하자고, 주말에 통화하자고 할 것이다. 따라서 진짜든 가짜든 바쁜 일이 있어야만 한다. "아, 술요. 당연히 좋은데 요가 수업이 있어서요. 점심요? 이런. 점심시간에 동생이랑 통화하기로 약속했는데, 저녁 식사요? 아쉽지만 아이들을 데리러 가야 해서요." 시간이 없는 척해라. 친절하게 거절하자.

4. 다른 사람도 끼워 넣어라

상사가 당신과 절친한 친구가 되고 싶어 한다면 그사이에 다른 사람들도 넣어라. 상사의 부담스러운 행동을 나누고 동료와의 관계도 끈끈해질 수 있다. 게다가 상사와 특별한 관계라는 이미지도 약해질 것이다. 상사와 점심을 먹거나 술을 마실 때 다른 동료들도 끼워 넣으면 동료들의 반발이나 험담 가능성이 줄어든다.

5. 소셜 미디어를 조심해라

소셜 미디어에 상사에 관한 내용을 올릴 때는 조심해야 한다.

페이스북, 인스타그램, 트위터 같은 소셜 미디어는 커리어의 지뢰밭이나 마찬가지다. 상사가 당신의 계정에 팔로우 요청을 했을 때 수락하기 전에 장단점을 신중히 따져보자. 상사가 당신의 계정을 볼 수 있는 권한을 통제하라. 링크트인을 통해 연결되는 편이 더 낫다. 소셜 미디어를 통한 상사와의 관계는 사적이 아니라 최대한 사무적이어야 한다.

6. 뒤에서 험담하지 마라. 불평하지 마라

베스트 프렌드 상사와 있을 때 절대 다른 사람들에 대해 험담을 하지 마라. 상사가 먼저 시작해도 하면 안 된다. 이것은 상사의 유형을 막론하고 좋은 조언이지만 베스트 프렌드 상사에게는 특히 중요하다. 이 상사와 함께 남의 험담을 했다가는 틀림없이 당신에게 화살이 돌아올 것이다. 그러니 절대로 하지 마라. 또한 상사와 함께 불평하거나 열 내는 것도 하지 말아야 한다. 안전한 것처럼 느껴지겠지만 그렇지 않다. 아무리 친해도 상사는 당신보다 서열이 높은 사람이다. 당신이 하는 모든 말은 결국 상사가 생각하는 당신의 이미지에 영향을 미칠 수밖에 없다.

나는 중요한 고객 프로젝트를 위해 친구를 고용한 적이 있다. 진정한 프로인 그녀가 그 프로젝트에 참여하게 되어 기뻤다. 우리는 친한 친구 사이였기에 가끔 까다로운 고객들에 대해 같이 험담하곤 했다.

일하면서 느끼는 답답함을 나누니 정말 좋았다. 그런데 그녀가 언제부터인가 나에게 고객과 업무에 대해 불평하기 시작하는 것 아닌가! 당연히 그 뒤로 친구와 다시 함께 일하지 않았다.

7. 우정을 과시하지 마라

상사와 절친한 친구가 되어버리는 위험을 피했어도 상사와의 우정을 과장하거나 과시하면 안 된다. 최대한 입을 조심하라. 그리고 다른 동료들과 달리 상사로부터 특별 대우를 받고 있지 않은지 항상 주의를 기울여야 한다. 알짜 업무가 전부 당신에게만 주어지는가? 휴가라든지 어떤 요청을 할 때 상사가 특별히 봐주는가? 미팅에서 상사가 유독 당신의 말에만 귀 기울여주는가? 당신과 상사가 다른 사람들 앞에서 둘만 아는 이야기를 하면서 웃음을 터뜨릴 때가 자주 있는가? 실제로 그런지, 본인의 생각인지 확실히 관찰할 필요가 있다. 상사가 당신을 특별 대우해준다는 생각이 든다면 다른 사람들에게도 많은 기회를 주도록 상사를 격려하라. 상사에게 특별한 부탁을 하지 않도록 조심하고 회의에도 열심히 참여하자.

8. 적극적으로 피드백을 요청하라

베스트 프렌드 상사가 위험한 이유는 건설적인 피드백을 잘해주지 않기 때문이다. 앞에서 말했듯이 친구 사이에 솔직한 피드백을 주고받는 것은 상당히 어렵고 예민한 문제가 될 수 있다. 상사에게 먼저 적극적으로 피드백을 요청하라. 이때 당신이 대화를 이끌어야 한다. 상사가 마음 편하게 진실을 말할 수 있는 분위기를 만들어줘라. 상사에게 특정 프로젝트에 대한 날카로운 질문을 던져라. "다음부터 어떤 부분을 늘리고 어떤 부분을 줄이면 될까요? 뭘 다르게 하면 좋을까요?" 이렇게 하면 건설적인 피드백이 나올 수 있는 분위기가 마련된다.

9. 대화해라

상사와 우정의 경계에 관해 이야기해보는 방법도 있다. 좋은 관계를 유지하는 것과 선을 긋는 것 사이에서 균형을 잘 잡아야 하므로 쉽지 않은 대화가 될 것이다. 이 대화는 친구나 동료였던 사람이 당신의 상사가 된 상황일 때 가장 쉽고 효과적이다. 이런 상황이라면 최대한 빠르고 허심탄회하게 대화하는 것을 추천한다. 이제 친구가 상사가 되었으니 두 사람의 우정에 **변화가 있을 것이고 그래야만 한다**는 사실에 대해 솔직하게 이야기 나눠라. 친구에 대한 애정과 지지, 선의는 변함없지만 두 사람의 관계는 변해야 한다.

리사는 가능한 선택지에 대해 깊이 고민했다. 두 사람의 우정이 끼치는 영향에 대해 웬디와 직접 대화를 나누거나 그냥 알아서 서서히 그녀와 멀어지거나 둘 중 하나였다. 그녀는 후자를 선택했다. 직접 대화를 나누면 웬디가 당황하고 거절당한 느낌을 받고 결국 역효과가 일어날 것 같아서 두려웠다. 그래서 리사는 반창고를 서서히 떼기로 했다. 웬디를 조금씩 멀리하면서 끊어내기 시작했다. 직장에서는 여전히 가깝게 지냈지만 웬디의 사무실에서 함께 투정하는 시간을 줄였다.

웬디가 동료에 대해 험담을 하려고 하면 "아, 난 전혀 눈치채지 못했는데"라고 말하면서 화제를 바꿨다. 그리고 웬디와 점심을 먹거나 술을 마실 때 그 자리에 다른 사람들을 초대하기 시작했다. 주말에도 바쁘게 지냈다. 일과 관계없는 웬디의 문자에 곧바로 답장하지 않고 몇 시간 후에 간단히 'ㅋㅋ'라고만 보내거나 적당한 이모티콘만 입력했다. 균형을 잘 잡아야 하는 쉽지 않은 일이었지만 리사는 해냈다. 머지않아 동료들과 사이도 더 좋아졌고 상사와 계속 우호적인 관계를 유지하면서 절친한 친구의 덫에서는 빠져나올 수 있었다.

베스트 프렌드 상사를 매니징 업하는 핵심 요약

- 상사와 사이좋게 지내되 절친한 친구는 되지 마라.
- 적당히 자신을 드러내고 과도하게 공유하지 마라. 적당한 선을 긋고 유지하라.
- 상사의 초대에 전부 응하지 말고 바쁘게 지내라.
- 상사와의 자리에 다른 사람들도 끼워 넣어라.
- 소셜 미디어에서의 팔로우와 공유를 조심해라.
- 상사와의 우정을 과시하지 마라.
- 주도적으로 피드백을 요청하라.
- 원래 친구였던 사람이 상사가 되었을 때는 서로의 관계에 대해 솔직한 대화를 나눠라.

18

"난 잘 모르겠어" 무능력한 상사

"무능력으로 설명할 수 있는 것을 음모로 생각하지 마라."

– **나폴레옹 보나파르트**Napoleon Bonaparte

케이시는 자신도 문제에 일조했다는 사실을 깨달았다. 젊은 건축 디자이너인 그녀는 중간 정도 규모의 디자인 회사에 다닌다. 그녀는 일과 프로젝트, 고객들을 좋아한다. 하지만 상사인 수잔은 그렇게 마음에 들지 않는다. 수잔은 훨씬 더 작은 회사를 운영하다가 지금 이 회사에 파트너로 합류했다. 문제는 수잔이 끔찍한 재앙 그 자체라는 것이다. 그녀는 업무 성과가 부실했다. 실패에 가까웠다. 케이시는 무능한 수잔을 구해줘야 하는 것에 지치고 말았다. 케이시는 매일 상사에 대한 분노와 앙심, 심지어 경쟁심을 안고 출근했다. 상사와 단 몇 분만 같이 있어도 분노가 끓어올라서 눈앞의 기회와 선택지, 전략이 보이지 않을 정도였다. 사실 그런 태도 때문에 상황이 더 나빠지고만 있었다.
케이시는 수잔의 무능함이 다른 파트너들 사이에 팽팽한 긴장감을 조성한다는 사실도 알아차렸다. 하지만 조직에서는 문제를 바로잡을 생각이 전혀 없는 듯했다. 그도 그럴 것이 회사는 대대적인 홍보와 큰돈을 들여 수잔을 영입했다. 이렇게 곧바로 해고해버린다면 엄청난 시간과 노력, 소송 비용이 들고 감정 소모도 상당할 테니 다른 파트너들이 감당할 수 없을 터였다. 수잔은 전혀 나아질 기미가 없었다. 케이시는 문제를 바로 잡든 회사를 그만두든 둘 중 하나를 선택해야만 했다.
케이시는 (나의 격려와 함께) 분노를 내려놓고 공감해보기로 했다. 수잔의 입장이 되어보려고 노력했다. 자기 회사를 매각하고 다른 회사에 합류해 자리 잡으려고 애쓰는 수잔이 어떤 심정일지 하고 말이다. 명백하게 실패하고 있다는 사실을 자신도 잘 아는 데다 파트너들의 실망과 직원들의 원망까지 감당해야 한다면 어떤 기분일지 상상하려고 노력했다.
"수잔의 입장에서 생각해보니까 안 됐더라고요. 얼마나 힘들겠어요. 분명 자기가 무능하고 쓸모없는 사람이라고 생각했을 거예요. 게다가 저 같은 직원까지 나서서 상황을 악화시키니 얼마나 싫겠어요."
분노와 원망을 떨쳐버리자 케이시는 무능한 상사를 도와주는 것이 자신에게 좋은 기회가 될 수 있다는 사실을 알 수 있었다. 만약 수잔의 성공을 도와준다면 다른 파트너들도 알아차릴 것이다. 그들이 허망하게 투자를 날리고 곤경에 처하는 것을 막아주고 문제 해결사이자 리더로서의 역량을 보여줄 기회가 아닌가. 케이시는 한번 도전해보기로 했다. 몇 달도 되지 않아 그녀와 수잔의 관계는 완전히 달라져 있었다. 케이시는 상사의 적이 아니라 동맹이 되었다. 그녀는 수잔이 새 조직에 적응하고 약한 부분을 보강하도록 도와주었다. 여전히 수잔은 이상적인 상사는 아니지만 케이시는 레몬으로 레모네이드를 만드는 방법을 찾았다. 역시나 그녀의 노력은 다른 파트너들의 눈에도 띄었다. 이제 케이시는 스스로 파트너십의 길을 걷고 있다. 이 모든 것은 아주 간단한 관점의 전환으로 시작되었다.

무능력한 상사는 분노를 치밀게 한다. 무능한 상사는 사기를 무너뜨리고 의욕과 생산성을 파괴한다. 하지만 그들은 어디에나 존재한다. 조직들이 엄한 사람을 승진시키는 데는 여러 가지 이유가 있다. 앞에서도 살펴보았지만 조직은 관리 능력이 아니라 기술의 전문성을 보고 승진시키는 것을 좋아한다. 그러니 업무에 대한 전문성은 뛰어나도 관리자로서는 완전히 무능하면 문제가 발생할 수밖에 없다. 관리자의 일에는 단순히 업무 기술뿐만 아니라 여러 가지 다양한 기술이 필요하다. 사람과 프로세스, 자원을 관리해야 하기 때문이다. 유능한 관리자를 고용하기가 힘든 또 다른 이유는 실수 때문일 수도 있다. 어쩌다 실수로 무능력한 사람이 관리자가 될 수도 있다. 일단 그런 일이 생기면 조직은 다음과 같은 여러 이유에서 무능력한 관리자를 제거하는 것을 꺼린다.

- 찾는 데 든 시간과 비용 때문에.
- 교체에 드는 시간과 비용 때문에.
- 실수를 인정하기 싫어서.
- 무능력한 관리자가 가진 기술력을 잃을까 봐.
- 정치적 인맥 때문에. (무능력한 관리자가 조직의 윗선과 강력한 동맹 관계를 맺고 있을 수도 있다. 심지어 친인척 관계일 수도 있고!)
- 무능력한 상사의 상사가 워낙 유능하게 잘 관리해서 이 상사의 무능력함을 회사가 잘 모를 수도 있다.

무능력한 상사의 징후

무능력한 상사의 징후와 불만은 무수히 많다. 만약 상사에게서 다음과 같은 모습이 나타나거나 비슷한 불만을 초래하고 있다면 당신의 상사가 무능력하다는 뜻이다.

의사 결정 회피

당신의 상사는 지독하게도 결정을 내리지 못한다. 꾸물거리고 또 꾸물거리고 또 꾸물거린다. 마침내 더는 미룰 수 없다고 생각하게 되면 좀 더 미적거린 후에 결정을 내린다.

행동하지 않는 것을 선호함

무능한 상사는 행동하지 않는 경향이 있다. 아무것도 하지 않으면 실수하거나 체면 구길 일도 없으니까.

잘못된 선택을 함

당신의 상사에게는 매번 잘못된 길을 선택하는 놀라운 능력이 있다. 마치 같은 현실에 존재하지 않거나 이 업계를 전혀 이해하지 못하는 사람 같다. 줄줄이 잘못된 선택만 하느니 차라리 아무런 결정도 내리지 않는 게 나을 것 같다는 생각마저 들게 한다.

업무를 패스함

무능력한 상사는 자기가 할 일을 전부 직원들에게 떠넘기는 데 능숙하다. 당신이 끊임없이 상사의 무능함을 대신 감당해주고 있다면 무능력한 상사 밑에서 일하고 있다는 뜻이다.

사람을 잘못 고용함

유능한 관리자는 유능한 사람을 고용한다. 무능한 관리자는 무능한 사람을 고용한다. 한마디로 악순환이 계속된다.

마감을 지키지 못함

당신의 상사가 정기적으로 마감일을 무시하거나 놓치는가? 아니면 마감의 중요성을 강조하지 않는가? 유능한 사람들은 집중하고 결과를 낸다. 무능력한 사람은 그렇지 않다.

컨설턴트의 조언을 절대로 듣지 않음

이것은 매우 흔한 일이다. 무능력한 관리자는 진행과 개선, 혁신 과정에 적극적으로 참여하는 것처럼 보이는 걸 좋아한다. 그들은 컨설턴트를 고용하지만 조언을 따르는 법이 없다. 컨설턴트의 보고서가 선반에 놓인 채 먼지만 쌓인다.

엉뚱한 것에 집중함

상사가 별로 중요하지 않은 부분에 집중하는 것을 좋아하는가? 보고서의 내용물보다 표지에 더 관심이 있을 수도 있다. 제품 자체가 아니라 프로세스에 대해 논의하는 것을 좋아할 수도 있다. 아니면 직원들의 작업물보다 근무 시간 기록을 중요시할 수도 있다.

정보를 제대로 주지 않음

보통 무능력한 상사는 의사소통에도 무능하다. 중요한 문제든 일상적인 업무든 직원들에게 정보를 잘 주지 않는다. 고의든(정보는 곧 힘이니까) 실수든(알려야 한다고 생각하지 않아서) 결과는 똑같다. 당신은 어둠 속에서 더듬거리며 앞으로 나아가는 기분을 느낄 것이다.

계속 위로 올라감

당신의 무능력한 상사는 무능력한데도 어떻게든 직책을 유지하거나 승진까지 한다.

무능력한 상사의 원동력 찾기

무능력한 상사가 존재하는 이유는 여러 가지가 있다. 좋은 사람이지만 단순히 성공에 필요한 기술이 부족한 것일 수 있다. 그런가 하면 사기꾼일 수도 있다. 결코 자격이 없는데 순전히 말발로 지금의 자리에 올랐고 계속 자리를 지키고 있는 사람이다. 어느 쪽이든 무능력한 상사의 행동은 보통 어떤 종류의 결핍에서 비롯된다.

자신감 부족

무능력한 상사는 단순히 자기 확신이 부족한 것일 수 있다. 호락호락한 상사와 비슷하게 의사 결정이나 목표 달성, 위험 감수 능력에 대한 자신감이 부족한 것이다. 자신(그리고 직원들)을 변호할 용기가 부족하다. 선천적이든 후천적이든 효과적인 관리 업무에 필요한 자신감이 없다.

실패에 대한 두려움

실패에 대한 두려움은 사람을 마비시킬 수 있다. 실수와 실패, 남들 눈에 나쁘게 보이는 것을 두려워하는 사람들은 가장 편한 길로 가기 쉽다. 한마디로 아무런 행동을 하지 않는다. 무능력한 상사의 경우에는 실패에 대한 두려움이 자신의 밑천이 드러날까 봐 두려워 아무것도 하지 않는 모습으로 나타날 수 있다. 어느 쪽이든 조직에 커다란 피해를 준다.

경험 부족

어떤 분야에서든 유능함을 갖추려면 경험, 노출, 연습이 필요하다. 역량을 키우려면 기회와 학습 의지가 있어야 한다. 무능력한 상사와 관련된 가장 좋은 시나리오는 일시적으로 무능한 것이다. 벤의 상황을 보자.

우리가 진행하는 워크숍에 참여한 벤은 자기가 무능력한 상사였다고 털어놓았다.

"지금 다니는 회사에 처음 관리직으로 입사했을 때 저는 분명 무능력했습니다. 뭘 어떻게 해야 하는지 몰라서 그냥 아무것도 안 했죠. 업무와 팀, 회사에 대해 배울 필요가 있었어요. 실제로 관리 업무를 시작하기에 충분한 경험이 쌓였다고 느끼기까지 6개월이 걸렸습니다. 당연히 팀원들은 저를 엄청나게 무능력한 상사라고 생각했겠죠!

다행히 제가 마음을 굳게 먹었고 지금 우리 팀은 아주 잘하고 있습니다."

사람 다루는 기술 부족

유능한 관리자는 사람을 관리할 수 있어야 한다. 이를 위해서는 감성 지능, 사람을 다루는 기술, 의사소통 기술이 필요하다. 하지만 이런 능력을 타고나지 않는 사람들도 있다. 또한 쓸모나 필요가 없다고 생각하는 사람들도 있다. 안타깝지만 정말이다.

기술적 전문성 부족

무능력한 상사 중에는 사교 기술은 뛰어나지만 전문적인 관리 기술이나 업무에 필요한 기술이 부족한 사람들도 있다. 업무 기술에 대한 이해가 없으면 유용한 지침이나 조언을 제공할 수 없다.

무능력한 상사를 매니징 업하는 전략

1. 상사를 진단하라

당신의 상사는 무능력자인가, 사기꾼인가? 무능력한 상사 중에는 사람은 좋지만 단순히 성공에 필요한 기술이나 감성이 부족한 경우가 많다는 사실을 기억하자. 반면 사기꾼은 자격도 없는데 순전히 말발로 이 자리에 오른 사람이다. 그들은 문자 그대로 뒤에서 험담하거나 입을 잘 놀려서 성공한 사기꾼이며 대개 자기 상사를 관리하는 능력만큼은 뛰어나다. 당신의 상사가 어느 쪽인지 알면 매니징 업 전략을 결정하는 데도 도움이 될 것이다(매니징 업을 하지 않는 편이 낫다는 결론에 이를 수도 있고).

2. 자신을 돌아보라

당신의 상사는 정말로 무능한가? 아니면 그저 당신과 스타일이 다를 뿐인가? 무능력한 상사라는 이름표를 붙이기 전에 당신의 판단이 타당한지 잘 살펴보자. 질투나 악의, 무지에서 나온 판단일 수도 있으니까.

3. 문제를 정확히 짚어내라

상사의 무능함이 정확히 어디에서 어떻게 문제를 일으키는지 알아야 한다. 팀에 전문가의 지도가 필요한가? 정보가 더 필요한가? 상사가 경솔하게 결정을 내리거나, 아예 아무 결정도 내리지 않는가? 물론 무능함의 문제를 전부 다 고칠 수는 없겠지만, 문제점을 정확히 짚어내서 우선순위를 정한 다음 동료들과 함께 구체적인 해결책을 세울 수 있다.

상사가 의사 결정의 맥락을 이해하지 못한다면 한 페이지의 요약본을 만들어주자. 상사가 결정을 자꾸만 미룬다면 상사의 상사에게 대신 결정을 내려달라고 요청하거나 결정에 필요한 근거 자료를 제공하라.

4. 공감을 시도해라

공감은 실패를 두려워하거나 경험이 부족한 무능력한 상사를 다룰 때 큰 도움이 된다. 상사의 관점에서 생각해보자. 그가 어떤 압력을 받고 있는가? 어떤 도움이 필요한가? 만약 당신이 자격 없는 자리에 승진해서 앉았다면 어떤 기분이 들까? 당신이라면 팀원들에게서 어떤 대우를 원할 것 같은가? 만약 상사가 사기꾼이나 악질이라고 판단되지 않는다면 공감과 연민의 시선으로 바라보도록 해보라.

5. 좋은 점을 찾아보라

아무리 무능력한 상사라도 잘하는 것이 **하나라도** 있기 마련이다. 어쨌든 지금 이 자리까지 올라왔으니까 말이다. 상사가 무엇을 잘하는지 유심히 살펴보고 배워라. 업무 기술이 뛰어난가? 말발이 화려한가? 인맥이 넓은가? 사내 정치를 잘하는가? 뭐든 간에 상사의 뛰어난 점을 찾아 배우고 팀에 유리한 쪽으로 활용할 수 있다. 드라마 〈오피스〉에서 마이클 스콧은 관리자로서는 형편없었지만 세일즈 능력이 엄청난 것으로 밝혀졌다. 이렇게 상사의 좋은 점을 찾아보자.

6. 상사를 이끌어라

무능력한 상사가 단순히 경험이나 자신감이 부족한 것뿐이라고 생각한다면 직접 나서서 상사를 이끌어줄 수도 있다. 경멸이나 조롱이 아니라 연민으로 다가가라.

상사와의 상호작용을 그가 알아야 하는 것을 가르쳐주는 기회로 삼아라. 비난하지 말고 친절하게 대하라. 비판적인 태도를 피하라. 물론 이렇게까지 해야 하는 것이 답답하겠지만 필요하다면 상사를 가르쳐야 한다. 가르치지 않으면 무능함에 계속 고통받는 수밖에 없다. 적극적으로 상사를 이끌어주자.

7. 상사의 빈자리를 채우고 감싸라

믿거나 말거나 무능한 상사는 당신에게 전화위복의 계기가 되어줄 수 있다. 열심히 일해서 상사의 가장 큰 자산이 되면 직장에서 빛나고 커리어도 쌓는 기회가 된다. 상사의 약점을 보완해줄 기회를 엿보고 빈자리를 대신 책임져주겠다고 제안하라. 더 많은 책임(가능하면 더 많은 권한도)과 프로젝트를 맡겠다고 하라. 상사의 약점을 보완해줘라. 다른 팀원들도 상사의 약한 부분을 채워주도록 격려하자.

프로젝트를 성공시킨 공로가 상사에게 돌아갈까 봐 걱정하지는 않아도 된다. 잘하는 사람은 결국 눈에 띌 수밖에 없다. 회사 전체에서도 팀이나 부서에서도 인정받게 될 것이다. 상사와 팀이 잘하는 것처럼 보이면 당신의 이미지도 좋아질 수밖에 없다. 사람들은 멍청하지 않다. 동료들이 분명 당신의 공을 인정할 것이다. 이직할 때 가장 중요한 것은 그 사람들이다.

8. 멘토를 구하라

무능력한 상사는 당신의 성장과 발전에 큰 도움을 주지 못할 것이다. 다른 곳에서 멘토를 구해라.

9. 조심해서 폭로하라

상사의 무능력함을 노출하거나 사기꾼의 가면을 벗기는 것은 대단히 조심스러운(그리고 위험한) 일이다. 신중하게 진행해야 한다. 당신의 무능력한 상사를 고용한 사람은 상사의 상사이지만 그는 자신의 선택이 큰 실수였음을 받아들이고 싶지 않을 것이다. 회사에서도 투자한 게 있으니 섣불리 제거하려고 하지 않을 테고. 게다가 당신의 무능력한 상사가 사내 정치로 보호받고 있거나 오너의 친인척이라도 된다면(상사의 딸일 수도!) 그의 무능함을 드러냈다가 자칫하면 당신의 커리어가 더 위태로워질 수 있다.

만약 폭로하기로 결심했다면 단순히 당신이 느끼는 불편함이나 짜증만 드러내서는 안 된다. 상사의 무능함이 조직에 얼마나 위험천만한 결과를 가져오는지를 드러내야 한다. 누구에게 말할 것인지도 신중하게 선택할 필요가 있다.

메리는 사기꾼을 폭로하는 것이 얼마나 위험한 일인지 일찌감치 알게 되었다. 여기서 메리는 내가 맞다! 그렇다. 나는 오래전 한 비영리단체의 홍보 및 이벤트 책임자로 일하면서 그 교훈을 배웠다.

우리 단체는 뉴욕 외곽에 있는 멋진 서커스단의 파트너로 선정되었다. 그 서커스단은 해마다 뉴욕 외곽의 자선단체와 파트너십을 맺었다. 신중하게 자선단체 한 곳을 선정해서 함께 2주 동안 행사를 진행했다. 행사 수익은 두 단체가 나눠 가졌다. 따라서 파트너사로 선정되는 비영리단체에는 인지도도 높이고 많은 기금도 모을 수 있어서 아주 좋은 기회였다. 선정된 자선단체는 장소, 미디어, 광고, 티켓 판매 업무를 맡았다. 아무튼 양쪽 모두 상당한 자금과 자원을 투자해야 하는 행사였다. 우리는 파트너사로서의 능력을 증명할 필요가 있었다. 선정 과정 자체도 매우 까다롭고 경쟁이 치열했다. 결국 우리 단체가 선정되는 영광을 안았다.

나는 선정 과정에 관여했지만 일단 우리가 선정되고 나자 상사는 내가 그런 프로젝트를 이끈 경험이 없다는 이유로 외부 프로젝트 매니저 앤마리를 고용해서 진행을 맡겼다. 조금도 실망하지 않았다면 거짓말이다. 그래도 워낙 규모가 크고 흥미진진한 프로젝트이니 비록 책임자로서는 아니더라도 깊이 관여하게 될 것은 분명했다. 서커스단과 함께하는 프로젝트이니 얼마나 흥분되었겠는가! 그 서커스단은 훌륭하게 운영되는 사업체였다. 진정한 프로였고 지혜로웠다. 정말 멋있었다. 나는 기대에 부풀었다. 그런데 앤마리를 만나 세 번째 대화를 나눴을 때부터인가 내 마음속에서 의심 경보기가 울리기 시작했다.

뭔가 좀 이상했다. 그녀는 온통 말뿐이고 행동은 전혀 뒷받침되지 않았다. 체계가 하나도 없었고 엉뚱한 것에 초점을 맞췄다. 준비 기간은 7개월이었고 서커스단이 프로젝트를 성공으로 이끄는 완벽한 청사진도 제공해주었다. 우리는 그저 실행하기만 하면 되는 것이었다.

물론 첫 번째 과제는 장소 확보였다. 그런데 앤마리는 앞으로 몇 달 동안 생각할 필요도 없는 홍보 우편물의 그래픽에 매달렸다. 몇 주가 흘렀지만 진행된 사항이 아무것도 없었다. 그동안 나는 서커스단 담당자와 함께 일하면서 정보 제공과 관계 구축 같은 업무에 힘썼다.

머지않아 앤마리가 허우적거리고 있다는 사실이 (적어도 나에게는) 분명해졌다. 장소도 확보되지 않았고 필요한 허가도 받지 않았으며 홍보 계획도 갖춰져 있지 않았다. 그녀가 해야 하는 일 중에서 완료된 것이 하나도 없었다. 나는 걱정스러웠지만 상사에게 말할 수는 없었다. 상사는 자만심이 강해서 앤마리를 영입한 게 실수였다는 사실을 절대 받아들이지 않을 터였다. 그리고 내가 앤마리의 업무 진행이 미흡하다고 해봤자 상사는 프로젝트 책임자가 되지 못한 악감정 때문이라고 생각할 게 분명했다.

서커스단에서도 불안해하기 시작했다. 두 달 동안 아무런 조치도 없고 장소 섭외조차 이루어지지 않았으니까. 결국 보다 못한 서커스단의 리더가 섭외 가능한 장소 목록을 들고(원래는 우리가 할 일이었다) 찾아왔다. 그는 앤마리에게 차를 타고 돌아다니면서 장소를 알아보자고 했다. 앤마리는 온종일 차를 타고 돌아다니며 장소를 섭외하는 것은 부하 직원이 하는 일이라고 생각해 나를 대신 보냈다.

간단히 말자면 나는 앤마리를 버렸다. 서커스단에서 자초지종을 묻기에 사실대로 다 털어놓았다. 앤마리를 폭로했다. 그녀가 싫어서가 아니었다. 물론 싫기는 했지만, 내가 그녀를 폭로한 이유는 그녀의 실패가 양측에 엄청난 재정적 위험을 초래할 것이기 때문이었다. 나는 우리 단체가 좋았고 우리의 사명도 너무 좋았다. 서커스단 사람들을 진심으로 존경하는 마음도 생긴 터였다. 그들은 파트너가 된 우리를 믿어줬는데 우리는 그들을 실망시키고 있다니. 해고당할 위험도 있었지만 배가 뒤집히는 모습을 가만히 보고 있을 수만은 없었다.

앤마리는 48시간 안에 해고되었다. 상사가 나를 불러 프로젝트 진행을 맡으라고 해서 알게 된 사실이었다. 상사는 갑자기 나에게 무한한 신뢰를 보였다. 내 상사와 서커스단 경영진 사이에 무슨 말이 오고 갔는지는 모르지만 어쨌든 나는 아무런 불이익도 받지 않았다. 서커스단 리더들은 진심으로 존경스러운 사람들이었고 상사의 노여움으로부터 나를 지켜주었다.

무능력한 상사를 매니징 업하는 핵심 요약

- 상사가 어떤 유형인지 파악하라. 무능력자인가 아니면 사기꾼인가?
- 자신을 돌아봐라. 상사가 정말로 무능한가 아니면 질투에서 비롯된 생각인가?
- 상사의 무능함이 초래하는 문제를 정확하게 짚어내라.
- 친절한 태도로 접근하라. 공감하려고 해보면 무능력한 상사를 이해하는 데 큰 도움이 된다.
- 무능력한 상사가 잘하는 것을 찾아보라.
- 무능력한 상사에게 배움이 필요하다면 직접 가르쳐라.
- 부족한 상사를 대신해 나서서 일을 제대로 처리하고 상사의 체면을 살려줘라. 잘하면 분명히 인정받는다.
- 무능력한 상사에게 의지하지 말고 다른 멘토를 찾아라.
- 무능력한 상사를 폭로할 때는 위험할 수 있으므로 신중해야 한다.

19

"왜 이렇게 했어?" 트집쟁이 상사와 갈매기 상사

"왜 우리는 미래를 준비하기 위해 과거를 돌아봐야 하는가? 볼 수 있는 것이 과거밖에 없기 때문이다."

- 제임스 버크 James Burke

트집쟁이 상사는 지옥에서 온 최악의 상사까지는 아닐 수도 있지만 사사건건 끼어들고 트집을 잡아서 큰 짜증을 불러일으킨다. 트집 잡고 갑자기 끼어드는 상사의 행동을 관리하지 않고 그냥 놔두면 아무리 열성적인 직원이라도 사기가 떨어지고 짜증이 날 것이다.

트집쟁이 상사

트집 잡는 사람들은 원래 트집 잡는 걸 좋아한다. 그들에게는 완벽이란 없다. 아주 사소한 부분까지 헤집는다. 트집쟁이 상사는 당신이 잘한 일을 칭찬하지(인정하지) 않고 단 하나의 오류라도 찾아내기에 급급하다. 병적일 정도로 디테일에 집착하고 빨간 펜은 그들의 가장 친한 친구다. 당신의 선택을 트집 잡는다. "그래프를 빨간색 말고 파란색으로 만들어", "협업 말고 협력이라는 단어를 사용해" 등등. 시간이 남아도는 것처럼 보일 정도로 세세한 것까지 파고든다.

제니퍼는 상사의 상사를 위한 프로젝트를 진행하게 되었다. 상사의 상사에게 필요한 배경 정보를 얻으려는 내부 연구 프로젝트였다. 상사의 상사에게 명확한 지침을 받았는데도 상사가 계속 끼어들어 트집을 잡았다. 상사의 상사에게 형식을 결재받았는데도 트집은 사라지지 않았다.

"사소한 트집을 그렇게 잡아댔어요. 제가 스프레드시트를 만들면 뜯어보면서 글자 크기나 글꼴, 색깔을 바꾸라고 요구했죠. 그런 세부사항은 자료 수집을 먼저 끝낸 다음에 신경 써도 되는 거잖아요! 시간 낭비처럼 느껴졌어요."

트집쟁이 상사의 원동력 찾기

트집쟁이 상사를 마이크로매니저로 분류하고 무시하기 쉬운데 그러면 안 된다. 마이크로매니저가 트집쟁이인 경우는 많지만 모든 트집쟁이가 마이크로매니저는 아니다. 이 차이는 매우 중요하다. 트집쟁이 상사는 직원들에게 큰 자유를 허용하고도 마지막에 트집을 잡는다. 반면 마이크로매니저에게 가장 중요한 것은 통제다. 트집쟁이는 완벽함, 표준, 선호를 중요시한다.

자칭 트집쟁이들의 말을 직접 들어보고 그들의 원인을 이해해보자.

- 모든 게 완벽했으면 좋겠다. 결과물에 내 이름도 들어가니까 최대한 정확하며 빛나야 한다. 나는 기준이 높고 팀원들에게도 높은 기준을 기대한다.
- 나는 직원들의 업무에서 일관성을 찾는다. 일관성만 있으면 그들이 무엇을 선택하든 별로 신경 쓰지 않는다. 예를 들어, 옥스퍼드 콤마를 사용할 거면 처음부터 끝까지 그래야 한다. 비일관성은 나를 미치게 한다. 너무 허접해 보인다.
- 나는 우리 팀이 특정한 그래픽 감성을 추구했으면 한다. 우리 제품의 외관은 나에게 중요하다. 팀원들이 스트레스받는다는 걸 알지만 나는 우리 제품의 시각적 이미지가 일관적이기를 원한다. 외관이 멋지고 우리 브랜드에도 잘 어울려야 한다.

트집쟁이 상사를 매니징 업하는 전략

1. 먼저 자신을 돌아보라

상사가 당신에게만 트집을 잡는가? 아니면 모두에게 그러는가? 당신에게만 그런다면 자기 일 처리 방식을 엄격하게 검토해볼 필요가 있다. 실수가 잦으면 고쳐라. 맞춤법 검사를 세 번 해라. 결과물이 깔끔하도록 신경 쓰자.

2. 상사의 선호를 파악하라

이것은 매우 중요한 일이다. 트집쟁이를 만족시켜주려면 그들이 선호하는 것을 알아야 한다. 주로 무엇을 트집 잡는지 눈여겨본다. 상사의 스타일과 선호를 파악하라. 추측하지 말고 직접 물어보자. 프로젝트를 수행하기 전에 최종 결과물에 대해 질문하라. 상사에게 중요한 것은 무엇인가? 어떤 글꼴을 선호하는가? 상사가 염두에 둔 특정한 그래픽이 있는가? 상사가 검토하고 트집 잡은 보고서를 다시 받아들고 직접 이야기를 나눠라. 옥스퍼드 콤마나 특정 글꼴, 단어, 그래픽을 선호하는 이유를 물어보자. 비난이 아니라 호기심의 태도를 보여라. 이 보고서에 옥스퍼드 콤마는 정말로 아니라고 생각한다면 먼저 상사의 이유를 들어보고 요령 있게 다른 견해를 제시하라.

3. 상사의 기준에 맞춰라

트집쟁이는 기준이 높다. 그들의 기준과 선호도를 파악한 후에는 따라라. 트집쟁이 상사가 철자 오류가 없는 보고서를 원하면 철자 오류 없는 보고서를 제공하면 된다. 아주 간단하다.

4. 반항심을 억눌러라

트집쟁이 상사의 선호에 저항하는 것은 어리석고 헛된 일이다. 시간과 감정 에너지만 낭비될 뿐이다. 트집쟁이가 원하는 방식에 따라라. 옥스퍼드 콤마가 마음에 안 든다고 불평하는 대신 그냥 사용하라. 상사가 제목을 파란색으로 칠하는 것을 좋아한다면 파란색으로 해라. 조금도 어려운 일이 아니다. 상사가 보고서의 어떤 단어를 세 번이나 바꿨다면 굳이 고집부리지 마라. 사소한 일에 감정 에너지를 낭비하지 마라. 그냥 수정하고 넘어가면 된다.

로라는 줄리 때문에 돌아버릴 지경이었다. 줄리는 평소에는 훌륭한 상사지만 로라가 힘들게 만든 프레젠테이션 슬라이드의 그래픽을 은근슬쩍 수정하는 짜증 나는 버릇이 있었다.

"많은 시간을 들여서 신중하게 고른 건데 줄리가 마음대로 바꿔놔서 미칠 것 같았어요. 전 제가 한 게 더 마음에 들었거든요! 어느 날 도대체 왜 그러는지 물어보기로 결심했죠. 줄리가 그래픽을 수정한 이유를 설명했는데 이해가 되는 거예요. 물론 전부 다 동의할 순 없었지만 적어도 이젠 그녀가 선호하는 스타일을 알게 되었으니 마음에 들 만한 것들을 고르기 위해 최선을 다하죠. 진작 물어볼걸 그랬어요. 그랬다면 그렇게 오랫동안 이를 갈지 않아도 되었을 텐데."

갈매기 상사: 똥싸개와 밀렵꾼

갈매기는 어디선가 갑자기 확 덮친다. 사실 갈매기 상사에는 두 종류가 있는데 바로 똥싸개와 밀렵꾼이다. 똥싸개 갈매기는 막판에(또는 문제의 첫 번째 징후가 나타났을 때) 갑자기 확 덮쳐서 똥을 잔뜩 싸놓고 휙 날아가 버린다. 그들이 시끄럽게 소란을 일으켜놓으면 치우는 것은 팀원들의 몫이다. 똥싸개 갈매기는 특히 짜증 난다. 프로젝트의 세부적인 부분에 관여하지도 않았으면서 똥만 잔뜩 싸놓아 도움도 전혀 안 되고 스트레스만 주기 때문이다.

두 번째 밀렵꾼 갈매기 상사는 당신에게 프로젝트를 맡기고 프로젝트가 거의 끝나갈 무렵 뛰어들어 가로챈다. 짜증 나고 의욕도 꺾이고 인정받지 못하는 기분이 들게 한다. 몇 시간 혹은 몇 주를 낭비한 기분이 들 것이다. 밀렵꾼은 당신이 정말로 즐겁게 열심히 해온 프로젝트를 낚아채는 비상한 재주를 지녔다.

티나는 마케팅 협회의 프로그램 책임자였다. 그녀는 일을 사랑했지만 상사 때문에 미칠 지경이었다.

"정말 흥미진진한 프로젝트를 맡아서 마무리해갈 때쯤이면 상사가 끼어들어서 가져가요. 정말 짜증 나요. 프로젝트를 맡는 건 정말 즐거운데 꼭 거의 끝나갈 때까지 기다렸다가 채가니까 기운이 빠져요. 몇 주 동안 시간 낭비한 기분이에요."

갈매기 상사의 원동력 찾기

갈매기 상사를 이해하는 것 자체가 쉽지 않을 수 있다. 갈매기 상사의 행동은 개인의 내적 역학 또는 환경적 결과에 따른 것일 수 있기 때문이다.

정서 지능 부족

갑자기 확 덮쳐서 똥을 싸놓는 갈매기는 정서지능과 충동 조절, 사교 기술이 부족한 경우가 많다. 그들은 공포에 질려서 똥을 싼다.

프로젝트 인식 부족

어떤 갈매기들은 프로젝트나 업무에 대한 지식이 부족하다. 주의를 기울이지 않았거나 적절한 상황 업데이트를 받지 못했을 것이다. 그러다 갑자기 프로젝트의 중요성을 깨닫거나 프로젝트에 문제가 있다는 사실을 깨닫는다. 그래서 상황을 해결하려고 갑자기 확 덮친다.

신뢰 부족

갈매기 상사는 당신이나 팀이 일을 제대로 수행하리라고 믿지 않는 경우가 많다. 아무리 노력해도 신뢰가 생기지 않자 공포에 질려서 갑자기 홱 덮치고 끼어든다.

외적인 사건

갈매기 상사가 그렇게 행동하는 이유는 외부적 상황의 결과 때문일 수도 있다. 어쩌면 **그들 자신이** 급습당했을 수 있다. 갑자기 이 프로젝트가 그들의 능력을 과시하는 트로피 프로젝트가 되어버렸을 수도 있고 회사 차원에서 매우 중요해졌을 수도 있다. 갑자기 우선순위나 골칫거리가 되어버려서 홱 덮치는 것이다.

갈매기 상사를 매니징 업하는 전략

1. 누가 누구를 덮치는가?

어려운 상사에게서 나타나는 다른 모든 행동과 마찬가지로, 이번에도 당신에게만 일어나는 일인지 확인할 필요가 있다. 만약 상사가 오로지 당신만 급습한다면 당신이 뭔가를 하거나, 하지 않기 때문일 수 있다. 아니면 특정 업무의 특징 때문일 수 있다. 당신이 맡은 업무와 관련 있을지도 모른다. 밀렵꾼 갈매기 상사는 당신이 맡은 프로젝트가 탐나서 도로 가져오려는 것일 수 있고 똥싸개 갈매기 상사는 당신의 업무 품질에 불만이 있을 수 있다. 전자라면 포용의 문제이고 후자라면 신뢰의 문제다.

2. 급습을 예상하라

갈매기 상사의 급습에 놀라지 않도록 준비하라. 상사가 밀렵꾼이라면 그가 어떤 종류의 프로젝트를 가로채려고 하는지 눈여겨봐야 한다. 보통 패턴이 있다. 눈에 잘 띄는 프로젝트를 가로채는가? 프로젝트가 늦어질 때 가로채는가? 상사나 이사회와의 회의를 비롯한 내부 및 외부 사건 이후에 그러는가? 환경에도 주의를 기울여라. 일에 갑자기 큰 진전이 있거나 외부의 관심이 쏠리거나 업계와의 관련성이 커질 때 가로채는 경우가 있다. 급습을 예상할수록 짜증도 줄어들 것이다.

3. 똥싸개 갈매기도 똑같다

급습 이유를 찾는다. 패턴을 정확히 찾아낸다면 똥을 싸지 못하게 하거나 최소한으로 줄일 수 있다. 상사가 마감 시간에 당황하기 시작하는가? 정보가 부족한가? 상사의 상사가 갈매기인가? 상사가 그에게 똥을 싼 다음에 그가 당신에게 똥을 싸는가? 미리 경계하면 미리 준비할 수 있다.

23
5

4. 소통은 왕이다

똥싸개이든 밀렵꾼이든 모든 갈매기 상사에게는 지속적인 보고가 필수적이다. 그가 무관심해 보여도 속지 마라. 상사가 급습하는 버릇이 있으면 당신은 지속적으로 보고하는 버릇을 들여야 한다. 프로젝트의 시작 단계에서 상사가 어떤 식의 관여를 원하는지 알아봐라. 프로젝트 진행 상태를 정기적으로 업데이트하고, 프로젝트 검토 미팅을 잡자. 지연 가능성이나 문제, 곤란한 상황을 상사에게 계속 보고하라. 상사가 급습할 것 같으면 먼저 상사를 찾아가라.

대니는 교육과 촉진을 전문으로 하는 작은 컨설팅 회사에서 일했다. 그는 주도적인 소통을 통해 갈매기 상사들을 예측하고 관리하는 방법을 배웠다.

"제 상사들은 제가 맡은 프로젝트에 끼어들어 가로채는 짜증 나는 습관이 있었습니다. 처음에는 당연히 짜증이 났죠. 내 프로젝트를 가로챌 거면 애초에 왜 나를 고용한 건지 이해할 수 없었습니다. 그러다 패턴이 보이기 시작하더군요. 새로운 프로젝트일 때 가로챈다는 것을요. 이를테면 제가 새로운 수업이나 교육 프로그램을 디자인할 때 그랬어요. 새로운 프로그램이 실제로 신설된다는 사실을 실감하고서 그제야 참여하고 싶어 하는 것 같았죠. 패턴을 알아낸 다음부터는 시작 단계부터 개입을 요청하기 시작했습니다. 상사에게 새로운 프로젝트에 관한 업데이트를 정기적으로 제공하고 피드백도 자주 구했어요. 이 방법은 대부분 매우 효과적이었습니다. 가끔 급습하긴 했지만 예전처럼 그렇게 나쁘진 않았어요."

5. 침착하게 나아가라

밀렵꾼 갈매기 상사는 짜증 나고 사기를 떨어뜨리지만 세상이 끝날 만큼 절망스럽게 느껴지지는 않는다. 물론 흥미로운 프로젝트를 빼앗기면 실망이 크겠지만 앞을 내다보면서 다음 프로젝트로 나아가자. 하지만 만약 상사가 좋은 프로젝트를 전부 다 가로채 간다면 다른 직장을 알아봐야 할 것이다. 가로채인 프로젝트들에 대해 차분하고 솔직하게 검토해보라. 얻는 것보다 잃는 것이 더 많다면 갈매기에게 작별을 고해야 한다. 앞에서 만난 티나는 밀렵꾼 갈매기 상사의 행동이 너무 심각한 나머지 직장을 옮기기로 했다.

"그만두는 게 옳았어요. 제가 그 직장을 선택한 이유가 그런 프로젝트를 맡을 수 있다는 것 때문이었는데 상사가 계속 가로챘으니까요. 배움과 성장의 기회가 전혀 없어서 그만두고 다른 곳에서 제 능력을 발휘하기로 했죠."

갈매기 상사가 똥싸개 유형이라면 침착하게 계속 나아가는 것이 필수적이다. 상사의 큰소리를 개인적으로 받아들이지 않도록 노력해라. 말처럼 쉽지 않겠지만 똥을 막아주는 패딩 점퍼를 입고 있다고 상상해보자. 아무리 고래고래 소리 지르고 난리를 피워도 굳건하게 나아가면 된다. 물론 언제나 장단점을 따져보는 것이 중요하다. 관리자가 부하 직원을 함부로 대하는 것은 절대로 정당화할 수 없지만 상사의 감정 폭발 때문에 단순히 짜증이 나는 것과 심각한 정서적 학대가 반복되는 것 사이에서 참을 수 있는 수준이 어디까지인지는 자신만이 알 수 있다.

크리스는 그의 상사가 갈매기라는 사실을 깨달았다. 똥싸개 갈매기였다.

"오스카가 갈매기라는 걸 모르는 사람이 없었습니다. 매 분기 말이 가까워지면 늘 그랬죠. 그 분기의 생산량이 수치로 정확하게 나올 때가 다가오면 오스카는 갑자기 집중하기 시작했고 짜증도 심해졌어요. 우릴 자기 방으로 불러서 꽥꽥거리고 푸드덕거리며 잔뜩 싫은 소리를 내뱉고 내쫓았어요. 솔직히 다들 너무 익숙했죠. 우습다는 생각도 했고요. 갑자기 생난리를 피우는 것 말고는 그럭저럭 괜찮은 상사였고 회사도 좋았습니다. 그래서 우리는 한바탕 폭풍이 지나가기를 바라면서 묵묵히 일을 계속했어요."

트집쟁이·갈매기 상사를 매니징 업하는 핵심 요약

트집쟁이 상사

- 상사가 선호하는 방식을 파악하라.
- 선호도와 기준, 기대치에 대해 직접 물어라.
- 상사의 높은 기준을 받아들여라.
- 상사의 성격을 받아들여라.

갈매기 상사

- 갈매기가 언제 어디서 어떻게 홱 날아와 똥을 싸는지 파악하라.
- 갈매기의 급습을 예측하고 계획을 세워라.
- 지속적으로 상황을 보고하라.
- 흔들리지 말고 계속 나아가라.

20

"다 꺼져버려!" 문제의 총집합체인 사이코패스 상사

"싸울 것인지 싸우지 말아야 할 것인지를 아는 자는 승리할 것이다."

– 손자, 《손자병법》

몇 년 전 6개월에 한 번 있는 정기 검진과 스케일링을 받기 위해 치과를 찾았을 때였다. 줄곧 다니던 치과를 닥터 X가 인수해서 그에게 진료받은 지는 1년 정도밖에 되지 않았다. 닥터 X는 그럭저럭 괜찮은 듯했다. '물건을 팔려는' 성향이 좀 지나치긴 했지만 어차피 일 년에 두 번밖에 안 보는 사이라서 상관없었다. 하지만 치위생사 엘라는 무척 마음에 들었다. 그녀는 세르비아 출신이었고 무척 씩씩했다. 유쾌하고 솔직한 성격이었다. 닥터 X가 나에게 필요 없는 상품을 권할 때마다 엘라가 잽싸게 나에게 윙크를 해줬는데 '무시하라'라는 뜻이었다.

그날 스케일링이 끝나고 엘라와 수다를 떨면서 닥터 X가 정기 검진을 해주러 들어오기를 기다렸다. 5분 정도 후 나는 그가 오는 게 맞는지 물었다(엘라는 내가 성격이 급하다는 것을 잘 알았다). "금방 오실 거예요." 하고 엘라가 말했다. 바로 그때 옆방에서 열띤 대화를 나누는 목소리가 들렸다. 소리가 점점 커졌고 급기야 한 사람의 목소리는 엄청나게 커졌다. 당연히 처음에는 호기심이 들었다. 나는 흥미로운 논쟁을 엿듣는 것을 좋아한다. 그런데 조금 전의 무척 컸던 목소리가 고함으로 바뀌더니 심각할 정도로 험악하게 변했다. 상대를 학대하는 것처럼 들리기 시작했다. 상대방을 매우 심하게 꾸짖고 있었다. 호기심이 경악으로 바뀌기까지는 오래 걸리지 않았다. 엘라는 조용해졌다. 그러다 퍼뜩 깨달았다. 저렇게 고래고래 소리 지르는 나쁜 사람은 바로 내 치과의사였다!

"엘라! 지금 소리 지르는 사람 닥터 X 맞죠?" 엘라는 조용한 목소리로 그렇다고 했다. 닥터 X는 진료실 바로 옆인 치과 매니저의 사무실에서 매니저에게 소리치고 있었다. 솔직히 그날 그 가엾은 여성이 혼난 것처럼 그렇게 잡아 죽일 듯이 심하게 뭐라고 하는 소리를 들어본 적이 한 번도 없었다. 나는 20분 동안 앉아서 닥터 X가 직원을 학대하고 괴롭히는 소리를 들었다. 엘라에게 흔히 있는 일이냐고 물었더니 그렇다고 했다. 나는 엘라에게 그냥 돌아가겠다고 했고 그 뒤로 두 번 다시 그 치과를 찾지 않았다. 나는 엘라에게 다른 직장으로 옮기는 게 나을 것 같다고도 말했다. 그녀는 그저 웃으며 어깨를 으쓱했다. "전 이 일이 꼭 필요한걸요." 엘라는 학대에 익숙해져 있었다.

나는 치과에서 나갔다.

그 사건이 있은 지 몇 년 후 남편과 나는 마취 상태의 환자를 성추행한 혐의로(나중에 유죄판결이 내려졌다) 체포된 치과의사에 대한 〈워싱턴 포스트〉의 기사를 읽게 되었다. 그 치과의사가 누구인지 알아맞혀 보길. 짐작했겠지만 바로 닥터 X였다.

최악의 상사는 곳곳에 널려 있다. 그들은 다루기 어려울 뿐만 아니라 소리 지르고 괴롭히고 자기밖에 모르는 미친 사이코패스다. 지배와 힘, 통제를 이용하는 리더들이다. 부하 직원들을 정서적(때로는 육체적)으로 학대한다. 남 탓하기와 조종하기 전문인 통제광이고 독재자다. 직원들을 위협하고 괴롭히고 굴욕을 주고 협박하는 맛에 산다. 행동에 책임지기를 거부하는 극단적인 나르시시스트들이다. 그들은 불안정하고 거짓과 기만, 도둑질을 통해 위로 올라간다. 끔찍함 그 자체인 최악의 상사는 어디에나 있다.

최악의 상사들은 미국뿐만 아니라 전 세계 어디에서나 판친다. 최근 연구에 따르면 이런 유형의 자기중심적인 상사는 미국을 비롯한 다른 서구 국가에서 흔할 뿐만 아니라 점점 더 늘어나고 있다. 직장인의 40퍼센트 이상이 상사로부터 언어적, 정서적, 심지어 육체적 학대를 당한 적 있다는 사실을 수많은 연구가 증명해준다. 연구는 이런 상사들이 조직의 사기와 문화, 환경, 직원 유지, 업무 몰입도, 심지어 생산성에까지 해로운 영향을 미친다는 사실도 명확하게 보여준다. 자주 보고되는 연구에 따르면 이 상사들로 인한 생산성의 저하가 경제에 발생시키는 비용은 매년 3,500억 달러(약 462조 원)가 넘는다. 그러나 안타깝게도 조직들은 아무런 조치를 취하지 않는다.

연구에 따르면 소리 지르고 괴롭히고 자기밖에 모르는 미친 사이코패스 상사 밑에서 일하는 것은 사람들의 건강까지 해친다. 스웨덴에서 시행된 연구에 따르면 최악의 상사 밑에서 일하는 직원들은 심장마비나 뇌졸중을 비롯해 생명을 위협하는 심장질환에 걸릴 가능성이 60퍼센트나 더 높다. 미국의 직장을 연구한 다른 연구에서는 최악의 상사 밑에서 일하는 사람은 만성 스트레스와 우울증, 불안감에 취약하다. 이 증상들은 면역 체계와 감기, 뇌졸중, 심지어 심장마비의 위험을 증가시킨다. 최악의 상사는 직원들의 몸과 마음을 아프게 하여 의료비와 병가 기간에 따른 엄청난 비용을 발생시키는데도 조직은 아무것도 하지 않는다.

최악의 상사는 조직의 이익에 직접적인 영향을 미친다. 지속적으로 괴롭힘과 비난을 당하는 직원들은 사기가 떨어지고 몸이 아프고 스트레스가 심해서 높은 성과를 올리기가 힘들다. 최악의 상사는 직원 이직률 증가, 생산성 저하, 법률 수수료 등의 비용을 발생시킴으로써 고용주들에게 실질적인 손실을 입힌다. 어떤 기업이 사내 최악의 상사가 조직에 끼친 손해를 계산해보니 무려 **일 년 동안** 16만 달러(약 2억 천만 원)가 넘었다.

최악의 상사 징후

최악의 상사가 단순히 짜증 나거나 까다로운 상사와 다른 점은 행동의 빈도와 강도에 있다. 상사가 **얼마나 자주** 끔찍한 행동을 보이는지, 그 행동이 **얼마나 강력한지** 파악해야 한다. 예를 들어, 가끔 화를 폭발하고 심한 말을 하고 해고하겠다고 위협하는 상사도 끔찍하지만 진정 끔찍한 최악의 상사는 자주 또는 정기적으로 분노하고 비하하고 굴욕과 벌을 준다. 아래 목록을 살펴보자. 행동의 횟수 '1(가끔)~5(매일)'와 강도 '1(약함)~5(강함)'를 평가해보자.

1. 당신의 상사는 당신에게(또는 다른 사람들에게) 소리 지르거나 욕을 하는가? 얼마나 자주, 얼마나 심하게 그러는가?
2. 책임이나 비난을 받아들이지 않는가? 자신의 '실수'에 대해 당신이나 다른 사람들을 탓하는가? 얼마나 자주, 얼마나 심하게 그러는가?
3. 당신에게 불합리한 업무, 마감일, 목표를 강요하는가? 얼마나 자주, 얼마나 심하게 그러는가?
4. 당신에게 감봉이나 해고 위협을 하는가? 얼마나 자주, 얼마나 심하게 그러는가?
5. 당신의 능력을 깎아내리거나 모욕하거나 비난하는가? 다른 사람들 앞에서 그러는가? 얼마나 자주, 얼마나 심하게 그러는가?
6. 분노를 폭발하는가? 얼마나 자주, 얼마나 심하게 그러는가?
7. 윤리적 선을 넘는가? 얼마나 자주, 얼마나 심하게 그러는가?

8. 팀 미팅이나 소통 채널에서 당신을 배제하거나 없는 사람 취급하는가? 얼마나 자주, 얼마나 심하게 그러는가?
9. 당신에게만 다른 규칙을 적용하거나 사람마다 규칙을 다르게 적용하는가? 얼마나 자주, 얼마나 심하게 그러는가?
10. 당신이 올린 성과를 부정하거나 무시하거나 최소화하는가? 공을 대신 가로채는가? 얼마나 자주, 얼마나 심하게 그러는가?
11. 당신이나 다른 사람들을 착취하고 조종하는가? 얼마나 자주, 얼마나 심하게 그러는가?
12. 팀원들끼리 경쟁시키는가? 편애하는 사람들과 그렇지 않은 사람들이 확연하게 갈리는가? 얼마나 자주, 얼마나 심하게 그러는가?
13. 공감 능력이 없거나 타인에게 완전히 무감각한가? 얼마나 자주, 얼마나 심하게 그러는가?
14. 행동에 우월감, 거만함, 거들먹거림이 들어 있는가? 얼마나 자주, 얼마나 심하게 그러는가?
15. 거짓, 이중성, 두 얼굴이 나타나는가? 얼마나 자주, 얼마나 심하게 그러는가?
16. 목표 대상에게 망신이나 굴욕을 주거나 험담하는가? 얼마나 자주, 얼마나 심하게 그러는가?
17. 인내심과 집중력이 극도로 부족하고 충동을 조절하지 못하는가? 얼마나 자주, 얼마나 심하게 그러는가?
18. 항상 자기가 옳아야 하는가? 다른 사람들의 생각을 들으려고도 하

지 않는가? 얼마나 자주, 얼마나 심하게 그러는가?

19. 절대적인 충성심을 요구하면서 기회만 있으면 곧바로 당신을 궁지에 빠뜨리는가? 얼마나 자주, 얼마나 심하게 그러는가?
20. 압박감을 견디지 못하는가? 상황이 어려워지면 패닉에 빠지는가? 얼마나 자주, 얼마나 심하게 그러는가?

횟수와 강도 모두 총점이 80점 이하라면 나쁘기는 하지만 꼭 최악의 상사는 아니다. 80점 이상이라면 경계심을 가지고 전략을 짜야 한다. 160이 넘으면? **지금 당장** 탈출하라.

아주 오래전 28세 때의 일이다. 나는 고래고래 소리 지르고 툭 하면 화를 폭발하고 사사건건 간섭하는 두 얼굴의 고위공무원 상사 밑에서 일했다. 그는 '소탈한' 모습으로 인기가 많았지만 사실은 최악의 관리자였다. 그런 끔찍한 특징이 하나뿐이라면 어떻게든 감당할 수 있었으리라. 끔찍한 행동이 여러 개 섞여 있는 데다 강도까지 심해서 도저히 견디기 어려웠다.

선택해야만 했다. 단순히 버티기만 하면서 내 커리어가 서서히 파멸의 길로 접어드는 것을 지켜볼지, 아니면 그만둘지. 결국 나는 직장을 그만두고 사업을 시작했다. 그는 내 마지막 상사였다. 최악의 상사에게 직장을 그만두고 사업을 시작하려고 한다고 말하자, 그는 자기 밑에서 일하는 부하 직원이 감히 그만두려고 하다니 믿을 수 없다는 반응이었다. 게다가 분명 실패할 거라고 (세 번이나) 꼬집어 말했다. 그리고 그다음부터는 아예 말도 걸지 않았다.

최악의 상사 이해하기

최악의 상사는 성격장애, 기능장애, 병의 조합일 수 있다. 의학적으로 우울증이나 소시오패스, 사이코패스일 수도 있다. 극단적인 나르시시스트일지도 모른다. 권력에 굶주렸거나 정서적으로 불안정할 수도 있다. 안전지대를 벗어났거나 일이나 사생활로 인한 극심한 압박감에 시달릴 수도 있다. 어렸을 때 엄마의 사랑을 받지 못했거나 상처 많은 영혼일지도 모른다. 그들의 행동은 너무 끔찍해서 병적이라고밖에 설명할 수가 없다.

솔직히 이 유형의 상사는 결국 당신은 안중에도 없으므로 원인이 무엇이든 전혀 중요하지 않다. 그들은 오직 자신의 목표에만 관심이 있다. 자기 성찰을 하려고 하지도 않고 그럴 능력도 없다. 그들은 변화의 필요성을 느끼지 못하기에 절대 변하지 않을 것이다. 그렇게 생각하는 것도 당연하다. 조직이 그들에게 책임을 묻지 않는 데다 오히려 그런 행동으로 보상을 받아 이 자리까지 왔는데 왜 바뀌려고 하겠는가? 게다가 최악의 상사가 회사의 주인이라면? 당신의 행운을 빌겠다.

최악의 상사에 관한 핵심

최악의 상사는 가능성이 없다. 그들은 너무 결함이 많고 너무 위험하고 너무 자기중심적이다. 만약 당신의 상사가 최악의 상사의 경계선상에 놓여 있다면 그나마 버틸 수 있고 심지어 성공할 수도 있을지 모른다. 적어도 당분간은. 앞에 나온 질문에 대한 답이 주로 1과 2라면 레몬으로 레모네이드를 만들 수 있다. 아마도.

필은 경계성 최악의 상사 밑에서 거의 17년 동안을 일하며 그 관계를 잘 관리해왔다. 필은 작은 소비자 마케팅 회사의 2인자였다. 그는 상사이자 CEO인 케빈에 대해 "순교자인 척하는 것을 좋아하는 경계성 폭군"이라고 표현했다. 케빈은 극도로 거들먹거리고 수동 공격적인 태도로 직원들을 대했다. 그의 비위를 맞추는 것은 도저히 불가능한 일이었다. 직원들이 아무리 열심히 일해도 그는 능력을 인정해주지 않았다. 회사에서 그만큼 열심히 일하는 사람은 없었기 때문이다. 그는 절대적인 충성심을 요구했고 직원들도 자신처럼 24시간 내내 대기 상태에서 일하기를 원했다. 이틀이나 사흘 이상 휴가를 내는 사람이 있으면 얼음장처럼 차가워져서 중요한 프로젝트에서 빼버리고 시종일관 수동 공격적인 발언을 서슴지 않았다.

"저는 케빈이 이 회사를 차렸을 때부터 같이 일했습니다. 제가 세 번째 직원이었죠. 덕분에 초창기부터 그와 신뢰 관계를 쌓을 수 있었습니다. 오랫동안 참호에 함께 있던 전우니까요. 회사 규모가 커지면서 긍정적인 리더십 기술을 배우지 못하는 그의 무능함도 크게 두드러졌습니다. 그는 겉으로 좋은 상사처럼 보이려고 노력했고 그런 기대를 충족하기도 했지만 절대로 받아들이기 힘든 내적 투쟁을 겪었어요. 훌륭한 리더의 긍정적인 특성을 모방하는 식으로 리더십에 이성적으로 접근했지만 감정적인 측면에서는 결코 성공하지 못했습니다. 그가 인간적인 차원에서 팀원들과 유대 관계를 맺으려고 시도하는 모습을 지켜보는 게 무척 고통스러웠죠. 그는 화가 나거나 상대가 동의하지 않으면 유쾌하고 가벼운 어조로 말합니다. 진심을 속이고 있다는 걸 알려주는 신호죠. 거기에서 곧바로 거들먹거리는 어조로 바뀌고 목소리의 높이가 매우 공격적으로 변하거든요. 추측하거나 빈정거리기 시작하는데 그의 행동은 아주 빤해요. 행간을 읽을 필요도 없이 그가 화났다는 걸 단번에 알 수 있습니다. 다른 사람들의 생각을 전혀 알고 싶어 하지 않죠. 제가 보기에 그는 근본적으로 직원들의 니즈와 관점, 가치를 알아주거나 중요시하지도 않았어요. 직원들을 오로지 목적을 달성하기 위한 수단으로만 봤죠. 그걸 직원들도 다 알고 있었고요."

필은 그런데도 그 회사에서 오래 일한 이유는 여러 가지가 있다고 설명했다. 첫째, 그는 회사 운영과 마케팅 산업에 관해 케빈에게 엄청나게 많은 것을 배웠다. 둘째, 그는 케빈과 달리 차분하고 친절한 상사로서 완충장치 역할을 해야 한다는 막중한 의무감을 느꼈다. 마지막으로, 그는 방향 바꾸기와 회피 전략으로 케빈을 감당할 수 있었기 때문에 계속 머물렀다.

"제가 그런 상사 옆에서 오랫동안 버틸 수 있었던 비결은 씩 웃고 안전벨트를 단단히 매고 회피한 덕분이었죠. 하지만 지난 몇 년 동안 제 개인적인 삶에 변화가 있었고 이제 더 이상 회피 전략을 쓰지 않기로 했습니다. 일이든 사생활이든 중요한 문제가 있을 때는 용기를 내어 말하기로 했죠. 그래서 케빈과 솔직한 대화를 나누기 시작했는데 전혀 잘되지 않더군요. 물론 어떤 위험이 걸린 일인지 알고 있으니 매우 신중하게 대화에 접근했습니다. 그런데도 케빈과 서로 솔직해지는 전략은 완전히 역효과를 낳았어요. 그 일은 그 회사에서의 내 미래를 결정해준 결정타가 되었죠."

당신의 상사가 경계를 넘어 완전히 최악의 상사 진영으로 진입했다는 사실을 발견했다면 탈출하기 전까지 자신을 지켜야 한다. 그런 상사 옆에 계속 머물수록 당신의 건강과 미래가 해롭다. 연구에 따르면 소리 지르고 괴롭히고 자기밖에 모르는 미친 사이코패스 상사가 남긴 트라우마에서 감정적으로나 심리적으로 회복되기까지 최대 22개월이 걸린다.

이런 유형의 상사를 감당할 수 있는 것은 상사의 행동을 지지하거나 모방하는 사람들뿐이다. 만약 폭군 상사의 심복이 되고 싶다면 굳이 말리지 않겠다. 대신 그런 행동이 다른 사람들의 영혼을 죽이고 자신의 이익도 해친다는 것을 분명히 알아야 한다.

효과가 없을 수도 있고 역효과를 일으킬 수도 있는 전략

최악의 상사는 상식을 벗어난 사람들이기 때문에 전통적인 전략이 먹히지 않을 수도 있다. 게다가 최악의 상사를 대처하는 방안에 대한 제도적 지원이 약하거나 아무 효력도 없을 수 있다. 행운을 빈다.

1. 인사팀이 전혀 도움이 되지 않을 수 있다

인사팀을 찾아가는 것이 하나의 선택일 수 있다. 하지만 안타깝게도 별로 좋은 선택이 아닌 경우가 많다. 인사팀에서 일하는 선량한 사람들을 비방하려는 의도가 아니다. 대부분은 좋은 의도를 가지고 깊은 관심을 보여줄 것이다. 하지만 문제는 보통 그들이 아무런 힘도 없다는 것이다. 아니면 쓸모없는 힘만 갖고 있거나. 회사의 규모나 인사팀의 권한 범위, 기업 문화에 따라 많은 차이가 있다. 인사팀장이 경영진이고 다른 임원들과 동등한 사업 및 전략 파트너이고 긍정적인 기업 문화가 제대로 관리되고 있다면 해결 가능성이 있을 수도 있다.

하지만 이런 인사팀은 무척 드물다. 대부분 조직의 인사팀은 직원 보상, 복리후생, 고용계약, 회사가 법적 분쟁에 휘말리지 않게 하는 일을 주로 맡는다. CFO를 비롯해 다른 '전문가' 리더를 상사로 둔 인사팀 관리자는 아마 아무런 힘이 없을 것이다. 그래서 인사팀을 찾아간들 득보다 실이 많을 수도 있다. 인사팀이 직원의 불만을 어떤 식으로 지원하는지 미리 파악해두어야 한다.

2. 정면 대결은 위험하다

폭군 상사와 정면으로 맞서는 것은 매우 어려운 일이다. 항상 자신의 권리를 옹호하고 적당한 경계를 정해야 하지만 최악의 상사와 직접 맞서는 것은 대개 생산적이지 못하다. 타인을 기꺼이(그리고 즐겁게) 학대하는 사람들은 대화 자체를 받아들이지 않을 것이다. 따라서 그들의 행동에 맞서면 오히려 먹이를 던져주는 꼴이 될 수 있다. 곰을 찌르는 것과 다를 바 없다. 그래도 폭군 상사와 정면으로 맞선다면 대화를 현명하게 계획해야 한다. 요청에 감정을 빼라. 이 대화를 진행하는 방법을 조사하거나 전문가에게 도움을 청하자.

3. 동료들은 힘이 없다

유일하게 또는 그가 표적으로 선택한 무리와 함께 상사의 괴롭힘을 당하고 있을 때 동료들에게 대신 나서달라고 부탁해도 소용없을지도 모른다. 당신의 상사가 정말로 끔찍한 최악의 상사이면 동료들이 당신을 방어하기 위해 나섰다가 오히려 사지로 몰릴 수 있다. 동료들이 기꺼이 당신을 도와줄 의향이 있어도 결국 똑같은 처지가 될 가능성이 크다.

4. 중재는 효과가 있을 수도 있다

중재는 자주 언급되는 선택지다. 하지만 역시 이 방법도 효과가 있을 수도 있고 없을 수도 있다. 내가 아는 한 소리 지르고 괴롭히고 자기밖에 모르는 미친 사이코패스 상사와 중재를 통해 문제를 해결한 사람은 거의 없다. 당신의 상사가 단순히 짜증 나거나 나쁜 것뿐이라면 중재가 효과적일 수 있다. 하지만 최악의 상사라면? 아마 효과가 없을 것이다. 중재는 양쪽 당사자가 서로의 차이점을 공개적으로 논의하고 합의된 해결책에 이를 때 효과가 있다. 하지만 최악의 상사들은 대부분 자기반성 자체가 불가능하며 자기 행동이 가져온 결과에 대한 책임을 기꺼이 받아들이지 않는다. 오히려 더 집중적으로 표적이 되는 결과만 가져올 수도 있다.

5. 상사의 상사를 조심해라

상사의 상사에게 도움을 요청하는 것도 위험한 전략이다. 상사를 고용한 사람이 상사의 상사일 테니 둘은 밀접한 관계가 있을 것이다. 최악의 상사가 조직에 계속 머무를 수 있는 이유는 높은 성과와 정치 능력, 훌륭한 관리 기술 때문이다. 상사의 상사는 그의 열렬한 지지자이거나 문제를 표면화하는 것을 꺼릴 가능성이 있다. 어느 쪽이든 당신에게 좋은 징조가 아니다.

앤지의 상사 피터는 최악의 상사였다.

"착취와 언어폭력이 도저히 감당하기 어려운 수준이라 상사의 상사에게 이야기했어요. 크나큰 실수였죠. 피터의 상사 조애나는 피터에게 내가 불평했다고 말했고 그 후로 그의 행동이 더 나빠졌습니다. 그래서 이번에는 회사에 중재를 요청했어요. 회사에 그런 제도가 있었거든요. 하지만 조애나는 반대했어요. 예전에 중재자들하고 좋지 않은 경험이 있다고 끌어들이고 싶지 않다면서요. 자신의 관리 능력에 대한 이미지가 나빠진다는 거였죠. 아무튼 저는 완전히 미운털이 박히고 말았죠. 조애나보다 더 높은 사람들을 찾아갈까도 했지만 도저히 감당할 자신이 없더군요. 의욕이 완전히 사라져서 그럴 힘이 생기지 않았어요. 탈출만이 유일한 방법이라서 사표를 냈어요."

6. 내부 고발? 그 전에 잠깐!

나는 내부 고발자들을 진심으로 존경한다. 그들은 직장인들을 위한 모든 것(정치를 비롯해 인간 경험의 모든 부분도 포함)을 옹호하는 진정한 전사들이다. 나라면 조금도 망설이지 않고 내부 고발자를 채용할 것이다. 하지만 안타깝게도 우리 회사는 대기업이 아니다. 그리고 나는 아마 소수집단에 속할 것이다. 그런데 내부 고발은 분명히 옳은 일이지만 당사자에게 큰 재앙이 될 수도 있다. 정당하게 고발할 대상이 있더라도 말이다. 소규모 기업이 민간 부문 노동력의 53퍼센트를 고용하는 반면 대기업은 38퍼센트만을 고용한다는 사실을 생각해보자. 설상가상으로 소규모 사업체의 95퍼센트는 직원이 10명 미만이다. 만약 규모도 작은 기업에서 내부 고발을 하면 누가 신경이나 쓰겠는가?

만약 대기업에서 내부 고발을 한다면 성공 가능성이 있을 수도 있다. 하지만 변호사 군단과 홍보 부문의 전사들과 맞서야 한다는 것을 알아야 한다. 내부 고발은 옳은 일이지만 제대로 이해하고 완벽히 무장해야 한다. 좀 이상하지만 아무개 에어컨 업체나 아무개 구두수선점보다 포춘 500대 기업을 상대로 싸우는 것이 더 쉬울 수도 있다.

효과적일지도 모르는 전략

소리 지르고 괴롭히고 자기밖에 모르는 미친 사이코패스 상사 밑에서 오래 일하면서 승승장구할 수 있는 사람은 없다. 다음 전략은 일시적인 생존 전략일 뿐이다. 더 나은 직장을(혹은 그냥 아무데나) 알아볼 시간을 벌기 위함이다.

1. 생존자 마인드를 가져라

모든 생존 상황이 그렇듯 상황을 외부화하는 것이 중요하다. 말 그대로다. '왜'나 '왜 나에게 이런 일이' 같은 것에 감정적인 에너지를 소비하지 말고 지금 일어나고 있는 일들을 받아들이고 생존을 위한 전략을 고안하고 실행하는 데 에너지를 써라. 폭군 상사 밑에서 일하는 사람들은 생존과 탈출을 위해 최대한 객관성을 유지해야 한다. 생존과 탈출 전략에 에너지를 써라.

2. 거리를 둬라

살아남으려면 당신을 학대하는 상사와 감정적인 거리를 두어야 한다. 상사가 소리 지르면 그냥 지르게 내버려 둬라. 꾸짖고 깎아내리면 (당연히 속으로) 눈알을 굴려라. 감정을 폭발하면서 위협하면 오히려 우습다고 생각하라. 자기가 한 실수를 뒤집어씌우거든 다 안다는 듯한 미소를 지어라. 아무리 난리를 쳐도 친절함의 자세를 잊지 마라.

그의 괴롭힘은 내 잘못이 아니라는 사실을 떠올리면서 그렇게 우스꽝스럽게 행동하는 상사를 오히려 불쌍하게 여겨라. 상사가 무슨 '난리' 때문에 난리를 치던 진실한 미소를 지어주면서 처리하겠다고 말하라. 기억하라. 당신은 다른 사람의 행동을 관리할 수 없지만 자신의 **반응은** 관리할 수 있다. 상사와 거리를 두면 당신의 반응을 선택하는 데 도움이 된다.

3. 정신세계를 지켜라

이것은 당신이 할 수 있는 가장 중요한 일일 것이다. 매일 하루를 시작하기 전에 황금 방패를 들거나 영혼 주위에 힘의 장을 치는 상상을 해라. 이 황금 방패는 상사의 행동과 영향력이 마음 깊이 새겨지는 것을 막기 위해 꼭 필요하다. 힘의 장이나 방패가 상사의 독화살을 막아주는 그림을 상상하라. 우습지만 효과가 있다. 상사의 공격이 당신의 정신에 영향을 끼치지 못하도록 막을 방법이 필요하다. 정신세계를 지켜라.

4. 전문성을 유지하라

주어진 업무를 계속 잘해나가라. 고품질의 작업물을 내는 습관을 계속 이어가자. 성취한 내용을 전부 기록으로 남겨라. 최악의 상사 때문에 업무가 엉망진창이 되어서는 안 된다. 항상 제시간에 출근하고 프로젝트를 제때 전문성을 갖추어 완료하자. 업무와 결과를 모두 기록하라. 일 처리를 엉성하게 하거나 마감 기한을 맞추지 못하면 상사에게 트집 잡힐 거리만 보태주는 것이다. 겉으로는 자존감 높고 유능하고 전문적인 이미지를 지켜라.

5. 사선 밖으로 나가라

상사와의 접촉을 최대한 줄이자. 안전한 장소를 찾아라. 최악의 상사들은 다른 사람들 앞에서 본성을 드러내기 꺼리는 경향이 있다. 폭발하기 일보 직전에 침착하고 이성적인 태도로 그 자리를 떠나는 방법을 찾자. 최대한 눈에 띄지 않게 조용히 지내려고 노력하라.

6. 지원 네트워크를 활성화하라

지원 네트워크를 강력하게 유지하는 건 생존 상황에 매우 중요하다. 직장에서나 사생활에서나 지지자들과의 연락망이 갖춰져 있어야 한다. 조직 내에서는 동료들과의 연결 관계를 계속 이어가자. 상사의 영역 밖에 있는 업무에도 자원하라. 네트워크를 쌓고 업계 행사에도 참여하자. 회사 내부와 외부에서 많은 관계를 쌓을수록 탈출 기회가 많이 생길 것이다. 사생활에서는 고민을 털어놓을 수 있는 친구들의 지원망을 구축하자. 자원봉사를 비롯해 성취감을 느끼고 인정받을 수 있는 다른 기회도 찾자. 회사 밖에서 사람들과 어울려라. 스트레스를 해소할 배출구가 있어야 한다. 코치와 치료사를 비롯한 전문가의 도움을 받을 수도 있다. 주변에 친구와 응원해주는 사람들이 있어야 한다.

7. 자신을 보살펴라

최악의 상사가 당신의 신체적, 정신적 건강에 해롭다는 사실은 연구로도 확실히 증명된다. 가장 좋은 대처 전략을 마련해두자. 명상하고 운동하고 숙면하고 병원에도 가라. 당신의 건강과 웰빙이 일보다 훨씬 더 중요하다.

8. 출구를 준비해라

다시 말하지만 깨어 있는 시간을 대부분 최악의 상사 밑에서 보내야 한다면 도저히 버티기가 힘들 것이다. 반드시 탈출 계획을 세워야 한다. 이력서를 업데이트하고 네트워크를 활용하라. 조직 내부는 물론 밖에서도 기회를 찾자. 출구는 당신의 전적인 자유의지가 아닐 수도 있다. 만약 혼자서만 최악의 상사에게 괴롭힘을 당하고 있다면 어느 날 갑자기 해고 통보를 받을 수도 있다. 나는 최악의 상사의 표적이 되어 괴롭힘을 당하다가 결국 해고된 수십 명과 직접 이야기를 나눈 적이 있다. 마음의 준비를 해야 할 수도 있지만, 해고당하는 게 오히려 잘된 일일 수도 있으니 절대 부끄러워하지 마라.

현재 엘렌은 법조계의 매우 성공한 마케팅 임원이다. 그녀는 작은 이벤트 기획 회사에 취직했을 때 뭔가 잘못되었다는 것을 즉시 알아차렸다.

"상사가 이유 없이 저를 싫어했습니다. 첫날부터 아주 끔찍하게 대했죠. 다른 사람들 앞에서 비하하고 뭐든지 제 탓을 하고 밤낮없이 호출해댔어요. 그녀는 비윤리적인 사람이었고 저에게도 동조할 것을 요구했죠. 아침마다 회사 건물로 들어가기 전에 차에 앉아 울곤 했어요. 매일 친구들이 저를 위로해주고 격려해주느라 바빴죠. 저는 실업자가 되는 게 두려웠습니다. 내가 더 노력하면, 더 똑똑하게 일하면 상사의 태도도 달라질 거라고 생각했어요. 하지만 그 어떤 방법도 효과가 없었습니다.

그러던 어느 날 상사가 갑자기 저를 해고했어요. 하늘이 무너지는 줄 알았죠. 창피하고 부끄러웠어요. 그 직장에서 해고당한 사실을 지금까지 아무한테도 말한 적 없어요. 상처가 아물기까지 시간이 좀 걸렸지만 해고당해서 오히려 큰 행운이라는 것을 깨달았습니다. 덕분에 제 능력을 인정해주는 멋진 회사에서 지금의 위치까지 오르게 되었으니까요. 그때의 저에게 해고당했다고 세상이 끝나는 건 아니라는 걸 말해주고 싶어요!"

9. 모든 것을 기록하라

인사팀을 찾아가거나 법적 조치를 취하기로 결심하는 경우를 대비해서 상사의 학대를 기록으로 남겨두는 게 중요하다. 상사가 학대 행위를 보일 때마다 메모해서 안전한 장소에 보관하자. 회사 장비에 보관하지 **않는 것이** 좋다. 목격자나 또 다른 피해자의 이름뿐만 아니라 시간과 날짜도 기록하자. 학대 패턴을 설명하는 데 도움이 될 수 있으므로 다른 사람들이 당한 사건도 기록해야 한다. 상사의 학대가 드러나는 이메일 및 기타 서면 기록도 보관하라.

10. 기업의 비용 효용을 강조해라

최악의 상사의 만행을 윗선에 알리기로 했다면 상사가 기업에 끼치는 손실을 강조해야 한다. 이직률, 생산 비용, 결근 비용, 법적 비용 등에 관한 자료를 수집하자. 직원들의 자존감을 신경 쓰지 않는 조직도 있지만 손익을 신경 쓰지 않는 조직은 **하나도** 없다. 직장 내 괴롭힘 방지 연구소Workplace Bullying Institute(workplacebullying.org)를 비롯해 비용 효과의 측면에서 접근하도록 도와주는 기관이 여럿 있다.

11. 전문가의 도움을 구하라

학대하는 상사를 상대하는 것은 생명의 위협으로도 이어질 수 있는 매우 심각하고 위험한 일이다. 주저하지 말고 전문가에게 지원과 안내를 받아라. 직장 내의 전문가와 상담하라. 고용 변호사 등 이 분야의 전문가들에게 도움을 청하라. 전문가들의 도움을 통해 가능한 선택지를 알아보고 성공적인 전략을 세울 수 있다.

사이코패스 상사를 매니징 업하는 핵심 요약

효과가 없을 수도 있고 오히려 역효과가 일어날 수도 있음

- 인사팀의 도움을 받을 수도 있지만 인사팀에 그럴 만한 힘이 있어야 한다.
- 정면 대응할 때는 대화를 현명하게 준비하고 역효과의 가능성도 고려해야 한다.
- 동료들을 끌어들이거나 그들의 도움을 기대하지 마라.
- 중재는 아마도 효과가 없을 테지만 시도해볼 가치가 있을 수도 있다.
- 상사의 상사에게 도움을 청할 때는 주의가 필요하다. 두 사람이 동맹 관계일 수도 있으니까.
- 내부 고발은 깊이 고민해본 다음에 실행해야 한다.

효과가 있을 수도 있음

- 생존자 모드로 들어가라.
- 상사와 거리를 둬라.
- 정신을 보호하라(황금 방패를 준비해라).
- 전문성과 생산성을 유지해라.
- 가능한 사선 밖으로 나가라.
- 지원 네트워크를 활성화하고 자신을 보살펴라.
- 법적 절차나 인사 절차를 밟을 경우를 대비해서 모든 것을 기록으로 남겨라.
- 출구 계획: 이력서와 다른 서류들을 준비해라.
- 해고당하더라도 최악이 아닐 수 있다.

4부

상사 때문에 퇴사하고 싶은 당신에게

21

포기하는 것도 용기다

"처음에 성공하지 못하면 다시, 다시 시도해라. 그래도 실패하면 그때 그만둬라. 바보처럼 계속할 필요가 없다."

– W. C. **필즈**W.C. Fields

포기는 용기 있는 행동이다. 나는 절대로 포기를 가볍게 여기지 않는다. 그만두는 것은 내 천성이 아니다. 사실 나는 인생의 첫 4분의 1지점까지만 해도 절대 포기를 입에 담지 않았다. 혐오스러웠고 창피했다. 어릴 때 우리 집 가훈은 "포기하는 사람은 절대로 승리하지 못한다"였다. 부모님은 자식들에게 (물론 좋은 의미에서) 그 사상을 주입했다. 아버지와 어머니 모두 가난하게 자랐고 끈기와 노력을 통해 성공적인 삶을 일구셨다. 당연히 부모님에게 포기란 약점이었고 반드시 피해야만 하는 것이었다.

어릴 때는 물론 성인이 된 후에도 나와 형제자매들은 일단 하기로 한 일을 절대로 포기하지 않고 책임져야만 했다.

'농구가 하기 싫어? 그것 참 안 됐네. 하지만 농구한다고 했으니까 시즌 끝까지 해. 기타 교습이 싫어? 안 됐네. 배우겠다고 했으니까 우선 해. 수학이 싫어? 안 됐네. 그래도 최선을 다해. 아기 보는 게 싫어? 참아. 용돈 벌겠다고 했잖아. 동네 피자 가게에서 일하는 게 싫어? 안 됐네. 일하겠다고 했으니 끝까지 해야지.' 매사에 이런 식이었다.

나는 어른이 되어서 사회에 발을 들여놓은 이후에도 이 주문을 외우면서 살았다. 포기는 포기하는 사람이나 하는 것이고 포기하는 사람은 절대로 승리하지 못한다고. 끝까지 포기하지 않는 것은 고귀하고 유용하기도 한 신조이지만 나는 포기가 힘을 실어주기도 한다는 것을 경험으로 배웠다. 그만두는 것이 창의성과 성장의 디딤돌이 될 수 있다고 믿게 되었다. 포기가 가장 좋은 선택이고 꼭 포기해야만 할 때가 있다.

떠나야 할까, 머물러야 할까?

포기는 스펙트럼이다. 만약 조금이라도 어려운 징후가 나타났을 때 그만두면 귀중한 교훈과 경험을 놓칠 수 있다. 근성을 키우지 못할 것이다. 안전지대 안에만 머무르면 배우지도 성장하지도 못한다. 반대로 영혼을 파괴하는 사람 옆에 계속 머무르면 불행해지고 삶에서 소중한 것들에 쏟을 에너지를 빼앗기니까 어리석은 일이 아닐 수 없다. 나에게 가장 좋은 결정을 내릴 수 있는 사람은 나뿐이다.

그만둬야 한다는 신호

- 매일 불행한 마음으로 아침을 맞이하고 출근이 두렵다. 일요일 밤마다 마치 다음 날 도살장으로 끌려가는 기분이 든다.
- 신체적, 정서적 웰빙이 나빠지고 있다.
- 직장에서 (신체적 또는 감정적으로) 안전하지 않다고 느낀다.
- 직장에서 상사를 피해 숨는 자신을 발견한다. 계속 눈치 보면서 조심스럽게 행동하고 계속 투쟁 또는 도피 상태에 머무른다.
- 스트레스가 삶의 전반에 스며들고 있다.
- 업무 처리보다 사내 정치에 대해 생각하거나 상사로부터 살아남기 위한 전략을 세우는 데 쓰는 시간과 에너지가 더 많다.
- 당신의 자존감과 자신감이 곤두박질쳤다.
- 두려움, 스트레스, 불행 속에서 살고 있다.
- 문제를 바로잡기 위해 온갖 방법을 써보았지만 하나도 효과가 없다.
- 이제 생존 모드에서 벗어나 성공 모드로 들어가고 싶다.

프라이팬에서 불로

사람들이 최악의 상사 밑에서 계속 일하는 이유는 무엇일까?

무엇 때문에 어려운 상황을 벗어나지 못하는가? 왜 자신의 커리어를 스스로 제어하지 못할까? 대개 사람들이 그런 상사를 떠나지 못하는 이유는 서로 경쟁하는 두 가지 감정적 요인 때문이다. 두려움과 희망 말이다. 이 원인들이 우리의 의사 결정을 방해한다.

먼저 두려움에 관해 이야기해보자. 사람들이 두려워하는 것은 무엇인가? 손실, 실패 그리고 미지의 것. 우리는 변화를 주는 것을 어려워하고 과연 자신이 변화를 성공시킬 수 있을지 두려워한다. 자신의 선택이 일으킬 불을 겁낸다.

다음은 우리 워크숍에서 참가자들에게 최악의 상사나 최악의 직장에서 계속 일하는 이유를 물어볼 때 가장 많이 나오는 대답이다.

- 새 직장을 구할 시간이 없다.
- 차라리 아는 악마가 모르는 악마보다 낫다. 만약 잘못된 선택을 하면 어떡하지?
- 이 일을 정말 사랑하는데 내가 왜 떠나야 하지?
- 돈이 꼭 필요하다. 월급이 적어지면 생계를 감당할 여유가 없다.
- 이 분야의 기업이 이 지역에서 여기뿐이다.
- 동료들을 실망시키고 싶지 않다.
- 이 직책이나 회사가 주는 지위를 잃고 싶지 않다.
- 고용 시장이 너무 빡빡해서 다른 직장을 찾기가 힘들다.
- 이직하기에는 빚이 너무 많다.

- 의료 보험, 퇴직금, 탄력적인 근무 시간을 비롯해 좋은 혜택들을 잃고 싶지 않다.
- 좋은 직장이 없다. 전부 다 똑같다.
- 이 직장에 너무 많은 투자를 해서 새로운 직장에서 다시 시작하고 싶지 않다.
- 연봉이 너무 좋아서 그만둘 수가 없다.
- 이력서를 넣어봤지만 별로 성과가 없다.
- 다른 직업을 구할 만한 기술이 없다.
- 그만두면 추천해주거나 도움을 준 사람들에게 미안할 것 같다.
- 그냥 다니는 것 말고 다른 방법을 모르겠다.
- 그만두면 상사에게 지는 것이다.
- 상황이 나아질지도 모른다.
- 내 사전에 포기란 없다.

직장을 바꾸는 것은 쉽지 않은 일이다. 많은 두려움이 따른다. 결과적으로 잘못된 선택이 될 수도 있고 완벽한 직장을 찾지 못할 수도 있다. 연봉이 줄어들 수도 있다. **전부 다 이해되는** 두려움이지만 **사실이 아닐 수도** 있다. 직접 해보기 전에는 알 수 없다. 만약 너무 비참한 상황인데도 이런 변명거리를 내세우며 그만두는 것을 미루고 있다면 자신의 현실을 제대로 조사해봐야 한다. 대개 망설임의 이유는 객관적인 현실이 아니라 두려움 때문인 경우가 많다. 두려움이 의사 결정 능력을 가로막는다.

두려움은 사람들을 망설이게 만드는 커다란 요인이지만 끊임없는 희망 또한 사람들의 발목을 붙잡는다. 인간은 낙관적이다. 오늘보다 내일이 더 좋을 거라고 생각한다. 언젠가 상사가 변할 것이고 조직에서 조처해줄 것이고 상황이 개선될 것이라고! 언젠가 분명 해 뜰 날이 있을 테니 그때까지 기다릴 것이라고. 지금은 너무 힘들어도 언젠가 저 무지개의 끝자락에서 금 항아리를 발견할 수 있다고 믿는 것이다.

희망과 낙관주의는 훌륭한 특징이다. 많은 성공한 사람의 감정적 원동력이기도 하다. 연구자들은 이것이 재앙에서 살아남는 중요한 열쇠라고도 말한다. 희망과 낙관주의는 끔찍한 상황에서 살아남은 사람들의 차별화된 요소일 때가 많다. 하지만 지금 우리는 망망대해에서 길을 잃은 것도 아니고 포로수용소에 갇힌 것도 아니다. 9시에 출근해서 6시에 퇴근하는 선진 사회의 직장 생활에 관해 이야기하고 있다. 상사로부터 살아남는 것이 당신에게 제일 나은 선택이라면 이 책의 전략들이 모쪼록 도움이 되길 바란다.

하지만 만약 그냥 버티기만 하는 것에 지쳤고 잠재력을 펼치면서 성공으로 나아가는 기회를 원한다면 그 희망(또는 두려움)을 사용해 다른 선택을 고려해보기를 권한다. 선택의 기회비용을 알아야 한다. 살아남기 위한 선택인지 성공하기 위한 선택인지.

바보야, 문제는 경제야

1992년 미국 대통령 선거에서 빌 클린턴의 선거 전략가 제임스 카빌James Carville은 "바보야, 문제는 경제야"라는 문구를 통해 가장 중요한 것이 경제라는 사실을 모두에게 상기시켜줌으로써 클린턴의 선거 캠페인을 성공적으로 이끌었다. 그만두는 것이 내키지 않거나 옳은 선택인지 확신이 없다면 간단한 경제 분석을 통해 당신의 결정을 점검해보는 것을 추천한다. 바보야, 문제는 기본 경제학이야!

사람들이 회사를 그만두는 것을 꺼리는 이유는 잘못된 경제적 의사 결정 때문일 수도 있다. 간단히 말해서 인간은 매몰 비용과 기회비용을 비교할 때 큰 혼란을 겪곤 한다. 기본 경제학 수업에서 배운 내용이 생각나지 않는 사람들을 위해(혹은 나처럼 졸았던 사람들을 위해) 이 기본 경제 원리에 관해 설명해주겠다.

매몰 비용은 과거에 발생한 자원(시간, 에너지, 돈 등)을 말한다. 이 비용은 회복이 불가능하다. 되찾을 수가 없다. 영영 날아가 버렸다. 반면 **기회비용**은 미래에 관한 비용이다. 이 대안이 아닌 저 대안을 선택함으로써 잃거나 얻는 이익 또는 수익, 보상을 이해하기 위한 개념이다. 만약 자원(당신!)이 차선책으로 활용된다면 실현될 수 있는 이익을 말한다. 간단히 말해서 기회비용은 우리가 '가지 않은 길'에서 얻거나 포기하는 것을 뜻한다.

다시 말해, 당신을 비참하게 만드는 상사 밑에서 계속 일한다면 당신은 두 배로 잃는다. 매몰 비용(지금의 직장에서 보내는 시간)에 기회비용(미래의 행복과 성장, 기쁨의 비용)이 더해짐으로써 전체 비용이 두 배로 늘어난다. 경제적인 관점에서 엄청나게 바보 같은 짓이다. 때로는 포기하는 것이 가장 현명한 선택이다.

다음 에릭의 이야기에서도 잘 알 수 있다.

에릭은 전국 비영리단체 지부의 개발 책임자였다. 그는 그 일이 좋았고 능력도 뛰어났다. 그의 기금 모금 능력은 전국의 모든 지부를 통틀어 가장 뛰어났다. 그가 일하는 지부에 새로운 전무이사가 오기 전까지는 모든 일이 순조롭기만 했다.

"낸시가 새로운 전무이사로 온다는 소식을 듣고 기대가 컸습니다. 본부의 허락으로 제가 직접 그 자리에 적합한 인물들을 알아봤고 그 중에서도 가장 열렬하게 응원한 후보자가 바로 낸시였거든요. 첫날 낸시는 간섭하지 않는 상사가 될 것이라면서 저희에게 각자 부서의 리더가 되어달라고 했습니다. 조언은 해줄 수 있지만 오히려 우리에게 배우고 싶다면서요.

하지만 그 말은 하루밖에 가질 못했죠. 그녀는 곧바로 우리를 감정적으로 괴롭히기 시작했고 극단적인 마이크로매니저에 충동적인 상사로 변했습니다. 모든 걸 직감으로 처리했죠. 쌀쌀맞게 대하다가도 갑자기 챙겨주고 계속 왔다 갔다 했어요. 오늘은 과연 어떤 모습일지 도무지 종잡을 수 없게 되었죠. 자기는 '부하 직원'에게 관리받는 것에 무척 민감하다면서 그런 시도를 했다간 가만히 있지 않을 거라고도 했어요. 정말 미치고 펄쩍 뛰겠더군요.
저는 어떻게든 잘해보려고 노력했습니다. 평소 상사 관리를 잘하는 편이라서 온갖 전략을 다 써봤지요. 본부에서도 제가 그만두길 원치 않으니까 도와주려고는 했지만 아무래도 저보다는 낸시가 우선이더군요. 그녀를 영입하는 데 시간과 돈이 많이 들었으니까요. 본부에선 제가 어떻게든 잘 해결하리라고 믿는다는 말만 계속했어요. 사태가 심상치 않다는걸 알아채고 선임 리더 중에서도 조직을 떠나는 사람들이 생겨나기 시작했습니다. 저는 끝까지 버티겠다고 다짐했죠. 조직의 사명에 깊이 공감하는 데다 제가 착착 발전시켜온 기금 모금 프로그램도 있었으니까요. 조직에 쏟아부은 시간과 에너지, 열정, 창의력이 너무 아까워서 그만둘 수가 없었습니다. 너무 불행했지만 끝까지 버티고 싶었습니다."
에릭이 조직에 투자한 과거의 경험과 시간, 에너지가 매몰 비용이다. 그 시간과 에너지는 이미 소비되었다. 매몰 비용은 회수할 수 없다. 조직에 남기로 한 선택에 대한 그의 기회비용은 행복과 성공이었다. 다시 말해서 에릭은 성공을 위한 선택을 할 수 있었는데 그냥 버티기로 선택한 것이다. 에릭은 낸시 밑에서 일하는 한 절대 행복하지 않을 거다. 상사는 에릭이 성공하도록 놔두지 않을 것이다. 현재 위치에 그대로 머무르는 것은 감정적으로나 경제적으로 말이 안 되는 선택이었다.

"저는 한참 뒤에야 깨달았습니다. 절대로 변하지 않을 상사 밑에서 일하는 것을 선택함으로써 다른 곳에서 성공과 행복을 찾을 수 있는 기회를 포기하는 셈이라는 걸요. 지금까지의 경험을 최대한 활용하고 싶은 애착이 저를 미래로 나아가지 못하게 가로막고 있었던 겁니다."

마지막 문장이 핵심이다. 과거의 노력(매몰 비용)을 최대한 활용하려는 애착이 사람들이 성공 기회를 잡지 못하도록 가로막는다.

독이 든 우물은 독이 든 우물이다

상사를 바꿀 수 있다고 믿거나 얼마든지 버틸 수 있다고 생각해서 떠나지 못하는 사람들은 나르시시스트 상사를 다룬 장에서 사라가 말한 독이 든 우물의 비유를 기억하기 바란다. 우물에 갔는데 우물에 독이 들었다는 사실을 알게 되었다고 해보자. 그런 상황에서 뭘 할 수 있을까? 컵을 바꿀 수 있다. 두 번째, 세 번째 컵을 가져온다. 다른 길을 이용해서 우물에 가보기도 한다. 하지만 우물물을 마시기 위해 온갖 방법을 써봐도 물에 독이 들어 있다는 사실은 변하지 않는다. 어떤 컵을 쓰든, 어떤 길로 가든, 우물물에는 여전히 독이 들어 있다. 독이 든 우물물은 마실 수 없다.

직장도 독이고 상사도 독이라면 당신은 스스로 자신을 구하도록 허락해주어야 한다. 언젠가는 떠나야 한다. 당신의 끔찍한 상사는 절대로 변하지 않을 것이다. 독을 그만 들이켜라. 이제 주도적으로 행동하라. 떠나야 할 때를 알아야 한다.

올바른 퇴사 방법

그만두기로 결정했으면 우아하게, 전략적으로, 안전하게 그만둬야 한다. 우선 그만두기 전에 분노와 저주의 말을 던지고 싶은 충동을 참아야 한다. 그 당시에는 기분이 좋을 수도 있지만 좋은 생각이 아니다. 그만둘 때도 최대한 프로다운 모습을 보여야 한다. 몇 가지 팁과 지침을 소개한다.

1. 다음 행동을 준비하라

가능하면 그만두기 전에 미리 이직 계획을 세우자. 일반적인 상식과 고용에 관한 연구에 따르면 아직 회사에 다니고 있을 때일수록 이직하기가 더 쉽다. 고용주들은 이미 고용되어 있는 사람을 채용하는 것을 선호한다. 당신이 가치 있는 상품이라는 메시지를 전달하기 때문이다. 다른 회사에서 당신을 '훔쳐' 올 수 있으니 우쭐한 기분도 들 것이다. 당신이 고용주에게 헌신하는 진지한 직장인이라는 이미지를 줄 수 있기도 하고 말이다.

다른 직장을 찾기 전에 그만둘지는 오직 당신만이 할 수 있는 선택이다. 나는 실용성을 중요시하는 중서부 사람이라 직장이 없는 상태로 떠돌면 왠지 불안할 것 같다. 하지만 안전망 없이 뛰어내린 사람들도 많이 보았다. 오직 개인의 선호도와 경제적 상황에 달려 있다.

2. 관계를 아예 끊지 마라

가능한 좋게 떠나라. 세상은 당신이 생각하는 것보다 훨씬 좁다. 전 직장 상사나 동료들을 언제 어디에서 어떻게 다시 만날지 모르는 일이다. 우아하고 프로답게 떠나는 모습으로 당신의 이미지와 브랜드를 지켜라.

3. 상사와 조직에 적절한 방법으로 알려라

퇴사는 2주 전에 통보하는 것이 거의 모든 업계의 관행이다. 원한다면 더 일찍 알려도 되지만 절대 그보다 촉박하게 알려서는 안 된다. 사무직이라면 사직서를 쓰고 상사에게 직접 퇴사하겠다고 말해야 한다. 이때 기쁨을 최대한 억누르도록 해야 한다. 사직서는 직원 파일에 들어가며, 이직 시 추천인이 필요해서 전 상사에게 연락이 갈 때 사용될 수도 있음을 기억하라. 사직서는 전문적이고 긍정적으로 써야 한다.

4. 가능한 간단하게 긍정적으로 하라

퇴사한다는 것 이외에 쓸데없이 다른 말을 많이 하지 말아라.

가능하다면 이 직장에서 일한 경험 중 좋은 측면을 강조하려고 노력하라. 되도록 부정적이거나 비난하는 모습을 보이지 마라. 지금 그래봤자 아무런 의미가 없다. 상사가 갑자기 자신이 얼마나 나쁜 인간인지 깨달을 리도 없으니까. 이런 식으로 하면 된다.

"다니엘, 저는 퇴사하기로 했고 2주 전에 사직서를 낼 것이라는 사실을 직접 알려드리고 싶었습니다. 이곳에서 많은 것을 배웠고 무척 흥미로웠습니다. 그 경험에 감사하지만 이제 다음 기회로 옮겨야 할 때라고 결정했습니다."

일회용 반창고를 떼어내듯 한 번에 속 시원하게 확 해치워라.

5. 이직 타임라인을 만들어라

이직 계획을 분명하게 설명하자. 떠나기 전에 무엇을 할 것인지를 확실하게 알려야 한다. 끝내기로 약속한 프로젝트가 있으면 끝내라. 감당하기 어려울 정도로 나서면 안 되지만 이미 처리하기로 한 일들만큼은 확실히 하고 나가야 한다. 상사와 팀원들에게 프로젝트 진행 상황을 완전히 업데이트하라.

6. 확실하게 인수인계하라

당신을 대신해서 들어오는 사람이 업무를 수월하게 이어가고 뭔가를 찾기도 쉽게 해두고 가라. 책상 서랍에 "당장 탈출하세요!"라고 쓴 비밀 쪽지를 넣어두고 싶은 유혹을 떨쳐라.

7. 너무 늦지 않게 떠날 수 있도록 준비해라

만약 당신의 상사가 최악의 상사라면 해고 통보와 동시에 당신을 쫓아낼 수도 있다. 퇴사를 알리기 **전에** 개인 소지품, 연락망, 중요 서류, 표창장 등을 전부 정리하라. 회사 물건은 전부 신속하게 제대로 돌려줘야 한다. 물품을 반환하고 확인서를 받아둔다. 혹시라도 도둑으로 몰리면 큰일 나니까 말이다.

8. 회사가 진 빚을 확인하라

당신이 사용하지 않은 병가나 휴가가 남아 있을 수 있다. 현금화하거나 회사의 혜택, 퇴직금, 건강보험 등을 옮기는 방법을 확실히 알아봐야 한다. 인사팀에 방문하면 도움이 된다.

9. 퇴사 인터뷰를 하라

인사팀과의 퇴사 인터뷰를 제안받았다면 정직하면서도 요령 있게 하라. 혹시 아는가? 인사팀에서 당신의 끔찍한 상사에 대한 끔찍한 이야기를 듣고 앞으로 뭔가가 바뀔지. 가끔 전혀 상상할 수 없는 일도 일어나는 법이니까 말이다. 너무 기대하진 말고. 퇴사 인터뷰에서 최악의 상사 밑에서 일했던 어려움을 표현하기를 두려워하지 마라. 이성적이고 사실적인 태도로 프로답게 이야기하면 된다. 물론 감사하는 마음도 표현해야 한다.

10. 작별 인사를 해라

시간을 내서 동료들에게 작별 인사를 해라. 사회에서 가장 값진 것이 인간관계다. 끝까지 최고의 관계를 유지하라.

11. 욕하지 마라

새로운 직장의 면접을 볼 때 상사를 욕하면 안 된다. 그쪽에서는 당신과 상사의 관계를 알지 못한다. 상사에 대해 나쁘게 말하는 사람만 보일 뿐이다. 새로운 직장을 찾으려는 사람이 아니라 불만이 가득한 사람으로만 보인다. 이곳에서 일하다 떠나도 똑같이 험담할 것처럼 생각하게 된다. 아무리 새로운 고용주가 뒷말하기를 좋아해도 예전 상사를 욕하는 것은 당신에게 역효과만 일으킬 것이다. 아무리 끔찍한 상사에 관한 경험담이 궁금해도 나라면 현재 고용주를 욕하는 직원을 절대로 고용하지 않을 것이다. 리더라면 당연히 그럴 것이다.

12. 또 욕하지 마라

새 직장에 취직한 뒤에도 예전 상사를 욕하지 마라. 새로운 상사와 깊은 신뢰가 생기기 전에는 그러면 안 된다. 예전에 입사한 지 6개월이 지난 후에야 예전 상사에 관한 끔찍한 이야기를 들려준 훌륭한 직원이 있었다. 만약 좀 더 일찍 말했더라면 이미지가 나빠졌을 것이다. 그가 새 직장에서 흔들림 없는 신뢰와 존중심을 쌓고 훌륭한 근태를 보여준 다음에 그런 말을 한 것은 현명한 선택이었다. 새로운 직장에서 예전 상사를 함부로 욕하지 말고 정말로 믿을 수 있는 동료와 친구에게만 말하라.

퇴사하기 전에 알아둬야 할 핵심 요약

- 그만두기 전에 만반의 준비를 해라. 개인 소지품을 챙기고 회사 물품을 반환하고 회사에서 받을 것이 있는지 확인한다.
- 사직서를 미리 내라.
- 관계를 아예 끊지 마라.
- 최대한 프로답고 존중심이 담긴 태도로 퇴사 과정을 진행하라.
- 팀원들과 동료들에게 작별 인사를 해라.
- 품위 있는 태도로 퇴사 인터뷰를 해라.
- 적어도 새로운 상사와 동료들과 신뢰를 쌓기 전까지는 이전 상사에 대해 험담을 하지 마라.

22

어떤 상사도 대처할 수 있는 궁극의 매니징 업 기술 50

"모든 성공 신화는 지속적인 적응과 수정, 변화에 관한 이야기다."

- 리처드 브랜슨 Richard Branson

상사를 관리하는 매니징 업은 그 측면과 모양, 구성이 다양한 진정한 예술이다. 이 책에서는 지금까지 특정한 성격적 특징과 행동을 토대로 하는 매니징 업에 대해 살펴보았지만 아래의 목록은 어디서나 흔히 볼 수 있는 평범하고 정상적인 상사를 관리하기 위한 50가지 팁이다. 매니징 업의 기본 수칙이라고 생각하면 된다. 그럼 행운을 빈다!

1. 관계 또는 파트너십을 구축하라

시간을 들여 진정한 관계를 구축한다. 상사에 대해 알려고 노력하라. 그가 어떤 사람인지, 무엇을 했는지. 가끔 커피도 한잔한다.

상사와 목표를 공유한다는 것을 보여준다. 조직의 우선순위를 달성하는 데 있어서 믿어도 되는 부하 직원이라는 사실을 보여줘라. 인간적인 모습을 보여주자.

2. 항상 프로다운 모습을 보여라

상사가 어떤 태도를 보이든 항상 전문가다운 자세로 일을 처리해야 한다. 맡은 일에 진지하게 임하는 모습을 보여라.

3. 문제가 아닌 해결책을 가져가라

상사에게 문제만 가져가지 말고 해결책도 제시하자. 해결책은 전혀 없이 문제만 가져가서는 절대로 안 된다. 여러 가지 선택지를 제시한다면 더욱더 좋다. 상사에게 주도적으로 적극적인 태도를 보여주자.

4. 상사를 놀라게 하지 마라

절대로 상사를 놀라게 하지 마라. 상사가 그의 일과 관련해 중요한 일을 전부 인지하고 있도록 도와줘야 한다. 그래야 상사가 그의 상사를 놀라게 하지 않을 수 있다.

5. 겸손해라

겸손은 큰 도움이 된다. 상사에게 특권 의식을 보이지 마라. 기께이 배우려는 모습과 사소한 일에도 솔선수범하는 모습으로 팀워크를 보여주자.

6. 너그러운 마음을 가져라

당신의 상사도 똑같은 사람이고 당신이 생각하는 것보다 훨씬 더 많은 압박감에 시달린다는 사실을 기억하라. 그가 작정하고 당신의 삶을 힘들게 만들려는 것이 아니다. 그로서는 현재 최선을 다하고 있을 것이다.

7. 정직하라

항상 잘못을 인정하라. 대부분의 상사는 배우는 과정의 일부로 실수를 기꺼이 받아준다. 겸허한 태도로 실수를 인정하고 앞으로 더 잘하려고 노력하자.

8. 상사의 시간을 존중하라

상사를 찾아갈 때는 반드시 제대로 준비된 상태여야 한다. 상사는 당신(그리고 다른 사람들)을 관리하는 것 말고도 처리할 다른 일들이 많을 것이다. 필요한 일만 해결하고 얼른 나가라.

9. 받아들이고 적응하라

상사를 바꾸려고 하지 마라. 그는 어쩔 수 없이 그런 사람이다.

업무와 관련해 상사가 선호하는 스타일을 파악하고 그대로 따르자.

10. 상사를 보완하라

상사의 장점을 파악하고 맞춰나가자. 그의 약점을 보완해주려고 노력하자. 만약 회의에서 상사가 메모를 잘하지 못한다거나 까먹고 세부적인 실행 과제를 요약해주지 않는다면 대신 나서라. 상사는 물론이고 당신과 회사를 위해서도 좋은 일이다.

11. 우선순위를 맞춰라

당신의 우선순위가 상사와 조직의 우선순위와 일치하는지 확인하자. 변화하는 우선순위에 적응하지 못하면 성공에도 방해가 된다. 상사의 목표를 절대 추측하지 마라. 상사의 목표 달성을 도우려면 어떻게 해야 하는지 명확하게 알아야 한다.

12. 새로운 계획을 세워라

현재의 관리 전략이 효과가 없다면 다른 방법을 시도하자. 만약 상사가 당신의 소통 방식에 잘 반응하지 않는다면 방식을 바꿔라. 상사가 당신의 기여를 인정해주지 않는 것 같다면 다른 기여 방법을 찾자. 계속 시도하라! 한 가지 방법만 시도하고 포기하지 마라.

13. 피드백을 잘 받아들여라

긍정적이거나 건설적인 피드백을 받는 기술을 발전시키자. 비판에 관한 한 성장 마인드셋을 가져라. 배우려는 태도를 보이고 피드백이 모호하면 구체적인 정보를 요청하라. 비판적인 내용이라도 피드백은 선물이다. 부정적인 내용일지라도 피드백을 올바로 받아들이는 자세는 바로 '고마움'을 갖는 것이다.

14. 상사의 레이더망으로 들어가라

아무리 사소한 방법이라도 매일 상사와 소통하라. 출퇴근할 때 인사 한마디라도 괜찮다. 하지만 성가시게 굴지는 마라. 계속 관계를 쌓고 상사의 레이더망에 머무르면 된다.

15. 상사의 관점을 파악해라

상사의 관점으로 세상을 바라보고 이해하려고 노력해라. 그의 입장이 되어보자. 상사가 항상 옳지 않을 수도 있지만 중요한 안건을 정하는 것은 상사니까.

16. 상사의 삶을 편하게 만들어라

상사의 삶을 조금이나마 편하게 만들어줄 방법을 찾아보자. 작은 변화를 가져오는 크고 작은 기회를 매일 찾아라.

17. 징징대지 마라

상사가 가끔 예민하거나 기분 나쁘게 굴어도 너무 신경 쓰지 마라. 사람은 누구나 컨디션이 좋지 않을 때가 있는 법이다. 징징대지 마라.

18. '할 수 있다'라는 태도를 보여라

도전적인 태도를 보여라. 긍정적인 태도로 프로젝트를 진행하라. 다들 함께하는 자리에서 상사가 도움을 요청하면 가장 먼저 자원하자.

19. 감사하는 마음을 가져라

기회가 있을 때마다 "감사합니다"라고 말하자. 감사 인사를 받는 것을 싫어하는 사람은 없다. 작은 감사의 한마디에 큰 힘이 들어 있다.

20. 가끔 상사를 칭찬하라

관리는 힘든 일이다. 관리 업무에 대한 피드백을 얻는 관리자들은 많지 않다. 가끔 전문적인 표현으로 일에 대한 칭찬을 들으면 누구나 기분이 좋아진다.

21. 모든 진실을 공유하라

상사가 알아야 하거나 알아야 할 것 같은 정보는 좋은 내용이 아닐지라도 반드시 전달해야 한다. 좋은 소식만 공유하면 안 된다.

22. 상사의 좋은 점을 인정하라

상사에 대해 부정적으로 생각하면 그의 가장 나쁜 특징과 단점들만 눈에 들어온다. 그러면 직장 만족도도 떨어지고 조직에서 성공할 가능성에도 전혀 도움이 되지 않는다. 마음을 열고 상사의 긍정적인 부분을 보려고 노력하라.

23. 거짓말하지 말고 속이지 말고 훔치지 마라

비록 상사가 그렇지 않더라도 도덕성의 기준을 높이 세워라.

24. 불평하지 말고 요청하라

모든 불만은 요청할 사항이 있기 때문이다. 찾아서 말하라.

25. 효과적으로 요청하라

상사는 독심술사가 아니다. 상사에게 요청할 때는 요구 사항이 무엇이고 어떤 방법으로 가능하고 중요한 이유가 무엇인지 명확해야 한다. 당신의 요청이 상사와 조직의 목표 및 우선순위와도 일치하면 더 좋다. 윈-윈-윈이 되도록 요청하라.

26. 맡은 일을 제대로 해라

자신의 역할과 의무를 제대로 알아야 한다. 해야 할 일이 무엇인지 정확히 알고 제시간에 결과를 전달해라. 더 흥미를 끄는 일을 하려고 맡은 일을 대충 끝내서는 안 된다.

27. 덜 약속하고 더 해주어라

이 말이 오랜 명언인 이유에는 다 이유가 있다. 약속을 지키고 마감일보다 일찍 고품질의 결과물을 제공해라. 실패가 아닌 성공을 위해 준비하라.

28. 상사에게 정말 중요한 것을 제공하라

당신의 상사는 시간 엄수를 중요시하는가? 그렇다면 시간 약속을 잘 지켜라. 상사가 승진하고 싶어 하는가? 그가 성공의 사다리를 오르도록 도울 방법을 찾아라.

29. 상사가 예민하거나 극도로 싫어하는 것을 찾아라

터무니없다고 생각되더라도 상사가 싫어하는 것은 무조건 피하라. 옥스퍼드 콤마를 사용하지 않으면 엄청나게 싫어하는가? 그럼 옥스퍼드 콤마를 쓰면 된다!

30. 피드백을 요청하라

상사가 피드백해주지 않으면 직접 요청하라. 어떤 부분에 대한 피드백이 왜 필요한지 구체적으로 설명하자. 당신이 무엇을 필요로 하는지 상사가 쉽게 알 수 있도록 말해야 한다. 그리고 피드백을 '들은 후'에는 그에 따른 적절한 행동을 취해서 귀담아들었음을 확실하게 표시하자. (피드백이 틀려도) 절대 방어적인 태도를 보이지 마라.

31. 뒤에서 배신하지 마라

상사 모르게 또는 상사의 상사를 통해 문제를 해결하려고 하지 마라. 자기만 까맣게 모르고 있는 것을 좋아하는 사람은 없다. 특히 상사들은 더더욱 그렇다.

32. 니즈를 예측하라

상사의 목표나 상사가 제출해야 하는 업무에 주의를 기울이고 주도적으로 나서서 도와라. 예를 들어, 상사가 이사회에 분기별 판매 실적 예측 보고서를 제출해야 한다면 그가 부탁하기 전에 미리 자료를 준비해주자. 평소 한발 앞서서 신경 쓰고 있다는 사실을 보여줘라.

33. 업무에 열정적으로 임하라

부정적이고 불평 많은 사람과 일하고 싶은 사람은 없다.

34. 팀에 의지하라

상사와 일하는 다른 사람들이 어떤 전략을 쓰는지, 어떤 전략이 효과가 없는지 주목하라. 효과적인 방법은 따라서 시도하고, 효과 없는 방법은 버려라. 다른 팀원이 당신이 이미 시도해본 효과 없는 방법을 쓰고 있다면 꼭 알려주고 도와주자. 모두가 같은 방향으로 노를 젓는다면 상사와 팀원들이 훨씬 더 행복해질 것이다. "썩은 사과 하나가 전체를 망친다"라는 말을 기억하자.

35. 상사의 이미지를 살려줘라

상사의 이미지가 좋으면 결과적으로 당신의 이미지도 좋아진다. 이것이 바로 연상의 기술이다. 만약 상사가 나쁘게 보이면 당신은 어떻게 될까? 당연히 나쁜 영향을 미칠 것이다. 만조는 모든 배를 끌어올린다.

36. 계속 최신 정보를 제공하라

상사가 당신이 상황에 대해 알고 있다고 생각하지 마라. 시간을 내서 최신 정보를 제공하고 당신의 활동과 성과를 알리자.

37. '나'가 아니라 '우리'를 사용해라

상사의 상사를 비롯해 조직의 다른 리더들에게 부서가 거둔 성공에 관해 이야기할 때는 '우리'라는 표현을 사용해서 공로를 나누자. 그러면 분명 상사도 알아차릴 것이다.

38. '이인칭'이 아니라 '일인칭'을 사용해라

요구 사항이나 기대 사항에 대해 상사와 논의할 때 당신의 니즈를 토대로 요청을 프레이밍 하자. "X 프로젝트에 대해 자세히 설명해주세요"가 아니라 "저는 X 프로젝트에 대해 더 알고 싶습니다"가 되어야 한다. 미묘한 차이지만 분명 효과가 있다.

39. 상사에게 "알겠습니다. 하지만…"이라고 토 달지 마라

상대방이 "알겠습니다. 하지만…"이라고 가로막는 것을 좋아하는 사람은 없다. 특히 '알겠습니다' 다음에 '하지만'이 나오면 앞의 '알겠습니다'를 부정한다. 당연히 상대방이 내 말을 무시한 것 같고 토를 다는 것 같아서 방어적인 자세가 되고 언쟁하게 된다. 다음부터는 "알겠습니다. 하지만…"을 "알겠습니다. 그리고…"로 바꿔봐라. 마법 같은 일이 생긴다.

40. 재수 없게 굴지 마라

상사가 재수 없게 굴더라도 말이다. 이미 세상에는 재수 없는 사람들이 널렸다. 굳이 한 명 더 보탤 필요가 없다.

41. 약속을 지켜라

하겠다고 말한 것을 지켜라. 상사를 기다리게 하지 마라. 마감일을 맞출 수 없거나 약속을 지키기 어려울 때는 마감일 전에 미리 상사와 선택지 또는 대비책을 직접 의논하자.

42. 적당하게 반대 의견을 제시하라

매니징 업은 무조건 참는 것이 아니다. 만약 상사와 의견이 일치하지 않을 때는 되도록 정중하고 적절한 태도로 다른 의견을 제시하자. 가장 좋은 방법과 맥락을 알아내기까지 약간의 시행착오가 생길 수도 있다. 공개적으로 상사를 난처하게 하거나 약하게 만들지 마라.

43. 융통성을 가져라

조직은 끊임없이 움직인다. 우선순위가 바뀌고 목표에도 변화가 생기고 긴급한 문제가 발생한다. 유연하게 대처하고 모호함에도 적응하는 법을 배워라. 변화를 받아들이지 못하는 사람이 되지 마라.

44. 위임에 대해 논의하라

상사가 프로젝트를 위임하면 상사의 기대와 욕구, 필요에 대해 미리 확실하게 물어보자. 프로젝트에서 어느 정도의 자율성이 가능한지, 상사가 얼마나 많은 정보를 원하는지, 어떤 식의 진행 보고가 필요한지 확인하자. 마음대로 추측하지 말고 꼭 직접 물어봐야 한다.

45. 기업 문화를 고려하라

당신의 상사는 환경의 영향을 받는다. 당신도 마찬가지다. 상사의 행동이 조직문화를 반영하는가, 아니면 그는 조직에서 이단아에 속하는가? 상사가 어떤 방법으로 기업 문화에 성공적으로 대처하는지 잘 살펴보고 모방하라. 물론 기업 문화와 충돌하는 행동은 피해야 한다.

46. 목소리를 내라!

상사는 당신의 기술과 재능을 가장 효과적으로 활용하는 방법을 알아야 한다. 당신은 말재주가 뛰어난가? 상사에게 알려라. 인맥 쌓기에 능한가? 상사에게 알려라. 스프레드시트의 재왕인가? 상사에게 알려라. 당신의 강점과 재능, 기술이 상사와 조직의 성공을 도와줄 수 있다는 것을 상사에게 알려주는 것이 가장 중요하다.

47. 외부 요인을 의식하라

조직과 전 세계, 업계 내에서 일어나는 일들에 주의를 기울여라. 외부 환경을 훤하게 의식하고 있으면 직장 생활에도 도움이 될 것이다.

48. 먼저 자신을 관리하라

그다음에 상사를 관리하자. 항상 최선을 다해야 하는 책임을 잊지 마라.

49. 욕하지 말고 편을 들어라

다른 사람들 앞에서는 무조건 상사의 편을 들어라. 낮말은 새가 듣고 밤말은 쥐가 듣는다고 상사를 험담하면 그의 귀로 들어갈 수도 있다. 상사의 결정을 공개적으로 변호하려고 노력하라. 찬성할 수 없는 결정이라도 마찬가지다. 외교술을 익혀라. "그래, 예상 밖의 결정이지만 나는 우리가 그걸 성공시킬 수 있는 방법을 찾을 수 있다고 확신해"라는 식으로 말하자.

50. 대화하라

상사에게 무엇이 중요한지 확실히 모르겠는가? 그의 우선순위는? 그가 선호하는 의사소통 방식은 무엇인가? 상사가 당신에게 기대하는 건? 추측하지 말고 직접 물어봐라.

감사의 말

감사해야 할 사람들이 너무 많습니다. 가장 먼저 우리 커리어스톤의 훌륭한 팀원 칼리 에카드, 크리스 버츠, 로라 버클리, 나나미 히라타에게 감사를 전합니다. 이 책을 쓰는 동안 유령 상사가 될 수밖에 없었던 나를 대신해 계속 노를 저어주어서 고마워요. 여러분은 매니징 업의 달인입니다. 정말 고마워요. 앞으로도 잘 부탁합니다.

내 첫 번째 독자이자 적극적인 치어리더인 여동생 스테파니 아바제이에게도 감사를 전합니다. 남편 크리스 말로우, 정신없이 바쁜 내 일정을 항상 이해해줘서 고마워요.

고객들, 친구들, 동료들, 나를 믿고 이야기를 들려준 워크숍 참가자들에게도 감사를 전합니다. 여러분이 열린 마음으로 경험을 나눠주어서 정말 감동이었어요. 여러분은 저에게 큰 영감을 주었습니다. 이 책도 여러분에게 많은 영감을 주길 바랍니다.

마지막으로 관리 능력이 떨어지는 사람들을 계속 고용하고 붙잡아두는 조직과 기업들에 감사를 전합니다. 여러분이 없었다면 애초에 이 책도 필요 없었을 테니까요. 감사합니다!

상사 때문에 퇴사하고 싶은 너에게

초판 1쇄 인쇄 2023년 3월 20일
초판 1쇄 발행 2023년 3월 29일

지은이 메리 아바제이
옮긴이 정지현
펴낸이 이승현

출판1 본부장 한수미
와이즈 팀장 장보라
책임편집 선세영
디자인 윤정아
본문 일러스트 하완

펴낸곳 ㈜위즈덤하우스 **출판등록** 2000년 5월 23일 제13-1071호
주소 서울특별시 마포구 양화로 19 합정오피스빌딩 17층
전화 02) 2179-5600 **홈페이지** www.wisdomhouse.co.kr

ISBN 979-11-6812-605-3 03320

· 이 책의 전부 또는 일부 내용을 재사용하려면 반드시 사전에 저작권자와 ㈜위즈덤하우스의 동의를 받아야 합니다.
· 인쇄·제작 및 유통상의 파본 도서는 구입하신 서점에서 바꿔드립니다.
· 책값은 뒤표지에 있습니다.